国学常识全知道

GUOXUE CHANGSHI QUAN ZHIDAO

史昱 / 编著

北方联合出版传媒（集团）股份有限公司

万卷出版公司

ⓒ 史昱 2013

图书在版编目（CIP）数据

国学常识全知道 / 史昱编著. —沈阳： 万卷出版
公司，2013.11（2022.1重印）

（典藏 / 吴昊主编）

ISBN 978-7-5470-2797-4

Ⅰ．①国… Ⅱ．①史… Ⅲ．①国学—通俗读物Ⅳ.
①Z126-49

中国版本图书馆CIP数据核字（2013）第216024号

出版发行：北方联合出版传媒（集团）股份有限公司
　　　　　万卷出版公司
　　　　　（地址：沈阳市和平区十一纬路25号 邮编：110003）
印 刷 者：北京一鑫印务有限责任公司
经 销 者：全国新华书店
幅面尺寸：178mm×254mm
字　　数：390千字
印　　张：19
出版时间：2013年11月第1版
印刷时间：2022年1月第2次印刷
责任编辑：张洋洋
封面设计：范　娇
版式设计：张　莹
责任校对：高　辉
ISBN 978-7-5470-2797-4
定　　价：68.00元

联系电话：024-23284090
邮购热线：024-23284050
传　　真：024-23284448

经典之藏，心灵之旅

读书是一件辛苦的事，读书又是一件愉悦的事。读书是求知的理性选择，同时，读书又是人们内在自发的精神需求。不同的读书者总会有不同的读书体验，但对经典之藏，对精品之选的渴求却永远存在。

传统上，读书是求学的手段，千百年来，人类知识的传承，最重要的总是通过书籍的记载与传述。因为有了书，人类才可以文脉延续，薪火相传。西哲说：书籍是人类进步的阶梯，因而，先贤们都把读书当作高尚而庄重的事情，赋予读书神圣、光荣的使命感。故此，韦编三绝、悬梁刺股，以及凿壁、囊萤、映雪等等，就成了刻苦求学的典型，千百年来成为人们效法的楷模。于是，寒门学子挑灯夜读，富家子弟潜心求学，或诚心拜师，或自学成才，诸如此类的事例，就成了激励学子上进求学的传说故事而广泛流传。

书籍除了自身寓含的教化功能外，还能让人感到身心的愉悦和快乐。在文化生活极度匮乏的年代，人们极力去寻找各种承载文明的载体，来填塞文化需求的饥渴。一本残破小书，可以在上百人的手中传递和阅读，看完后仍意犹未尽，不忍释卷。彼时，人们读书如饥似渴，却并无黄金屋、颜如玉一类的功利目的，有的只是内心的精神需求，读书的愉悦与快乐正在于此。仲春季节，读书间隙，推窗而立，鸟语花香扑面而来，内心深处则有禾苗拔节的哔剥之声回响；炎炎夏日，一卷在手，品茗读书，摇扇驱蚊，自然能感受到心灵的清凉和愉悦；秋风瑟瑟，听窗外传来淅淅沥沥的雨声，啜一口酽茶，想起"风声雨声读书声"的名联，便会发出会心的微笑；数九严冬，寒意砭骨，围炉夜读或雪夜捧卷，书香入腹，情暖人心，又能体验到视通万里、思接千载的悠悠遐思。

　　无论是求学求知还是寻求精神上的愉悦，读书都是我们的一种心灵之旅，是接受自我内心的召唤和灵魂的导引上路，让自己再次起飞得到新生的力量。变换的风景，奇异的遭遇，萍逢的客人，这一切旅途中可能发生的事件，都会在我们读过的书籍中出现，它们强烈地超出了我们已知的范畴，以一种陌生和挑战的姿态，敦促我们警醒，唤起我们好奇。在我们被琐碎磨损的生命里，张扬起绿色的旗帜；在我们刻板疲惫的生活中，注入新鲜的活力。

　　正因为读书之益，读书之趣，我们才对书籍本身挑剔起来。试想，灵魂之伴侣如何可以等闲视之呢？一本书的好坏，总会有无数人来品评，既有芸芸众者即兴点评，又有专家学者细心解析，然而，书籍最终的裁定者是历史而不是某一种潮流。随着时光的淘汰，留下来的经典之作渐渐走进更多人的视野，留在人们的案头，成为经典之藏。

　　"典藏"之作正如伴随我们的益友，多闻、博大、精彩而有趣，这样的益友，需要人们用心地品读，细心地筛选，最终把最好的"朋友"留在自己的身边。我们的"典藏"正是帮助读者挑"益友"的一种尝试，希望能把经典的、有价值的或者有趣的书籍放在读者的案头，让它们像朋友一样陪伴每一位读者走上自己的心灵之旅。

　　当我们打开书本，走进属于自己的心灵世界，自然能够体验那种君临一切的奇特感觉。此时心如止水，宁静安然，恰如室外无言的星月，美文佳句不期而至时，或击案称绝，或吟哦出声，甘之如饴。愿这"典藏"之作能给我们的心灵留下一块绿荫，助大家在自己的漫漫行旅中搭起一座可供休憩的风雨亭，对抗庞大、芜杂、纷繁的外界侵扰。

目 录

典　籍

儒　学

　　《汉书·艺文志》上说："儒家者流，盖出于司徒之官，助人君顺阴阳明教化者也。游文于六经之中，留意于仁义之际，祖叙尧、舜，宪章文、武，宗师仲尼，以重其言，于道为最高。"儒家思想是春秋时期的伟大思想家孔子以尧、舜、文、武等圣人的言行、思想、制度作为主要学说而创立的思想体系，反映了中华文明的核心价值，对我国的历史发展影响深远。孔子之术经孟子等人宣传推广，在战国时期成为显学。西汉时期，汉武帝"独尊儒术"，从此儒家思想成为我国历朝历代的指导性思想。在中华民族复兴的今天，儒学肩负着一种使命感，学习儒学也有着更为重大的意义。

孔孟之道

孔子是儒家思想的开创者，在他之后，"儒分为八"，但各派别都以孔子作为宗师。到了宋代，孟子逐渐成为仅次于孔子的儒家先贤，被称为"亚圣"。所以，儒家又称"孔孟之道"。

儒之始祖——周公

"周公"是周朝时期的一个爵位，受封该爵位的人负责辅佐周天子治理天下。但通常来讲，周公特指周武王的弟弟周公旦，他是西周初期杰出的政治家和思想家，被认为是儒家学说的始祖，是孔子最为推崇的古代圣贤之一，有"元圣"之称。

周公姓姬名旦，是周文王姬昌的第四个儿子，周武王姬发的同母弟，因为被分封在周地，故称之周公。殷商末年，兴起于今陕西的周部落壮大起来，周文王在姜子牙等贤臣的辅佐下把周部落治理得很好，并且具备了向商朝发起挑战的实力。当时商纣王昏庸无道，天下离叛，周有望取代。文王死后，武王即位，周公旦成为其得力助手。公元前1046年2月甲子的凌晨时分，周武王召集各路诸侯，联合出兵讨伐商纣王，在商郊牧野举行了誓师仪式，誓词就是《尚书》中的《牧誓》。《牧誓》为周公所作，全文分两段。第一段痛斥商纣王只听妇人（妲己）的话，不仅不祭祀祖先及天地之神，甚至连自己同祖兄弟都不任用，反而重用四方逃亡的罪人，让他们鱼肉百姓，导致天怒人怨，招致殷纣王灭亡；第二段申明自己是躬行天罚，宣布作战纪律，鼓励各路战士勇猛杀敌。在《牧誓》的鼓舞下，各路诸侯士气振奋，再加上由奴隶组成的殷商军队临阵倒戈，强大的商王朝终于崩溃了。武王伐纣之后建立了新的王朝——周朝，定都镐京（今陕西西安）。

武王在周朝建立后不久便去世，即位的成王年幼，由叔父周公辅政。周朝初建时期，政局不稳，被武王封于邶国的纣王之子武庚发动叛乱，企图恢复商朝。与此同时，武王的三个负责监视商朝遗民的弟弟也以周公旦摄政并大权独揽为由传播流言蜚语，并言："公将不利于王。"周公闻言，便对姜子牙和召公奭说："我所以不顾个人得失而承担摄政重任，是怕天下不稳。如果江山变乱，生民涂炭，我怎么能对得起列祖列宗和武王对我的重托呢？"周公旦又对将要袭其

周　公

爵，而到鲁国封地居住的儿子伯禽说："我是文王之子、武王之弟、成王之叔父，论身份地位，在国中是很高的了。但是我时刻注意勤奋俭朴，谦诚待士，唯恐失去天下的贤人。你到鲁国去，千万不要骄狂无忌。"不久，武王的三个弟弟举兵叛乱，史称"三监之乱"。几乎在同一时间，武庚也发动了叛乱。在这千钧一发之时，周公出兵平定了叛乱，杀死了武庚。虽然国家恢复了先前的平静，但周公旦却认为这次叛乱是制度上的漏洞造成的。

为了使国家长治久安，周公旦制定了规范君臣关系的礼乐制度，并且大封诸侯，重新安置商朝遗民。周公旦又被封于鲁国，为了辅佐成王，他把自己的儿子伯禽派往封地。作为孔子故乡的鲁国就这样在周公的影响下逐渐发展起来。

圣人——孔子

孔子（前551—前479），名丘，字仲尼，春秋末期鲁国人，故居在现在的山东曲阜。他是儒家学派创始人，伟大的思想家、政治家、教育家，世界十大历史名人之一。

根据《史记·孔子世家》记载，孔子祖先是宋国贵族，属于商朝遗民后裔。从六世祖孔父嘉开始，孔子家族以孔为姓。孔子的曾祖父为避宋国内乱，来到鲁国。孔子的父亲叫叔梁纥（姓孔名纥，字叔梁），是鲁国著名的勇士，孔子是他的次子。据说孔子出生时，头部的形状很像家附近的尼丘山，故取名为丘，字仲尼。孔子在三岁时父亲就过世了，从此家道中落。然而孔子并没有畏惧困难，艰苦的生存环境反而激发了他积极进取的精神。孔子聪明好学，二十岁时知识就已经非常渊博，被当时人称赞为"博学好礼"。同时，鲜为人知的是孔子继承了父

孔子讲学图

亲叔梁纥的英勇。他身高超过一米九，膂力过人，善于射箭和击剑，远非后世某些人认为的文弱书生和垂垂老者的形象。

孔子青年时代曾做过管理仓库的小官，但无论事情大小，他都尽量追求做得完美。由于孔子超凡的学识能力，所以很快得到不断提拔。孔子早年曾经去过齐国，受到了齐景公的赏识，可是也遭到了齐国大臣晏婴等人的反感，甚至有被加害的危险。孔子见懦弱的齐景公并不能保护自己的安全，于是逃离齐国回到了鲁国。到五十多岁的时候，孔子升任司寇，负责刑狱、纠察，相当于现在的公检法部门最高长官。孔子的政治才能迅速得到了施展，可同时也遭到了一些人的嫉妒，他开始受到排挤。后来，孔子愤然离开鲁国开始周游列国，希望寻求接受自己政治思想的明君。

孔子带弟子先到了卫国，卫灵公很尊重孔子，按照鲁国的标准给孔子发俸禄，但并没给他任何官职，没让他参与政事。有人在卫灵公面前进谗言，卫灵公对孔子起了疑心，派人监视孔子的行动，于是孔子只好带弟子离开卫国，打算去陈国。路过匡城时，因误会被人围困了五天。此后，孔子又辗转回到了卫国，卫灵公听说孔子师徒从蒲地返回，兴奋异常，亲自出城迎接。此后孔子几度离开卫国，又几度回到卫国，一方面是由于卫灵公对孔子时好时坏，另一方面是孔子离开卫国后，没有去处，只好又返回。虽然他大多数时候都受到了国君的礼遇，但

圣 人

古人对"圣人"通常有三种解释：一是指品德与智慧极高之人。孔子将上古时代的尧、舜称为圣人，周公作为儒家的始祖，被称为"元圣"，就是第一圣人，孔子本人在汉朝以后也被统治者尊为圣人。二是指德才兼备之人。王羲之以其在书法领域获得的成就，被人称为"书圣"，类似的还有"武圣"（关羽）、"草圣"（张旭）、"画圣"（吴道子）、"诗圣"（杜甫）等。三是指古代臣民对君主的尊称，也叫"圣王"。儒家、道家和法家经典中都多次出现"圣人"一词，其实"圣人"这个词经常被用来指代人君，儒家尤其注重"圣"与"王"的统一，认为帝王应具备"内圣外王"的素质。

由于其政治理想与当时急功近利的争霸战略不相符合，所以历经十四年也没有得到重用。

孔子于公元前484年六十八岁时返回鲁国。政治上的不得意，使孔子将很大一部分精力用在教育和古籍的整理上，一方面开了私学的先河，打破了官方的教育垄断，另一方面保护了大量古代文献。鲁哀公十六年（前479），孔子逝世。

宗圣——曾参

曾子（前505—前436），名参，字子舆，春秋末年鲁国武城（今山东嘉祥县）人。孔子之孙子思师从曾子，又授业于孟子。因此，曾参上承孔子之道，下启思孟学派，是正宗的儒学学者。他对孔子的儒家学派思想既有继承，又有新的发展和建树。曾参凭借他的成就，与孔子、孟子、子思、颜子比肩，共称为五大圣人，曾姓也把曾参作为姓氏始祖，并与孔、孟使用同一字辈。

曾参在鲁定公五年（前505）生于东鲁，后来移居武城，十六岁拜孔子为师。虽然年幼，但他勤奋好学，所以颇得孔子真传，积极推行儒家主张，传播儒家思想。曾参性情沉静，举止稳重，待人谦恭，为人谨慎，且以孝著称。齐国欲聘之为卿，但因在家孝敬父母，故辞而不就。"二十四孝"中的"啮指心痛"说的就是曾参母子连心的故事：曾参少年时家贫，常入山打柴。一天，家里来了客人，母亲不知所措，就用牙咬自己的手指。曾参忽然觉得心痛，知道母亲在呼唤自己，便背着柴迅速返回家中，跪问缘故。母亲说："有客人忽然到来，我咬手指盼你回来。"曾参于是接见客人，以礼相待。此外，曾参还注重家庭教育，《韩非子》中有一个"曾子杀猪"的故事，说的就是这个方面的事例。曾参的夫人要到集市上去，他的儿子哭着闹着要跟着去。他的夫人对他儿子说：你先回家待着，待会儿我回来杀猪给你吃。夫人从集市上回来，曾参就要捉猪去杀。曾参夫人劝止说：只不过是跟孩子开玩笑罢了。曾参说："这种玩笑可不能开！小孩子没有思考和判断能

曾参啮指心痛图

力，要向父母亲学习，听从父母亲给予的正确的教导。现在你欺骗他，这是教孩子骗人啊！母亲欺骗儿子，儿子就不再相信自己的母亲了，这不是正确的教育方法。"这则故事告诉我们先贤很重视道德的修养，日常行为里都闪烁着人性的光辉。曾参被后世尊为"宗圣"，他修齐治平的政治观、慎独省身的修养观和以孝为本的孝道观影响中国两千多年，至今仍具有极其宝贵的现实意义。曾参是孔子学说的主要继承人和传播者，在儒家文化中居有承上启下的重要地位。

复圣——颜回

颜回（前521—前481），字子渊，也被称为颜渊，春秋末年鲁国人。颜回是孔子最得意的门生，他为人谦逊好学，性情和蔼。他非常尊重老师，对孔子无事不从、无言不悦。颜回以德行著称，孔子曾称赞他"贤哉回也"，但这位孔子最欣赏的门人不幸英年早逝，只活到了四十岁。颜回以其贤能，被后世尊为"复圣"。

颜回在十三岁时拜孔子为师，当时孔子门下已经有子路、南宫敬叔等高徒，孔子本人的声望也已经远播于诸侯。颜回经过六年的苦学，终于学有所成。

初入孔门时，颜回在孔子的所有弟子中年纪最小，性格也很内向，甚至显得有些迂腐。经过一段时间的接触之后，孔子和其他弟子终于发现，颜回不但不笨，反而聪明异常，连以能言善辩著称的子贡也自叹不如。《论语·公冶长》记

载，有一次，孔子问子贡："你和颜回谁更强一些？"子贡回答说："我哪能跟颜回比呢？他能闻一知十，我只能闻一知二。"孔子感叹："我和你都不如他啊！"不难看出，连孔子都十分赞赏颜回举一反三的能力。颜回与孔子的情谊很深，即便在孔子最失意的时候，他也陪伴在身边。

颜回人生中最重要的阶段就是随老师孔子周游列国十四载的经历。当他们到达陈国和蔡国的时候，接到了楚王的邀请，陈、蔡两国怕孔子去楚国会不利于自己，于是就派兵在半路拦截。为躲避追兵，孔子一行只好绕道荒野行进，条件十分艰苦，很快就陷入到缺少食物的境地。善于

颜　回

经商的子贡好不容易弄来一些米，孔子叫颜回与子路做饭，但锅里落进了很多尘土，颜回就把沾上尘土的饭吃了。子贡正好经过，以为颜回在偷吃，非常生气，就到孔子那里告状。孔子认为颜回不会这么不讲仁义，但是为了弄清事情真相，就把颜回找来。孔子说："我梦见了先人，大概是想保佑我们脱险，你快把做好的饭拿来，我要祭奠先人。"颜回说："锅里落进了灰尘，饭都被弄脏了，不能祭奠先人，我刚才吃了一些沾了灰尘的饭。"孔子高兴地说："原来是这样，那我们一起吃吧。"孔子又对众弟子说："我相信颜回的仁义并不是从今天才开始的。"从此，大家更信任颜回了。

回到鲁国后，颜回致力于传播孔子学说，并成为一代宗师。公元前481年，颜回英年早逝，孔子内心悲伤，哭得很厉害，随从劝之，孔子却说："不为这样的人悲伤，那为谁悲伤呢？"后来，颜姓把颜回奉为姓氏始祖，与孔、孟、曾使用同样的字辈。

亚圣——孟子

孟子（前372—前289），名轲，字子舆，战国中期邹国（今山东邹城）人，相传是鲁国贵族孟孙氏的后裔。孟子是我国历史上伟大的思想家，儒家学说嫡派传人，战国时期儒家代表人物。由于有关孟子的典故之中，大多只见其母，不见其父，所以多数人认为孟子早年丧父。孔子开创的儒家思想经孟子而发扬光大，长期影响着整个中国社会的发展和中华民族精神的塑造。

孟子从小立志学儒习礼，大约十五岁时，他入学读书，受业于孔子嫡孙子思的门人。大约三十岁到四十岁之间，孟子在邹鲁一带收徒讲学，有数百门生。

孟子生活的时代，各国诸侯都在设法保存自己，扩张势力，最盛行的学术是法家、兵家和纵横家。面对诸侯之间的非正

孟母断机杼教子

孟子三岁丧父，靠母亲独自抚养成人。孟母教子十分严格，为了给孩子提供良好的教育环境，曾三次迁居。一次孟子逃学回家，孟母十分生气，用剪刀剪断布匹，说：你荒废学业，就像我剪断这将要织成的布匹一样。

义战争，大约四十多岁时，孟子怀着救民于水火的美好愿望，肩负平治天下"当今之世，舍我其谁"的历史责任感和使命感，带领诸多弟子周游列国，推行仁政，曾游说于魏、齐、宋、滕、鲁等国，但仁政的理想未能实现。

公元前319年，齐宣王继位之后，恢复了建于临淄城西的"稷下学宫"，一时间那里汇集了上千名士，成为当时政治咨询、学术文化的交流中心和诸子百家争鸣的重要场所。于是，孟子再次前往齐国，希望能够在这里实现他的理想。齐宣王聘他为客卿。在稷下学宫，孟子吸收各家所长，突破了孔子的思想局限，较全面、系统地阐明了君仁臣义、尊贤使能、以民为本、统一天下等仁政理论。这既是孟子从事政治活动的一个重要阶段，也是孟子思想发展成熟的一个重要标志。孟子的仁政主张曾受到齐宣王的鼓励和赞赏，但齐宣王欲以武力称霸诸侯，这样就与孟子产生了分歧。由于政治抱负不能实现，孟子只好离开齐国返归故里。

回到邹国时，孟子年事已高，从此他不再出游，而是在家乡兴办学校，广收门徒，与万章、公孙丑等弟子答疑解难，并著有《孟子》一书传世。此书记述了他一生的主要言论、活动及其思想学说，内容丰富多彩，博大精深，是他给后人留下的宝贵精神财富。

公元前289年冬至，孟子去世。经历代学者的推崇，孟子逐步确立了儒学嫡系传人的地位，被尊称为"亚圣"，即仅次于孔子之意。

儒家的源头

关于"儒"这个字的含义，《说文解字》的解释是："儒，柔也，术士之称。从人，需声。"也就是说，儒最早是术士的一种，这个字有柔弱的意思。

我国古代社会一度十分重视祭祀活动，商朝时期出现了专门负责办理丧葬事务的人员，这些人属于术士，被称为"儒"。儒者精通各种礼仪风俗，后经过长期发展，逐渐成为一种相对独立的职业。由于儒者的地位低微，没有固定的财产和收入，并且在工作时还要仰人鼻息，因此形成比较柔弱的性格，这便是"儒"的本意。

对于"儒家"，《汉书·艺文志》是这样解释的："儒家者流，盖出于司徒之官，助人君顺阴阳明教化者也。游文于六经之中，留意于仁义之际，祖述尧、舜，宪章文、武，宗师仲尼，以重其言，于道为最高。"这种解释基本符合事实，儒家推崇尧、舜、文、武，把他们所生活的时代理想化，西周初年的礼仪制度被认为是最合理的。周公也是儒家极为推崇的圣人之一，他的天命观和礼制思想被孔子以后的儒家所继承。另外，原始社会形成的血缘氏族关系和祖先崇拜信仰对儒家思想的形成也起到了重要的作用。

春秋时期，维系宗法等级制度的纽带断裂了，周天子威信不再，新的社会矛盾引发的危机撼动了传统礼仪制度的权威，孔子虽然主张"祖述尧、舜，宪章文、武"，但他也没有将古代圣人的思想照搬到自己的思想体系之中，而是对传统文化加以适当地改良，以

景公尊让

孔子见齐景公，景公请孔子先行，孔子再三谦让，景公问孔子为什么不先行？孔子说：让我先行，是你的恩赐，但我一平民怎敢与国君相比？如果先行，不符合礼仪。

期在社会实践中建立一种新的和谐与平衡。战国时期，这种改造显得尤其突出，人们期待着在崩溃的旧制度的废墟上建立打破尊卑等级束缚的新价值观。

春秋战国时，众多知识分子对未来建立何种社会模式的问题进行了深入探讨，形成了"百家争鸣"的局面。代表不同社会阶层集团利益的诸子百家，在社会制度、人性、世界本原等问题上阐述了各自的观点。儒家是这一时期的一个重要学派，创始人就是孔子，后来由孟子加以发展。

儒家思想是我国历史上最重要的思想，它在每一个炎黄子孙的心中都刻下了深刻的印记。

禅　让

禅让是儒家极为推崇的政权交接形式，产生于尧、舜、禹时期，最初是指我国原始社会末期选举部落联盟首领的制度。从人类社会发展史的角度来说，禅让的时代属于父系氏族社会末期的军事民主制阶段，所谓禅让是一种原始的民主选举制度，仅通行于氏族部落贵族圈子内部。后来，大禹的儿子启使父传子的世袭制成为定制，于是禅让制被废止。

尧是帝喾的儿子、黄帝的五世孙，是我国历史上的一位古代圣王。尧年老时，想传位于儿子丹朱，但丹朱"不肖"，于是他就传位给贤能的舜，开禅让之

舜受禅让

先河。舜是颛顼的七世孙、黄帝的九世孙，也是备受儒家推崇的圣人。他以孝悌闻名，虽然父亲和异母弟弟对他不好，但他仍能待之以礼。舜年老时，传位于治水有功的大禹。舜退位后，到南方各地巡视，病死在途中。

这就是正统儒家描述的禅让，但这种描述并非历史的真相，因为权力的嬗变是不可能如此平和的。根据《竹书纪年》等史书的记载，我们可以找到一些关于禅让真相的蛛丝马迹。历代君王得到政权依靠的都是实力和权谋，尧、舜、禹也不例外。如果真如儒家所说，上古时代政权交接通过圣人禅让来实现，而后来出现了越来越多的篡位和叛乱，似乎人的道德水准越来越低，那么历史岂不是在倒退？

历史上很多篡位者都打着"禅让"的旗号来证明其新政权的合法性，曹丕篡汉时就曾说："我终于知道禅让是怎么回事了。"

儒家推崇禅让的真正意义在于，希望君主顺应天命，施行仁政，以民为重，否则就应该让位于更贤能的人。

革　命

"革命"一词最早见于《易经》中"汤武革命，顺乎天而应乎人"一句，说的是商汤推翻了夏桀的残暴统治建立商朝，周武王推翻商纣王的残暴统治建立周朝，是顺应天命和民意的举动。周得天下是"受命于天"，而当初夏、商得天下也都是"受命于天"，但每一次得天下的"受命"都不一样，商要变革夏的"天命"，周要变革商的"天命"，所以叫作"革命"。商汤和周武王都是深受儒家推崇的古代圣人，圣人"革命"也成为继禅让之后被儒家认可的另一种取得政权的方式。

夏朝末年，夏帝履癸（桀）生活奢侈腐化，残酷搜刮百姓，"筑倾宫、饰瑶台、作琼室、立玉门"，还自比永恒的太阳，老百姓骂道："太阳什么时候灭亡啊？我们宁愿与你同归于尽！"夏朝东方的商部落在首领汤的治理下发展壮大，趁夏朝衰败之机将其推翻，建立了商朝。商朝末年，商帝辛（纣）造酒池肉林、鹿台，纵情享乐，还设炮烙、虿盆等酷刑，残害忠良。商朝西方的周部落在周文王的治理下发展壮大，并在其子周武王时推翻了商朝，建立周朝。

纣王摘星楼自焚

周公旦认为周朝之所以得天下，是因为商朝失德，上天转而护佑周，所以说"天命不常"，谁统治残暴无道，谁就会失天命。儒家希望以此告诫统治者行仁政。孟子说："思天下之民，匹夫匹妇又不被尧舜之泽者，若己推而内之沟中。"大意是，天下百姓如果没有生活在像尧舜那样的圣人的恩德中，就如同被人推到深渊之中一样。圣人是不应该让百姓受苦的。

此后，中国历史上不断出现改朝换代的局面，这种历史现象就被称为"易姓革命"，因为改朝换代的意义就是国家政权从一个家族的统治下转移到另一个家族的统治下的过程。19世纪末，"革命"又被赋予了新的意义，成为进步而激进的变革的代名词。

仁者爱人

"仁"和"礼"是孔子学说的核心。

"仁"作为一种道德品质，并非孔子凭空创造。《左传·成公九年》说："不背本，仁也。"《左传·庄公二十二年》说："以君成礼，弗纳于淫，仁也。"从这些记载看，仁的意义很宽泛，但不外乎尊敬长辈、爱护下属、忠于君主、遵守祖制这几个方面。孔子基本继承了这些对仁的认识，并且在前人的基础

上有所发展，使之成为比较系统的学说。

孔子所说的仁主要包括两方面含义。第一，"仁者爱人"。有一次，弟子樊迟问孔子什么是仁，孔子回答"爱人"。孔子认为，社会各阶层都应互相仁爱，尤其是统治者，更应该以爱护臣僚和百姓为第一要务。在回答子张的提问时，孔子说："能行五者于天下，为仁矣。"子张问是哪五者，孔子回答说："恭、宽、信、敏、惠。"孔子认为，待人诚恳宽容也是仁的体现。孔子希望通过仁爱建立起充满人情味的伦理关系，从而实现社会的稳定。第二，"克己复礼为仁"，这是孔子在颜回提问时作出的回答。春秋时期，礼崩乐坏，孔子认为导致这种局面出现的根本原因是人们的道德堕落了。所以，"克己复礼"的关键在于克己，完善的礼乐制度是社会上每个人通过对自己欲望的克制恢复起来的。

臣对君的忠是仁，君对臣的爱也是仁。在家庭关系方面，子女对父母的孝顺是仁，兄长对弟弟的爱护也是仁。在孔子看来，社会上人与人的关系与家庭关系基本一致。

孔子认为，高尚的道德情操是做人的基础和参与社会生活的资格，所以，与知识、才能、地位甚至生命相比，仁更重要。

克己复礼

我国是礼仪之邦，这里的礼仪并非今天所说的"礼貌"之意，而是指"礼乐制度"。"礼"是孔子思想的另一个核心内容，同样在孔子之前就出现了。《左传·隐公十一年》说："礼，经国家，定社稷，序民人，利后嗣者也。"《左传·昭公十五年》说："礼，王之大经也。"在孔子之前，礼就是社会政治生活中的重要内容，是人们必须遵守的行为规范和道德准则。

相传西周初年周公旦制定了礼乐制度，规定了天子、诸侯、卿、士等阶层的行为标准，认为凡是不属于自己等级所规定的事情都不能做，做了就不符合礼制。比如，宗庙制度方面，规定天子七庙、诸侯五庙，如果哪位诸侯私设七庙，那就是僭越之罪，跟谋反差不多。

公元前771年，游牧民族犬戎攻破西周都城镐京，周幽王被杀，镐京也毁于战火。第二年，周幽王之子平王把都城迁到今天的洛阳地区，因洛阳在镐京以东，所以称东周。贵为天子的周王竟由于战败被杀，所以东周时期，周天子声威逐渐衰落，诸侯也不再遵守以周天子为核心的礼乐制度了。春秋初期，郑国强大，郑庄公曾与周平王交换人质以示互信。公元前711年，周桓王为了挽回颜面出兵伐郑，反而被打败，甚至中箭受伤，致使周王室威信扫地。后来齐、晋、楚等大国又展开争霸活动，周天子竟派代表参加诸侯会盟，默认诸侯争霸合法化。公元前606年，楚庄王问鼎于洛阳郊外，显示了他企图代周为天下共主的野心。与孔子同时代的鲁国大夫季孙氏在自己的家里观看天子排场的乐舞"八佾"，孔子气愤地说："是可忍，孰不可忍！"这种礼乐制度混乱的现象被孔子称为"礼崩乐坏"，最开始"礼乐征伐自天子出"，后来发展为"自诸侯出"，甚至"陪臣执国命"，由大夫掌握国家实权，所以孔子主张"克己复礼"。

幽王烽火戏诸侯

幽王即位后，宠爱褒姒，不关心民众。褒姒不喜欢笑，幽王费尽心机欲图褒姒一笑。在古时为有利于传递军事情况，建有烽火台。如果有敌入侵，白天则举烟，夜里则举火报警。周幽王为博得褒姒一笑，无敌来犯却点燃烽火戏弄诸侯。此情景引起褒姒开怀大笑。

　　孔子认为，造成礼崩乐坏的根本原因是人们不能抑制自己过度膨胀的欲望，每个人都希望得到更多，导致了争斗的日益残酷，国家秩序紊乱，民不聊生。所以孔子致力于寻找接受自己政治主张的明君，但没人愿意"克己"，"复礼"就更谈不上了。

　　战国时期，孟子和荀子从不同的角度发展了礼学说。孟子把礼归于仁之下，提出仁、义、礼、智的道德观。荀子认为，人要通过礼来约束才能获得优良的品德。随着皇权的不断加强，讲求"贵贱有序"的礼学说终于被统治者接受。

君君，臣臣，父父，子子

　　"君君，臣臣，父父，子子"一语见于《论语·颜渊》，是孔子对"礼"的具体阐述。这句话的大意是，君主要做君主该做的事情，大臣要做大臣该做的事情，父亲要做父亲该做的事情，儿子要做儿子该做的事情。也就是说，孔子希望社会各阶层都各安其分，不做超越自己所在等级的事情，"非礼勿视，非礼勿听，非礼勿言，非礼勿动"，这样社会秩序就会稳定，国家就能长治久安。

不对田赋

仁和礼是孔子思想的核心，二者相辅相成，仁是遵守礼的前提。孔子说："人而不仁如礼何？人而不仁如乐何？"就是说人如果不具备仁的品质，他的言行就不可能符合礼乐制度。另外，礼是仁的延伸，是每个人的立身之本，所以，"不学礼，无以立"。从国家的角度上来说，"君使臣以礼，臣事君以忠"，君主礼遇臣下，臣下就会忠于君主。在家庭方面，"生事之以礼，死葬之以礼"，对待长辈无论生死都遵守礼，就是孝的体现。

孔子强调"正名"，因为"名不正则言不顺，言不顺则事不成，事不成则礼乐不兴，礼乐不兴则刑罚不中，刑罚不中则民无所措手足"，所以，"不在其位，不谋其政"。在其位不谋其政，或不在其位却谋其政，都不符合礼的原则。

在战乱频繁的春秋时代，孔子提出通过恢复周礼来约束残暴统治者的贪欲，使社会秩序安定下来的主张是有一定积极意义的。但是，周礼早已不适合春秋时期的发展要求，孔子把恢复天下秩序的希望寄托于已经过时的西周制度，这是不符合历史发展潮流的。

季孙想就田税的事征求孔子的意见，孔子没有回答，而私下里对冉求说：君子应按照礼的标准，多给一些，少征一些。如果贪得无厌，虽然多征了田税，也不会满足。何必问我呢？

己所不欲，勿施于人

"己所不欲，勿施于人"出自《论语·颜渊》，是孔子最为人称道的道德观，西方基督教国家也因此而接受孔子，因为耶稣说过"无论何事，你们愿意人怎样待你们，你们也要怎样待人"，这与孔子的思想是多么相似啊。

孔子人生哲学的主要内容是克己忍让和自我修养，这种思想是以仁和礼作为理论支持的。孔子认为，忍让是人的美德，克己则是道德达到最高境界的具体体现。如果人人都不计较个人得失，那么现实生活中的一切困难问题都将会迎刃而解。无论是谦让还是忍让，孔子都十分赞赏。尧以儿子不肖把天下让给舜，泰伯不可做周天子而退避至吴，都受到孔子的推崇。在人与人之间的交往中，每个人都应该把他人的利益放在第一位上，"己欲立而立人，己欲达而达人"，至少不能损害别人的利益，也就是"己所不欲，勿施于人"。

孔子崇尚与世无争的处世态度。从礼的角度上来说，孔子反对犯上作乱的行为，因为犯上就是僭越，违反礼的规定，这种人都不是仁德之人。从个人修养的角度上来说，孔子赞赏安贫知足的精神，哪怕是箪食壶浆，居于陋巷也不失乐观本性。孔子不提倡归隐山林安于田园之乐，但他认为当一个国家的统治者非常残暴，整个天下都没有道义的时候，选择离开然后做个隐士也不失为一种好办法。

人之初，性本善

战国时期，孟子继承了孔子的儒家学说，并在其基础上作了进一步发展。孟子学说也围绕着孔子的仁和礼展开，其中特别强调仁。孟子对孔子所说的仁进行了深入的分析。

"人之初，性本善"出自我国古代启蒙读物《三字经》，这句话说的就是孟子的"性善论"。孔子曾对人性做过分析，提出"性相近"，认为人性最初是同一的，但又认为人的品性是有差别的，前后似乎存在矛盾，孔子本人对此又没有做出系统解释，孟子针对这一问题进行了阐述。《孟子·告子》说，"食、色、性也"，孟子认为人与动物虽然都具有"食、色"本性，但不会"紾兄之臂而夺

有教无类

夏商周时期，只有贵族才能拥有受教育的资格。而到了春秋时期，一些贵族阶层逐渐没落，因此出现了文化下移的现象。此时，私人办学的风气兴起，孔子正是在这样的时代背景下，开始了他的办学生涯。孔子提出"有教无类"的思想，明确地表示无论贵贱，不分华夷，只要真心向学，都可以接受教育。孔子弟子中有贵族，如南宫敬叔、司马牛、孟懿子等；也有平民，如颜回、曾参、闵损、仲由、端木赐等。《荀子》中特别强调仲由是出身寒微的"鄙人"（并非指道德低下）。孔子说："自行束脩以上，吾未尝无诲焉。"就是说只要拿出一束干肉做学费，就可以成为孔子的学生。因此，平民教育最能体现孔子"有教无类"这一思想的真谛。

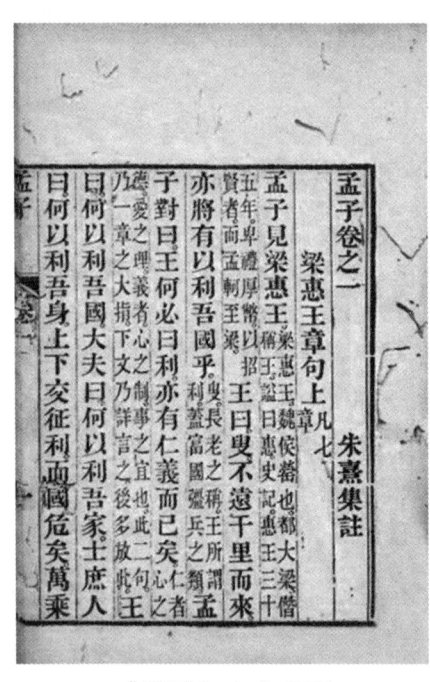

《孟子》内文书影

之食"，更不会"逾东家墙而搂其处子"，这是因为，人具有"良知良能"。

孟子认为仁、义、礼、智、信、孝、悌、忠、勇等伦理道德观念是人与生俱来的天赋本能，被称为"良知良能"，是"性善论"的重要组成部分。《孟子·尽心上》记载，孟子说："人之所不学而能者，其良能也；所不虑而知者，其良知也。"大意是说，人不用学习就可做到的叫"良能"，人不用思考就能知道的叫"良知"。这样，孟子就解释了孔子人性相近与品性差异矛盾的问题。人具有动物性，也具有社会性，在这一点上，所有人都是一样的。但是，有的人能够很好地用自己的社会性抑制动物性，这种人就是道德高尚的君子。

孟子说："人之性善，犹水之就下也。"也就是说，人性善，就像水往低处流一样，是很自然的事情，并不是受外力影响所致。他认为，人生来就具有"四端"，即"恻隐之心""羞恶之心""辞让之心"和"是非之心"，分别代表仁、义、礼、智，不具备四端，"非人也"。孟子举例说，当一个小婴儿将坠入井中时，看到的人都会毫不犹豫地把他救起，而不会出于什么利益考虑，这些人既不是孩子的父母，也不是亲友，救人完全是一种下意识的本能。这种下意识来自哪里呢？来自人与生俱来的"恻隐之心"。孟子认为，四端犹如四肢一样重要，是人类基本美德的原动力。

孟子认为，四端"非由外铄我也，我固有之也"，良善之心不是外界教化的结果，而是每个人的天性，这与孔子强调以德教化的主张并不矛盾。在春秋战国"礼崩乐坏"的时代，人们大多丢失了善的本性，并不是生来就缺失的，可以通过教化、修养和反省来找回失去的本性。"学问之道无他，求其放心而已矣"，孟子认为学习的最终目的就是找回失去的良心。

老吾老以及人之老

孟子发展了孔子仁的学说，在他看来，仁的地位居于义、礼、智之上，后三

者都体现了仁的精神。所以，"四端"之中，
"恻隐之心"是中心，于是，孟子又给仁加了
一层新的含义，那就是"人心也"，即"不忍
人之心"，强调仁是人的本性。

商 汤

孔子学说是建立在血缘宗法基础之上的，
仁和礼都是为宗法服务的。孟子继承了这种
思想，他认为，"仁之实，事亲是也"，仁的
实质是侍奉双亲，也就是孝。孟子主张以孝为
出发点，推己及人，做到"以其所爱及其所不
爱"，由爱自己所爱的人发展到爱自己所不爱
的人，"老吾老以及人之老，幼吾幼以及人之
幼"，由尊敬自己家的老人发展到尊敬别人家的老人，由爱护自己家的孩子发展
到爱护别人家的孩子，最终实现"仁者无不爱"。这是对孔子"仁者爱人"思想
的全面阐述和解释。

孟子将孔子的仁和礼学说都融合到自己的"仁"学说中，使仁具有礼的内
涵，成为至高无上的道德和政治行为准则，必要时应该"杀身成仁""舍生取
义"。孟子认为，虽然人们应该对所有人怀有仁爱之心，但这些爱不应该是完全
相同的，对父亲的爱体现为孝，对孩子的爱体现为慈，对君主的爱体现为忠，对
人民的爱体现为怜，如果混淆了这些不同含义的爱，就会犯错误。孟子的等级观
念显然比孔子更强。

不过，孟子还认为，如果以仁为目的而违背了日常伦理也是可以理解的。魏
惠王问孟子，商汤伐桀、武王伐纣是不是以下犯上的弑君行为。孟子则认为，桀
纣无道，天下应该让有道之人治理，所以他推崇圣人革命。《孟子·离娄上》记
载，齐国辩论家淳于髡问孟子，为救溺水的嫂子而伸出援手算不算违反礼教。孟
子回答说："嫂溺不援，是豺狼也。男女授受不亲，礼也。嫂溺援之以手者，权
也。"虽然当时讲究男女之防，但是救人是人与生俱来的权利和义务，完全可以
暂时抛弃礼教的束缚。孟子对仁的解释具有很大的灵活性，虽然这种灵活性有积
极的一面，但也开了后世的道学家按自己的意愿随意解释儒家理论的滥觞。

仁 政

孟子的"仁"主要是指"不忍人之心"或"恻隐之心"，是君主施行仁政的

根本。

孟子的"仁政"主要指"制民之产"，给老百姓一定的固定资产，也就是土地，然后"省刑罚，薄税敛，深耕易耨"，减轻刑罚和赋税，让老百姓能够把全部精力放在农业生产上，从而使人民"乐岁终年饱，凶岁免于死亡"，即丰年能够吃饱，荒年也不至于饿死。孟子说："五亩之宅，树之以桑，五十者可以衣帛矣。鸡豚狗彘之畜，无失其时，七十者可以食肉矣。百亩之田，勿夺其时，数口之家可以无饥矣。"大意是说，在五亩的庭院内种上桑树，就可以使家里的老人穿上丝绸制的衣服；养一些家畜，同时不错过繁殖季节，就可以供家里的老人吃上肉；拥有百亩的田地，又不被夺去务农时间，几口人的家庭就可以不用忍受饥饿之苦了。所以孟子认为，统治者在给予人民一定的田产的同时，减免赋税、兵役、徭役也至关重要，因为百姓如果没有充足的时间用在耕作上，就不会收获太多的果实，国家到处都是挨饿的民众肯定不是什么好事。

周公告士

孟子的仁政思想是一种富民政策，其最终目的不仅仅是为人们提供一种充裕的物质生活，而且是在此基础上对人民施以道德教化。《孟子·滕文公上》说："人之有道也，饱食、暖衣、逸居而无教，则近于禽兽。圣人有忧之，使契为司徒，教以人伦，父子有亲，君臣有义，夫妇有别，长幼有序，朋友有信。"孟子认为，人如果不受教化，即使吃饱饭、穿暖衣、住舒适的房屋也与禽兽没什么两样。西汉史学家司马迁在《史记·货殖列传》中引用管仲的话说，"仓廪实而知礼节，衣食足而知荣辱"，这与孟子先富民而后教化的思想是一致的。

此外，孟子的仁政思想还包括"尊贤使能"和加强王权等内容。

以民为本

民本思想是我国古代政治思想的精华，是儒家治国理念的核心。

以民为本，顾名思义，就是治理国家要以人民为根本，国家如想长治久安，就必须重视人民、爱护人民，因为"得民心者得天下"，先秦时期的很多文献都反映了这种思想。《尚书》记载："安民则惠，黎民怀之"；《逸周书》记载："天视自我民视，天听自我民听""民之所欲，天必从之"；《国语》记载："防民之口，甚于防川，川壅而溃，伤人必多"；《左传》记载："国将兴，听于民"。这些记载无不反映了人民的力量在统治者心中的分量。

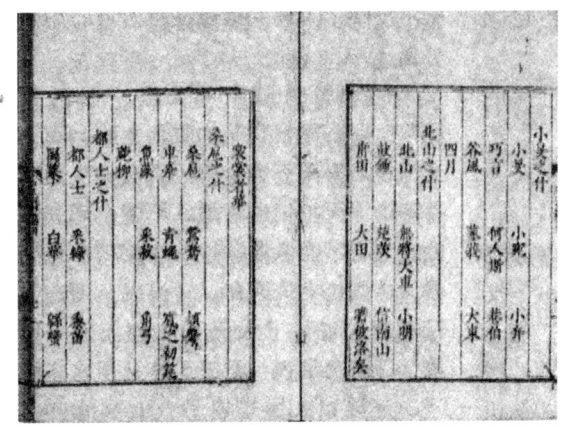

《诗经》内文书影

民本思想源于周公旦"敬天保民""明德慎罚"的政治主张。周公认为，周得天下完全是因为商朝失道，得不到上天护佑的缘故。所以，周朝新的统治者不能像商朝统治者那样奢侈残暴，否则也会失天命。《尚书·酒诰》记载周公说，"人无于水监，当于民监"，意思是说，君王不能只用水当镜子，还要以人民当镜子，时刻体察民情。周公主张从民情中知天命，这与"天视自我民视，天听自我民听"的主导思想是完全一致的。孔子极为推崇周公，也继承了他的这种民本思想。战国时期，孟子运用仁政学说系统地阐述了民本思想，他认为，"民为贵，社稷次之，君为轻"，把百姓放到相当重要的位置。战国时期儒家的另一个代表人物荀子把君主比作船，把百姓比作水，"水能载舟，亦能覆舟"，也就是说，君主处理好与人民的关系就会处在一种有利的地位，使政权稳定运转，反之，就会被人民推翻。"水能载舟，亦能覆舟"后来被唐太宗引用，成为对民本思想的经典诠释。

与民同乐

《孟子》中记载了两则孟子劝说君主与民同乐的小故事，都是对民本、仁政思想的具体体现。

孟子在齐国稷下学宫期间，与齐宣王见面多次。齐宣王就是"滥竽充数"中喜欢众人合奏的那位齐王，他喜欢音乐，曾与孟子谈论关于音乐的话题。有一次，齐宣王的大臣庄暴来找孟子，说大王想跟他聊聊音乐。见到齐宣王后，孟子说："听庄暴说大王很喜欢音乐。"齐宣王说："很惭愧，我喜欢的不是古代圣王听的那种雅乐，而是民间的俗乐。"孟子问道："一个人听音乐带来的快乐，和众人一起听音乐带来的快乐，哪个更多些？"齐宣王说："我更喜欢众人一起听音乐。"孟子说："这太好了。如果百姓听到大王的音乐都兴高采烈地奔走相告说，看来大王身体很健康，要不然怎么会听音乐呢，这就说明大王是在与民同乐，关心百姓的疾苦，所以百姓也会关心大王的疾苦。"

有一次，魏惠王在自己的庭院召见孟子，看着豪华的园林建筑和成群的飞禽走兽，想奚落一下孟子，就问："贤能之人也以此为乐吗？"孟子知道魏王的意思，就顺着他的话说："只有贤能的人才能以此为乐，不贤能的人就算拥有这些东西，也不能得到快乐。《诗经》说：'经始灵台，经之营之。庶民攻之，不日成之。经史勿亟，庶民子来。王在灵囿，麀鹿攸伏。麀鹿濯濯，白鸟翯翯。王在灵沼，于牣鱼跃。'周文王即使动用民力修建了高台深池，百姓也会感到高兴，把高台叫作'灵台'，把深池叫作'灵沼'，以那里面有珍禽异兽为乐。古代的君王与民同乐，所以能真正快乐。相反，《汤誓》说：'你这太阳啊，什么时候毁灭呢？我宁肯与你一起毁灭！'老百姓恨不得与你同归于尽，即使你有高台深池、珍禽异兽，难道能独自享受快乐吗？"

施仁政者与民同乐，所以才能享受到真正的快乐。暴君骄奢淫逸，不顾人民的死活，最终只能走向灭亡，被称为"独夫民贼"。在我国历史上，桀、纣都因残暴奢侈而灭亡。除此之外，秦始皇建阿房宫修骊山陵墓，隋炀帝建东都凿运河征高丽，慈禧太后挪用海军军费建颐和园，为了追求个人享乐，大兴土木，劳民伤财，结果是闹得怨声载道，几乎没有一个有好结局，也没有一个享受到了真正的快乐。

外儒内法

战国时期，法家逐渐成为最符合时代发展要求的学说，儒家也或多或少地吸收了法家思想的精华。荀子以儒家大师的身份教出韩非、李斯两个法家弟子，因而不被当作正统儒家。西汉董仲舒提倡仁政与刑名兼采，实为"外儒内法"。

另类儒家——荀子

荀子（前325—前235），名况，字卿，战国时期赵国猗氏（今山西新绛）人，儒家学派代表人物，著名的思想家，时人尊称"荀卿"，后来为避汉宣帝刘询的名讳，曾一度改为孙卿。

根据《史记·荀卿列传》记载可知，荀子曾游学于齐，入稷下学宫任祭酒的职务，是当时学术界的领袖人物。后来楚国公子春申君先后两次聘任荀子为兰陵令。春申君被杀后荀子被免职，而后继续居住在兰陵。在这期间，他曾去过秦国，认为秦国的治理已经达到极致。此后，他又到过赵国与临武君议兵于赵孝成王面前。最后，荀子客死于楚国。

荀子曾经传道授业，影响广泛，战国末期两位最著名的思想家、政治家韩非、李斯都是他的入室弟子。因为他的两名弟子为法家代表人物，于是历代有部分学者怀疑荀子

春申君

是否属于儒家学者，荀子也因其弟子而在中国历史上受到许多学者的猛烈抨击。荀子生活在大势趋向统一的战国末期，作为进步思想家，他的思想必然会与有些保守的传统儒家思想有所不同，比如他反对孟子的"性善论"，并主张巩固王权，否认圣人决定历史走向等。

虽然荀子的思想带有法家的色彩，但从根本上来说还应将他归为儒家，他也自认为是儒家。如果说孔子的核心思想是"仁"，孟子的核心思想是"义"，那么荀子的核心思想就是"礼"，但这并不等同于孔子的"礼"，而是有所发展并更适合时代需要的"礼"。所以，荀子是一位与时俱进，颇有个性的儒家。

性恶论

作为儒家中的另类，荀子的很多学说都为人所诟病，提出彻底否定孟子"性善论"的"性恶论"，就是使他不被儒家接受的重要原因之一。《荀子》中有《性恶》一篇。

先秦时期，很多思想家都认为人性是自私的，人生来好利。儒家方面，孔子从未系统阐述过人性问题，所以他也从没说过人性是善还是恶，只说过"性相近"。孟子根据孔子的"性相近"发展出了"人之性善"的学说，但在当时并不为人认可。

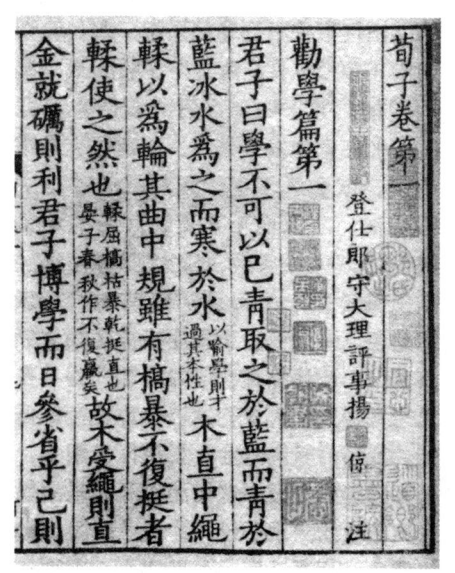

《荀子》内文书影

作为战国时期儒家学派的代表人物，荀子并没有继承孟子的性善论，他说："今人之性，生而有好利焉，顺是，故争夺生而辞让亡焉；生而有疾恶焉，顺是，故残贼生而忠信亡焉；生而有耳目之欲，有好声色焉，顺是，故淫乱生而礼仪文理亡焉。然则从人之性，顺人之情，必出于争夺，合于犯分乱理而归于暴。"荀子认为，好利、好声色以及其他恶习是人与生俱来的，如果顺从人的本性，任其发展，那么结果就是社会道德沦丧，一切文明和美德都将化为乌有。

既然人性恶，那么就要通过教化来改造人性，荀子把这个过程称作"化性起伪"，因为美德是通过后天学习和磨炼得到

的，不是人的真性，所以称为"伪"。"化性起伪"要靠学习礼来实现，圣人就成为效法的对象。

荀子认为圣人的本性与普通人并没有什么不同，但是"圣人化性而起伪，伪起而生礼义"，圣人最先完成了化性起伪，创造出仁义道德，然后教化于民。这种学说对西汉的董仲舒影响很大。不过，这种说法也存在着很大的问题，既然圣人的本性也需要通过后天学习来改造，那么谁是圣人的老师呢？也许荀子深受先秦时期士人追求人格平等的思潮的影响，所以忽略了这一矛盾。

荀子强调后天学习的重要性固然值得提倡，但他把人的基本欲望归入罪恶却并不合理。由于"性恶论"带有强烈的法家色彩，以至于荀子一直被视为儒家的异端。

儒家时代的开创者——董仲舒

董仲舒（前179—前104），汉代思想家、政治家，广川（今河北景县）人，他在儒学取得正统地位的过程里发挥了重要的作用。

汉景帝时，董仲舒任《春秋》博士，讲授《春秋公羊传》。元光元年（前134），汉武帝下诏征求治国方略，董仲舒上疏提出其哲学体系的基本要点，并建议"罢黜百家，独尊儒术"，此观点为汉武帝所采纳。他在著名的《举贤良对策》中系统地提出了"天人感应""大一统"学说和"罢黜百家，独尊儒术"的主张。董仲舒认为，"道之大原出于天"，自然和人事都受制于天命，因此反映天命的政治秩序和政治思想都应该是统一的。董仲舒以《春秋公羊传》为依据，将周代以来的宗教天道观和阴阳五行学说结合起来，吸收道家、法家、阴阳家思想，建立了一个新的思想体系，并把儒家的伦理思想概括为"三纲五常"，使之成为汉代的官方统治哲学，对当时社会出现的一系列状况都给予了较为系统的回答。

董仲舒

之后，董仲舒受公孙弘等人排挤，出任江都王刘非的国相十年。元朔四年（前125），他又担任胶西王刘端的国相，并于四年之后辞职回家。此后，他在家中发奋著书，朝廷每有大事商议，就会派使者和廷尉到他家里进行咨询，所以他一直受到武帝的尊重和信任。

董仲舒一生经历了文景之治、汉武盛世，这是西汉王朝的极盛时期，经济繁荣，政治稳定，国力空前强盛。在思想文化方面，汉初的社会也很宽舒自如。武帝时曾向社会大规模征集图书，很多因秦始皇焚书坑儒而秘藏起来的儒家典籍纷纷再现于世间，很多退避山野的儒生，都逐渐回归入世。

汉初设经学博士，朝廷汇集了很多学有专长的学者，董仲舒与那些专家之才相比，可谓鹤立鸡群，无愧于"通才""鸿儒"的美誉。到了董仲舒以后，经学成为汉代主流的学术，儒家思想也从此成为中国居统治地位的思想。董仲舒现存著作有《春秋繁露》十七卷八十二篇，在《汉书·董仲舒传》中还存有著名的《天人三策》。

罢黜百家，独尊儒术

"罢黜百家，独尊儒术"说的是汉武帝禁诸子百家之学，并把儒家学说确立为国家指导思想这一政策。通过这个举措，西汉的中央集权得到了加强，从而确立了"大一统"的政治局面。

秦末农民战争以及楚汉战争持续了七年之久，经历了战乱的国家经济凋敝，土地荒芜，民不聊生，皇帝竟找不到几匹颜色一样的马来拉车，大臣只能用牛来拉车。为了改变这种恶劣的社会经济，汉初统治者采取了休养生息政策，轻徭薄赋，以减轻人民负担。在政治和思想上，"无为而无不为"的黄老之学逐渐受到重视。在地方行政体制上，汉高祖恢复了被秦始皇废除的分封制。公元前191年，孝惠帝废除秦始皇时期颁布的禁止民间藏书的《挟书律》，从而进一步促进了诸子学说的复苏，阴阳、儒、墨、名、法、道六家比较活跃，其中儒、道两家影响最大。通过"文景之治"，西汉的国力很快得到恢复。

武帝时期，国家已经相当富庶，据司马迁记载，"太仓之粟，陈陈相因，充溢露积于外，至腐败不可食"，意为粮仓里的粮食都堆满了，以至于腐坏变质无法食用。这时，主张清静无为的黄老思想已不能满足统治者政治上的需要。西汉初年，政府对民间的控制力十分有限，以致出现很多操纵行市的大商人和危害社会治安的游侠，同时，各地的诸侯王对中央也是一个很大的威胁。武帝希望强化巩固中央的权威，以加强对地方的控制，所以倡导仁义礼智信和尊卑之道的儒家思想引起了他的注意。

建元元年（前140），武帝继位之后，丞相卫绾奏言："所举贤良，或治申、商、韩非、苏秦、张仪之言，乱国政，请皆罢。"太尉窦婴、丞相田蚡还荐举儒生王臧为郎中令，赵绾为御史大夫。但是刚刚兴起的儒学在信奉黄老之术的窦太后的打击下曾一度陷入低谷。窦太后死后，儒学才再度复苏。

元光元年（前134），武帝召集天下贤能之士，亲自咨询治国之策。董仲舒上疏说："《春秋》大一统者，天地之常经，古今之通谊也。"建议以"春秋大义"来治理国家。他又说："今师异道，人异论，百家殊方，指意不同，是以上亡以持一统，法制数变，下不知所守。臣愚以为诸不在六艺之科，孔子之术者，皆绝其道，勿使并进。邪辟之说灭息，然后统纪可一，而法度可明，民知所从矣。"大意是说，百家之学行于世间，会导致中央下达的命令无法得到有效的贯彻，所以应该废除儒家以外的其他学说。

董仲舒的建议就此被武帝采纳，从此儒家思想成为中国历代王朝居统治地位的思想，对中华文化产生了无比深远的影响。诸子之学，有的销声匿迹，如墨家；有的改头换面，如道家；有的被儒家等其他思想流派吸收，如法家和阴阳家。

天人感应

元光元年（前134），汉武帝召集天下贤能之士，亲自问策。董仲舒献上《天人三策》，提出了"罢黜百家，独尊儒术"的建议和"天人感应"的理论，深受武帝赏识。

早在西周初年，周公旦就提出了"敬天保民"的思想，认为周朝得天下是"受命于天"，商朝丢失天下是因为失天命。所以人君应该爱护子民、"明德慎罚"，否则就会失去上天的护佑。《春秋》公羊派认为孔子作《春秋》记载了很多灾异是用心良苦的微言大义，灾异就是上天对犯有过失的人君的警告。董仲舒从理论上进一步阐述了灾异说，认为这是"天人合一"的体现。"天人合一"是孟子的思想，董仲

汉武帝仙台

舒对其加以继承和发展，使儒家学说朝神秘主义方向发展。

《春秋繁露·为人者天》中说："为生不能为人，为人者天也。人之人本于天，天亦人之曾祖父也，此人之所以乃上类天也。人之形体，化天数而成；人之血气，化天志而仁；人之德行，化天理而义；人之好恶，化天之暖清；人之喜怒，化天之寒暑；人之受命，化天之四时。人生有喜怒哀之答，春秋冬夏之类也。"董仲舒认为，人是天的衍生物和附属物，人的外形、脾气、秉性和喜好都继承于上天，四季、阴晴的变化就是上天对人间的态度的反映。人是上天创造出来的，所以，人的命运决定于天，而不是自己，周朝代商而得天下，是上天授命的结果，周武王、周公旦的贤能并不起决定作用。虽然国家兴衰不由君主决定，但君主却是上天意志的传达者，"天人合一"就是上天与人君的合一，任何人也无权改变这种现实，但如果人君无道，上天就会降下灾异以示警告。

董仲舒的"天人感应"学说旨在强调"君权神授"，以尊天之名行尊君之实，以上天的名义赋予皇帝至高无上的权力，从理论上论证了专制主义的合理性，要求人民无条件接受。这种理论被汉武帝乃至历代的所有帝王所接受。另一方面，"天人感应"也有限制君主权力的用意，皇帝要顺从天意勤政爱民，否则上天就会降下旱涝、地震等灾异。虽然这完全是无稽之谈，但其出发点是敦促君主励精图治，行仁政，有其积极的一面。不过，由于君权至高无上，所以灾异根本不足以约束君主的行为。

◆ 经　学 ◆

自汉武帝"独尊儒术"以来，国家更加重视对儒家经典的研究，而专事解读经典的学问被称为"经学"。汉代经学有今、古文之争，唐朝以后，这种争斗逐渐消弭。

经学概况

经学就是研究儒家经典的学术。春秋时期，孔子在周游列国多年后，回到故乡鲁国，编订和整理了一些古代文献。司马迁认为，孔子编订了《诗》《书》《礼》《乐》，作了《易》中的《彖》《象》和《文言》等篇，并且根据鲁国的史料作《春秋》，这就是"六经"。但也有很多学者认为，六经不是孔子所作，这一问题长期存在争议。不管怎样，孔子时代已经有这六种经书了，而且还以它们为教材传授知识。

秦始皇为了加强思想控制而焚书坑儒，导致古代典籍的大量流失，使文化遭受极大摧残。汉初，统治者重新重视发展文化事业，在民间大规模搜集图书，但六经只剩其中五部，《乐》从此不见于史册。在这种形势下，儒学也随之复兴，国家还设立经学博士一职专门从事对经典文献的研究。汉武帝开创了大一统的政治局面，为了加强中央集权而罢黜百家、独尊儒术，设太学，立

焚书坑儒

五经博士，从此儒家思想成为国家的指导思想，儒家经典也超越其他各家典籍，成为读书入仕的必读书籍。董仲舒之后，经学逐渐成为国家占统治地位的学术，儒家思想甚至上升到法律的高度，治国、决狱都以儒家经典为指导。由于先秦典籍大多文字精练，再加上焚书，导致汉朝时期的人读这些书时，存在一定的理解上的障碍，这就要求有一些专门的学者对这些文献进行整理和重新解读，便于后世人的学习。这些学者就是经学家。

随着一些没人见过的古代典籍的陆续被发现，经学分化为"今文经"和"古文经"，两派长期对立，互相攻击。受"天人感应"学说影响，今文经后来发展为谶纬之学，儒家学说掺入了很多迷信的成分。魏晋时期，儒家名教一度衰落，经学家也朝博与通的方向发展，在研究儒家经典的同时，也兼顾道家、佛教、史学和诗文。所以，唐朝以后，有成就的儒家学者都不再是单纯的经学家了。

西汉时，儒家经典为"五经"，后来发展为"十三经"，即《周易》《尚书》《诗经》《周礼》《仪礼》《礼记》《春秋左传》《春秋公羊传》《春秋穀梁传》《论语》《孝经》《尔雅》和《孟子》。另外还有"四书"一说，南宋理学家朱熹从《礼记》中提出《大学》和《中庸》两篇，与《论语》《孟子》合称"四书"。

"今文经"和"古文经"

郑 玄

秦始皇为加强思想控制，颁布了《挟书律》，规定民间除医药、占卜、农业和秦朝推崇的法家之外，禁止收藏任何书籍，然后收天下书予以焚毁。不过，仍有一些人冒死把书藏了起来，还有很多人把书整本地背下来。西汉建立后，逐渐放宽了对人们的思想控制，并鼓励民间献书，由政府加以保存。这时，有些把典籍熟记于心中的人还健在，就按照回忆把书写出来献给国家。大多数古代典籍都是在这次献书活动中被国家保存从而流传下来的，董仲舒所推崇的《春秋公羊传》就属于这类书籍。这些书是用汉朝当时通用的文字小篆和隶书写的，所以这类经典被称为"今文经"。另外，有人在孔子故居墙壁上发现了《尚书》《礼记》《论语》和《孝经》等书的文字，后来又相继发现了一些在秦朝时因藏匿于民间而免于焚毁的书籍，由于是用先秦六国文字写的，属于大篆体，也称籀文，这类经典被称为"古文经"。

今文经和古文经的区别最初只是文字差异，后来就发展为学术上的分歧。西汉末年，今、古文经之争的局面逐渐确立。东汉时期，两派的论战达白热化。两派的争执导致五经有众多主体思想相矛盾的版本和解说，给后人的研究工作带来了很大麻烦。

汉初只有今文经，由于董仲舒"天人感应"学说受到重视，致使今文经成为正统。但今文经掺杂了很多迷信的东西，日益神秘化，古文经逐渐开始与之分庭抗礼。东汉时期出现了很多今、古文经兼修的大学者，郑玄就是其中的杰出代表，他兼采各家所长，曾试图融合两派。魏晋时期，今文经衰落，唐朝之后又出现了很多今、古文经合一的本子，致使今、古文经之争渐渐消弭。清末又出现了新的今、古文经之争，康有为用今文经学做武器，借批判古文经学的保守为变法造声势。

今文经学与古文经学的分歧主要体现在两个方面。第一，今文经学派认为六经都是孔子所作，孔子借六经阐述自己的观点属于微言大义，所以经学家应该用离章辨句的方式横向分析儒家经典。古文经学派则认为六经都是史书，孔子只是借六经来阐述自己的思想，不采用今文经的章句法解读经典，而注重训诂和考据。第二，今文经学家根据自己的理解来解读经典，认为这才符合孔子的微言大义，其政治思想比较"合时"，董仲舒的理论就是如此，但这又使得今文经学的解说有很大随意性。古文经学主张"复古"，力求恪守经典原意，王莽的"托古改制"就以古文经学作为思想工具。

今、古文经之争，由单纯的学术论战发展到历史观和政治理念等方面的争斗，对中国文化的发展产生了重要的影响。

博　士

古代"博士"的含义跟今天不同，它是一种官职的称呼，最早见于战国时期，职责是保管文献档案，传授学问，编撰著述。秦朝时，共设有博士七十人，掌管全国古今史事和书籍典章。汉代承秦此制，博士职能不变。汉武帝时，增设五经博士，负责专门传授儒家经典《诗》《书》《礼》《易》和《春秋》，所以叫五经博士。后来，很多博士都成为了著名的经学家。唐朝时期，曾把对某一学科有专门研究的人称之为"博士"，如"医学博士"、"算学博士"等。到了宋朝，则把服务性行业的服务员也称为"博士"，如"茶博士"。在今天，博士则专指一种学位，比硕士高一级。

凿壁偷光——匡衡

匡衡，字稚圭，东海郡承县（今枣庄市峄城区王庄乡）人，西汉经学家，以解说《诗经》著称，汉元帝时曾官至丞相。

匡衡家世代务农，他却很珍惜读书的机会，小时候家境贫寒，没钱买书，只好向别人借书来读。过了几年，匡衡长大了，成了家中的主要劳动力。他一天到晚都在地里干活，只有午休的时候，才有空闲看一点书，所以，一卷书常常要十天半月才能够读完。匡衡觉得光靠白天中午休息时的一点时间来读书效率很低，可以多利用一些晚上的时间来读书。匡衡买不起灯油，但他想到了一个好办法。有一天晚上，匡衡躺在床上背白天读过的书，突然看到东边的墙壁上透过来一线亮光，原来是邻居的灯光从壁缝里透过来。于是，他拿了一把小刀，把墙缝挖大。这样，透过来的光亮也变大了，他就借着透进来的灯光，读起书来。这就是凿壁偷光的故事，这个好学的孩子后来成为西汉时期著名的学者。

为了获取更多的学识，匡衡拜经学博士学习《诗经》，很快就以其对《诗经》的独到理解而闻名。当时的儒学圈子流传着这样一句话，"匡说《诗》，解人颐"，可见匡衡解说《诗经》的水平已经相当高。

汉元帝即位后，任用匡衡为郎中，后迁为博士。这时，京城长安一带发生日蚀、地震等各类灾变，匡衡乘机上书，引用《诗经》表明上行而下效的道理。《汉书·匡衡传》记载，匡衡曾劝元帝"减宫室之度，省靡丽之饰，考制度，修内外，近忠正，远巧佞"，"任温良之人，退刻薄之吏，显洁白之士，昭无欲之路"。大意是说希望皇帝能够做到勤俭节约、亲贤远佞，在百姓中推广道德礼仪教化，弘扬仁和之风。匡衡的奏书得到元帝的大力赞赏，匡衡因此迁为光禄大夫、太子少傅。元帝喜好儒术，特别是《诗经》，他曾多次聆听匡衡讲《诗经》，对匡衡的才学倍加赞赏。匡

《诗经·国风·东山》意境图

衡因此被拜为御史大夫。建昭三年（前36），丞相韦玄成病逝后，匡衡又代为丞相，封乐安侯，辅佐皇帝，总理全国政务。匡衡可以称得上是以明经居显位的典型了。

汉成帝时，匡衡铲除了为祸朝政的宦官石显一党，但后来受到政敌弹劾，被罢官贬爵，不久之后便在家乡病逝了。

学者世家——刘向父子

刘向（约前77—前6），字子政，西汉经学家、文学家、目录学家，沛县（今属江苏）人，楚元王刘交四世孙。刘向与其子刘歆都是西汉末期重要的经学大师，可谓学者世家。

刘向始名为刘更生。汉宣帝时，他任谏议大夫，后改任宗正。元帝时，宦官石显依仗皇帝的宠信飞扬跋扈，很多人都不敢冒犯他。刘向公开反对石显擅权，却被下狱，但很快就被释放。他为人正直，后来再次因反对石显一党而被下狱，并且还被贬为庶人。成帝即位后，匡衡铲除石显，刘向才得以重新起用，担任光禄大夫，官至中垒校尉。刘向曾奉命领校秘书，他撰写的《别录》一书是我国目录学的开山之作，对后世影响很大。刘向在经学领域主要以研究《春秋穀梁

刘向《列女传》中人物

传》为主，最重要的是他在保护古文献方面作出了非凡的贡献。刘向搜集了大量屈原、宋玉的作品及汉朝人模仿《离骚》的作品，集结成书，命名为《楚辞》。有一次，他发现皇家图书馆收藏的战国时期纵横家的书内容杂乱，文字残缺，于是重新加以编订，命名为《战国策》，保留了战国时期的大量史料。除此之外，刘向还有《新序》《列女传》《说苑》等书传世。

刘歆，字子骏，刘向之子，西汉末期古文经学派的开创者、天文学家、目录学家。汉成帝时，刘歆曾奉诏与父亲校勘群书。刘向死后，刘歆接任中垒校尉。哀帝即位后，王莽荐举刘歆为侍中太史中大夫，后迁骑都尉、奉车光禄大夫。他子承父业，潜心整理古籍，撰写了《七略》，这是我国第一部图书分类目录。

刘歆崇尚古文经学，曾建议为《毛诗》《古文尚书》等古文经设立学宫，遭

到今文经博士的反对，后来因为得罪了执政大臣，被外放至五原、河内、涿郡等地任太守。王莽篡汉后，刘歆回归中央，后参与密谋诛杀王莽一事，结果事泄被杀害。

刘氏父子博览群书，潜心钻研，是学术界的典范，他们开创的目录学研究对古文献的保留立下了汗马功劳。

《说文》作者——许慎

许慎（约58—约147），字叔重，汝南召陵（今河南郾城县）人，有"五经无双许叔重"之赞赏。他是东汉著名的经学家、语言学家、文字学家，是中国文字学的开拓者。

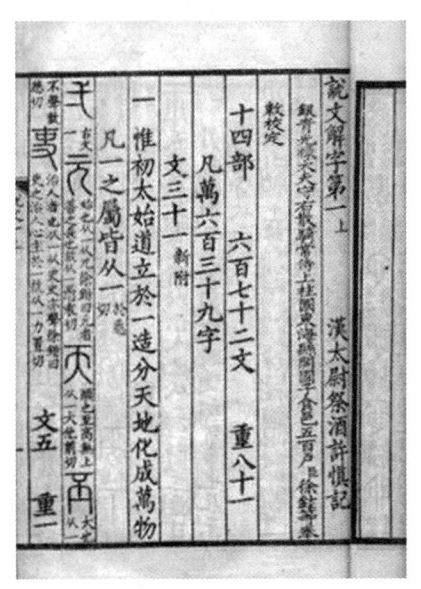

《说文解字》内文书影

许慎师从经学大师贾逵，二十岁左右就已开始系统地阅读过五经了。汉朝时今文经学是官学，属于儒学正宗，所以由此推断，许慎最开始阅读的是今文经典籍。但由于他所处的时代已经是今、古文经并行的时代，他的老师贾逵就是一位著名的古文经学大师，甚至古文经学一度压制今文经学，在今、古文经之争中占据上风。在这样的背景下，许慎就有了通读今、古文经的条件，这为他成为一名博学之人奠定了重要的基础。许慎读书非常仔细，很快就发现了当时流行于世的各种版本的五经矛盾重重，观点相异，于是撰写了《五经异议》，对各种版本不同解说的观点进行重新解释，提出了很多独到的见解。

汉字是世界上最古老的文字，它由使用时间最长的象形文字演化而来。在当今的信息时代，人们一度认为汉字将被时代所淘汰。但人们经过研究终于发现，汉字在计算机中输入的方便程度比其他文字有着更大的优势。无论是从字形还是读音的角度来研究汉字，都不能摆脱许慎的影响。早在一千八百多年前，许慎就在他最著名的文字学著作《说文解字》中从音、形、义等多个角度来解读汉字了，堪称这门学问的始祖。《说文解字》是我国历史上的第一部字典，许慎对文字的研究功不可没。

名门名师——马融

马融（79—166），字季长，右扶风茂陵（今陕西兴平东北）人，他是名将马援的后代，东汉著名经学家，尤其擅长于古文经学。他一生为很多书做过注，如《孝经》《论语》《诗》《周易》《三礼》《离骚》《尚书》《老子》《淮南子》《列女传》等。他设帐授徒，门人众多，卢植、郑玄都是其门徒。

马融早年师从京兆（今属西安市）名士挚恂。汉安帝时，他被拜为校书郎，在皇家图书馆东观任典校秘书。后来因为得罪了当权的外戚邓氏，滞留在东观十年不得升迁。直到邓太后死后，才被拜为郎中。汉桓帝时，马融被外放出任南郡太守。这期间又得罪了掌权的大将军梁冀，从而遭受诬陷，被免官，并且流放到朔方郡（今内蒙古自治区乌拉特旗东）。后来他被赦免，又被任命为议郎，重新在皇家图书馆东观工作。晚年因病辞官，回到家乡授徒著书。

马融并不太注重传统儒家的所谓节操，常常布置红色纱帐，自己则坐于高堂，一边授徒，一边欣赏歌舞，开魏晋清谈家破弃名教纲常的风气。他的学生多达四百余人，升堂入室者就有五十余人，郑玄和卢植是其中佼佼者。

马融的学术偏重古文经学，但他博通今、古文经籍，并长期在东观校书著述，这为他能综合各家之学，遍注古代经典，提供了非常有利的条件。马融善于汲取前人的学术研究成果。《后汉书·马融传》记载，他曾想训解《春秋左传》，但见到贾逵、郑众的著作后，就说："贾君精而不博，郑君博而不精。既精既博，吾何加焉！"意思是，马融说贾逵和郑众都不是十全十美的，如果他们的著述既精又博，他马融就没有存在的必要了。

马融出身名门，自身又学有所长，门徒中贤能者辈出，堪称一代名家。

家学流芳——颜之推

颜之推（531—约595），琅琊临沂（今山东省临沂县）人，因祖上避永嘉之乱南渡而世居建康（今江苏省南京市），出身世家大族，是南北朝时期的思想家、教育家。因很仰慕春秋时期的介之推，所以取名之推，字介。

颜之推十二岁时听讲老庄之学，因为不喜欢魏晋南北朝时期的清谈作风，所以他把更多的精力放在研习《礼》《左传》等儒家经典上。不过生活中他生性任达，不修边幅，喜欢豪饮，这一点倒很符合当时的社会风尚。他博览群书，文章才情并茂，深得南朝梁湘东王的赏识，所以十九岁就被任命为国左常侍。西魏降将侯景于549年又反叛梁朝，叛军攻占建康后，颜之推一度被囚禁。554年，西魏大举进攻江陵，杀梁元帝，颜之推也被俘虏。后来他逃到北齐，希望回到梁朝，但听说陈霸先已代梁称帝，于是他只好滞留在北齐。颜之推在北齐受到礼遇，累官至黄门侍郎。577年，北齐为北周所灭，他被征为御史上士。581年，隋代北周，他又于隋文帝开皇年间，被召为学士，不久就病逝了。他常叹息自己"三为亡国之人"。

颜之推的传世著作有《颜氏家训》《还冤志》等。《颜氏家训》共二十篇，是颜之推为了用儒家思想教育子孙，以保持自己家庭的传统与地位，而写出的一部系统完整的家庭教育教科书。这是他一生关于士大夫治家、立身、处世、为学的经验总结，在封建家庭教育发展史上有重要的影响，后人称此书为"家教规范"。

颜之推的"家学"有几个突出的特点，一是注重早期教育，二是提倡严格教育，三是强调环境熏陶的作用，四是重视家庭的语言教育，五是注重道德教化。颜氏家风源远流长，唐朝著名经学家颜师古、著名书法家颜真卿都是颜之推的后代，《颜氏家训》可谓流芳百世。

理 学

　　理学是哲学化的儒学，是以佛道的哲学框架重新塑造的儒学，起源于两宋，成熟于明代，又称"宋明理学"。陆、王的"心学"是理学的重要分支。

理学概况

　　在宋元明清时期，一些思想家把佛、道之学与儒家思想相结合，将儒家伦理哲学化，他们主要探讨天道与人性的关系。这一时期形成的哲学化的儒家思想被称为理学，又叫道学，狭义的理学专指程朱之学。理学发端于北宋，成熟于南宋，盛行于元、明，衰落于清中期以后，但直至近代仍在发挥影响，晚清重臣曾国藩对宋明理学就颇有研究。

　　在学术上，理学主要探讨世界本原、人的心性和认知等方面的问题。在探讨世界本原的问题时，各派的理学家做出了不同的解释。张载认为宇宙万物源于一元的"太虚之气"，这种解释属于朴素唯物主义的范畴；二程及朱熹认为世界的本原是"理"，属于客观唯心主义范畴；陆九渊和王阳明认为眼前所见的一切都源于"心"，属于主观唯心主义范畴。在探讨人的心性的问题时，二程把心性与天理统一起来，朱熹把仁义礼智信看作是天理在人间的体现，王阳明则以"心即理"批判程朱理学。人的认知方面，张载提出了"见闻之知"和

三教图·丁云鹏

　　图绘了释、道、儒三教的创始人释迦摩尼、老子、孔子三人，似在辩经论道，体现了明代"三教合一"的社会思潮。

"德性之知"，二程和朱熹都倡导"格物致知"，王阳明将其发展为"致良知"。

理学分为很多派别，主要包括周敦颐的濂学、邵雍的象数学、张载的关学、二程的洛学、司马光的朔学、朱熹的闽学以及陆王的心学。理学家们对世界本原做出了不同的解释，但无论唯物还是唯心，都否认世界是由"天"这样的人格神创造的，相对于西汉今文经学家所提出的"天不变，道亦不变"，无疑有很大进步。宋明理学还东传朝鲜、日本，对整个东亚文化圈儒家思想的发展产生了深远的影响。不过，理学强调礼教，压抑人的基本欲求，维护专制主义，消极作用也很明显。

关学创始人——张载

张载（1020—1077），字子厚，凤翔眉县（属今陕西眉县）横渠镇人，北宋哲学家，理学创始人之一，理学支脉"关学"创始人。

张载本是开封人，其父曾在宋真宗年间于四川为官。在十五岁时，张载丧父，而后本打算与母亲运送父亲灵柩回开封，但因经济拮据，只能落户途中的横渠，此后就在此定居，所以后来他被世人称作"横渠先生"。

宋仁宗康定元年（1040），西夏进犯边境，庆历四年（1044）宋夏议和，和议规定北宋朝廷向西夏"赐"绢、银和茶叶等大量物资。年轻气盛的张载向当时任陕西经略安抚副使、主持西北防务的范仲淹上书《边议九条》，陈述自己的见解和建议，打算组织民团去夺回被西夏侵占的洮西失地，为国家建功立业。范仲淹被这位年轻书生所打动，认为他以后必成大器，于是勉励他去读诗书，说他搞军事太可惜了，应该在学问上下工夫。张载听从了范仲淹的劝告，回家刻苦攻读《中庸》，但仍感觉不满意，于是遍读佛、道之书，后又觉得读这些书籍都不能实现自己的宏伟抱负，就又回到儒家学说上来。经过十多年的攻读，他终于悟出了儒、佛、道可以互相补充、互相联系的道理，于是逐渐建立起自己的学说体系。

仁宗嘉祐二年（1057），三十八岁的张载赴开封应考，当时欧阳修为主考官。张载与苏轼、苏辙兄弟同登进士，一时被传为佳话。在候诏待命之际，张载

张　载

受文彦博宰相支持，在开封相国寺设虎皮椅讲《周易》。一天晚上，张载在洛阳遇到了他的表侄程颢、程颐两兄弟，他完全没有摆长辈的架子，而是虚心请教，并发现二程兄弟对《周易》的理解很有见地，遂感觉自己所学还不够。他在讲学时对听讲的众人说："二程深得《易经》之道，我不如他们，你们可以拜他们为师。"神宗时期，王安石推行变法，想得到张载的支持，而张载却委婉地拒绝了王安石抛来的橄榄枝，这引来变法派的忌恨。张载的弟弟监察御史张戬因反对变法而与王安石激烈争吵，后被贬为知县。张载害怕自己受到株连，就辞官回到横渠。后来有人上奏神宗，希望召张载回京任职。但这时他已身患重病。张载回京后即提出要效法古代圣人，恢复周朝礼制，但朝中无人响应。张载再次辞官，病逝于途中，享年仅五十八岁。

理学启蒙者——周敦颐

周敦颐（1017—1073），原名敦实，字茂叔，又称濂溪先生，道州营道（今湖南道县）人，北宋时期的哲学家，宋明理学的开山之祖。相信很多人在上中学时都读过一篇名叫《爱莲说》的课文，"予独爱莲之出淤泥而不染，濯清涟而不妖"，这一千古名句反映了作者对高洁品格的追求和向往。《爱莲说》的作者就是周敦颐，从文中可以窥见他的隐士心态。其实这位大哲学家在生前并不怎么受人推崇，但南安通判程珦却很看重他的学术造诣，甚至把两个儿子——程颢、程颐送到他门下，后来二程果然学有所成，成为著名的理学家。程颐后来回忆说，他年少时就是因为听周敦颐讲道，所以厌倦了科举仕途，立志要学习探索儒家的圣王之道。受二程的影响，周敦颐的学说在南宋时期开始受到关注，从而奠定了他在中国儒家思想发展史上的地位。

周敦颐

在周敦颐十五岁的时候，他和母亲一同去开封投奔舅舅郑向。郑向当时是仁宗朝中的龙图阁大学士，他十分关照周敦颐母子两人。在周敦颐二十岁时，舅舅郑向向皇帝保奏，为他谋到了一个县主簿的职位。周敦颐在任职期间尽心竭力，深得大家信服。后来他曾在许多州县任地方官吏，期间结识了不少高僧、道士，经常与他们一

《太极图说》

《太极图说》是北宋哲学家周敦颐对他的"太极图"所作的说明，全文共有二百多字。这篇文章兼采《易传》说和道家思想，提出"太极"是宇宙本原的学说，世间万物都是由阴阳两仪之气和五行相互作用而生成的。五行统一于阴阳，阴阳统一于太极。文章还提出了"人极"的说法，认为"人极"就是"中正仁义"。周敦颐说："惟人也，得其秀而最灵。"又说："圣人定之以中正仁义，而主静，立人极焉。"《太极图说》对后世影响颇深，版本也众多，朱熹的《近思录》和黄宗羲编辑的《宋元学案》都将该文收入其中。周敦颐所说的"太极"是一种虚无的精神，对理学影响很大，属于客观唯心主义思想。

同游玩论道。周敦颐与司马光关系密切，对王安石变法也持反对态度。

周敦颐非常喜欢研究《周易》，并将儒家思想与佛、道学说互相融合，从而增强了儒学的哲学深度。他著有《太极图说》一文，将儒家的"仁义""诚""欲"和"太极""动静""乾坤"等哲学抽象概念相联系，并用这些概念来解释儒家伦理。

周敦颐的为人师表和渊博学识，是他千百年来一直受到人们敬仰的原因所在。

理学奠基人——二程

二程是指理学的奠基人程颢、程颐兄弟，伊川（今河南省洛阳市伊川县）人，北宋时期重要的理学家。因为二人长期在洛阳讲学，所以他们的学派也被称为"洛学"。

程颢（1032—1085），字伯淳，后人称之为明道先生。早年中进士后，他曾在地方做过几年官吏，后来调到朝廷任职，负责监察工作。王安石变法的时候，他是有名的反对派，因得罪变法派而被赶出中央到外地做地方官。宋神宗去世以后，变法反对派重新上台执政，他也被召回朝廷，但没等到上任就病故。

程颐（1033—1107），字正叔，后人称之为伊川先生。他不像哥哥程颢那样有进士经历，所以没有担任过太高的官职，但他同样激烈地反对王安石变法。宋神宗去世之后，他被举荐到崇政殿讲学，负责教年幼的哲宗皇帝读书。哲宗亲政之后，继承了神宗的事业，变法的反对派又一次失势，程颐也被指为"奸党"。绍圣四年（1097），他被贬到四川涪州。建中靖国元年（1101），宋徽宗大赦天下，程颐恢复自由，后来回洛阳的西京国子监任职，但不久就再度被革职。

二程的仕途与反对变法紧紧地联系在一起，也导致他们一生没有在政治领域有所作为，但二程在哲学方面却有着相当深的造诣。他们师从周敦颐，对《周易》研究很深，《周易程氏传》一文就比较全面地阐述了他们的"易学"哲理。

二程将世俗的儒家思想上升到哲学的高度，提出"天理"的概念，为宋代理学的发展奠定了基础。"仁为王道之本"和"以顺民心为本"的观点颇有先秦儒家"兴仁政""民为贵"的神韵。总的来说，他们兄弟二人的哲学思想，上承传统儒家，

程 颢

下启南宋朱熹，是理学体系中不可或缺的组成部分。所以，宋代理学又被冠以"程朱理学"的名称。

理学宗师——朱熹

朱熹（1130—1200），字元晦，后改仲晦，号晦庵，别号紫阳，徽州婺源（今属江西）人，南宋时期著名思想家、哲学家。

朱熹的父亲名叫朱松，北宋宣和年间为福建政和县尉。宋高宗建炎四年（1130），朱熹出生。他刚出生不久，父亲就升了官，但因为反对秦桧主和的政策，遂被逐出朝廷。后来朱熹也继承了父亲反对宋金议和的政治主张。朱松罢官后回到福建建阳家中。朱熹随父亲在建阳度过了他的童年，但在他十四岁时，父亲过世。母亲带着他搬家到崇安（今福建武夷山市）。朱熹善于思考，早年曾崇尚佛教和道教，希望能够从中领悟出世界本原的真理。

宋高宗绍兴十八年（1148），朱熹去参加乡贡考试，并以十九岁的年龄荣登进士榜。三年后他被派任泉州同安县主簿，从此开始了仕途生涯。他仕历高宗、孝宗、光宗、宁宗四朝，还曾任南康知州、提典江西刑狱公事以及秘阁修撰等职。三十岁时，朱熹决定开始深入研究儒家思想，于是拜二程的传人李侗为师。为表示诚意，他步行几百里从崇安走到延平，使老师非常感动。李侗很欣赏这个学生，还替他取了字叫"元晦"。从此，朱熹开始确立自己的学说体系，成为继程颢、程颐之后最有影响力的理学大师。

吏贤民治

朱熹在《朱子语录》中说"君能为善，吏必为善；吏能为善，民必为善"，故"君明而吏贤，吏贤而民治矣"。

朱熹对佛道有很深的研究，他在前人的基础上以佛道的哲学体系继续改造儒学，把儒家伦理称为"天理"，颇有道家意味。同时，他又把人的欲望与"天理"对立起来，提出"存天理，灭人欲"。淳熙二年（1175），朱熹与吕祖谦、陆九渊等当时著名学者在江西上饶铅山鹅湖寺聚会论道，这就是著名的"鹅湖之会"。陆九渊提倡"心学"，而且反对理学的基本原理。这次聚会之后，朱熹和陆九渊的分歧更大。晚年的朱熹建立白鹿洞书院，开坛授徒，订立《学规》，宣扬道学。朱熹是理学的集大成者，所以理学也被称为"程朱理学"。

朱熹的著作也很丰富，《四书章句集注》是他的代表作。庆元三年（1197），韩侂胄以拥立宋宁宗自居，独揽大权，排挤与朱熹关系密切的赵汝愚。朱熹很快受到牵连，也被革职回家。庆元六年（1200），一代大儒朱熹病逝，被后世尊为"朱子"。嘉定二年（1209），朝廷为朱熹追赐谥号"文"，此为人臣最高礼遇。

格物致知

格物致知最早见于《大学》，原文是："古之欲明明德于天下者，先治其国；欲治其国者，先齐其家；欲齐其家者，先修其身；欲修其身者，先正其心；欲正其心者，先诚其意；欲诚其意者，先致其知。致知在格物。"历代儒家知识分子把其中的修身、齐家、治国、平天下作为自己的人生最高追求，其中修身是为国家出力的前提，没有良好的道德修养和出类拔萃的才干就没有资格为国效力。修身之前也有一系列准备，就是格物、致知、诚意、正心，格物致知是修身最基本的要求。

东汉著名经学大师郑玄为《大学》作注说，"格，来也"，"物，犹事也"，"致或为至"，"知，谓知善恶吉凶之所终始也"，认为格物致知就是接触和认识事物善恶吉凶的全部过程，即人的认知过程。朱熹发展了其中的含义，指出："所谓致知在格物者，言欲致吾之知，在即物而穷其理也"，又说，"格物，是物物上穷其至理"，"致知，是吾心无所不知"，"因其所已知，而推之以至于无所不知"。他认为"格物"就是通过具体事物认识其道理或规律，透过现象看本质，"致知"就是使本心的认识达到无所不知的境界。这种认识论是非常可贵的，基本上真实地反映了人类对世界的认知过程。朱熹还提出了格物致知的作用是"为人君止于仁，为人臣止于敬"的观点，即人类认识世界的目的是为了树立仁、义、礼、智、信等伦理观，这继承了孔子"君使臣以礼，臣事君以忠"的思想。

王阳明批判地继承了朱熹的格物致知学说，提出了"致良知"。王夫之则认为，"格物"和"致知"是相辅相成的关系，他说，"格物之功，心官与耳目均用，学问为主，而思辨辅之"，"致知之功，则唯在心官，思辨为主，而学问辅之"。格物的过程中，思维与感官都会用到，汲取知识是主要的，思考和梳理知识是次要的；致知的过程中，思考则占主要的位置。

"天理"与"人欲"

朱熹继承并发展了二程的"天理"观，是理学的集大成者。朱熹认为，理是万物的根本，是世界的本原，人间的一切伦理道德都是理的派生物，上天之所以创造出礼教，就是用来约束人的不当行为的。因为人的基本欲望是罪恶的，"天理"与"人欲"是对立的，所以要"存天理，灭人欲"。

朱熹认为，"盖三纲五常，天理民彝之大节而治道之本根也"，仁、义、礼、智、信等伦理道德是天理在人间的具体体现，是所有人都必须要遵守的，人君要施行仁政，臣民则要守忠贞孝悌之道，不能为一己私念违反天理。针对"天理"和"人欲"之间的关系，朱熹说："人之一心，天理存，则人欲亡，人欲胜，则天理灭。"天理和人欲不能共存，只能灭亡一个，而理是万物的根本，所以理是不能灭亡的，所以只能牺牲人欲。程颐曾说过"饿死事极小，失节事极大"，这句话在"存天理，灭人欲"思想的指导下，逐渐成为礼教施加在人性之上的枷锁。朱熹说："饮食者，天理也。要求美味，人欲也。"吃饭是天理，但追求吃得好就是人的私欲，是不应该有的想法，吃饭的目的只能限于填饱肚子，而不是追求美味。《礼记》说，"饮食男女，人之大欲"；《孟子》说，"食、色，性也"，虽然传统儒家强调克己，但从未要求抑制人的基本欲望，连朱熹所推崇的二程也没有将天理和人的基本欲望对立起来，朱熹显然歪曲了他们的本意，把"天理"改造成维护礼教的工具。

⟨明清儒学⟩

明清时期是我国封建社会的末期，其时专制主义达到顶峰，儒家纲常名教作为统治工具的作用更加明显。清军入关对传统儒家思想的冲击是巨大的，因此一些学者提出了反专制的进步思想。

皇帝的教父——张居正

张居正（1525—1582），字叔大，号太岳，湖广江陵（今属湖北）人，明朝著名思想家、政治家。明神宗即位时年幼，他担任内阁首辅，执掌明朝实权直至去世。因为执政时推行的改革方式比较激进，死后受到很大争议。

张居正

张居正五岁入学，七岁即能通晓五经大义，十二岁就考中了秀才。十三岁时，张居正参加乡试，写了一篇文采飞扬的文章，并因此深受湖广巡抚顾璘的赏识，只因为顾璘有意让张居正多磨炼几年，所以才没有让他在这么小的年龄时中举。张居正在十六岁时终于中了举人。嘉靖二十六年（1547），他以刚过弱冠的年龄考中进士，被选为庶吉士。二十五岁时，张居正被任命为翰林院编修，后又升任侍讲学士。隆庆元年（1567），明穆宗即位，他被任命为吏部左侍郎兼东阁大学士。隆庆时他与高拱并为宰辅，并担任吏部尚书、建极殿大学士。隆庆三年（1569），蒙古俺答汗的孙子把汗那吉请求归附大明，朝中各方意见分歧比较大，张居正则主张接纳册封，与高拱力排众议，使封贡之事得以实施，为明朝解除北方边患立下了大功。然而，一山难容二虎，张居正与高拱的明争暗斗也逐渐拉开序幕。

此后张居正历任太子少保、太子太保、太子太傅、授吏部尚书、加少傅兼建极殿大学士、加少师兼太子太保。在担任太子的老师期间，张居正开始亲自编撰教科书。隆庆六年（1572），帝王的教科书《帝鉴图说》成书。张居正选取了很多史书有明确记载的小故事，用浅显易懂的文字阐述自己对圣王之道的理解。该书分上下两篇，上篇"圣哲芳规"叙述了历代帝王的励精图治之举，下篇"狂愚覆辙"则剖析了历代帝王的倒行逆施之祸，希望小皇帝能够按自己的思想成长为一代明君。

隆庆六年春，明穆宗病危，召集张居正、高拱、高仪委以顾命大臣的重任。万历初年，皇帝年幼，高拱打算取消司礼监一职，并用此来限制宦官的权力。张居正抓住时机与宦官冯保合谋驱逐高拱。他们到太后面前状告高拱专权，于是高拱被罢免回家，张居正借此成为内阁首辅。当时明神宗年幼，一切军政大事都由张居正主持裁决，张居正长期执政，并实行了一系列改革措施。张居正清查地主隐瞒的田地，改变赋税制度，推行一条鞭法，改善了明朝政府的财政状况。他又任用名将戚继光、李成梁来加强和整饬边境防务。另外，他任用潘季驯治理黄河的措施也很有成效。

1582年，张居正去世。因为他生前推行的改革损害了许多大地主的利益，加上他对神宗过于严厉，导致死后惨遭抄家的厄运。

张居正改革

张居正改革是明神宗时期由内阁首辅张居正主持的一系列改革。明朝中期，土地兼并现象日益严重，全国需要纳税的土地，约有一半被大地主所占有，税收变得十分艰难，对国家财政收入产生了不小的影响。这一时期，社会矛盾也日益尖锐，农民起义时有发生。为了挽救明王朝于危机之中，张居正决定进行改革。内政方面，他首先整顿吏治，加强中央集权制，要求地方定期向内阁述职，以提高内阁实权，并启用支持改革的新生力量。经济方面，张居正的成绩更为显著。他任用著名水利学家潘季驯治理黄河水患，使黄河中下游的农业生产能顺利进行，南北的漕运通畅。张居正还推出了新的赋税制度"一条鞭法"。由于张居正的改革侵犯了大地主的利益，所以在他死后，这些改革措施基本都被废止。

郑成功之师——钱谦益

钱谦益

钱谦益（1582—1664），字受之，号牧斋、蒙叟、东涧老人，又称宗伯、虞山先生，江苏常熟人，万历年间进士，明末清初儒家学者、诗人，在南京国子监任职时，曾授业民族英雄郑成功。

钱谦益的名字取自《尚书》中的"满招损，谦受益"。万历三十八年（1610），钱谦益以一甲第三名的成绩举进士，后在翰林院任编修。天启年间参与修订《神宗实录》。他是东林党的领袖之一，因东林党经常抨击时政而遭到当时掌权宦官魏忠贤的极度忌恨，他在阉党罗织罪名打击东林党时受到牵连，被罢官。天启七年（1627）八月，明熹宗朱由校驾崩，其弟朱由检即位，钱谦益重新奉诏入朝任职，曾一度官至礼部侍郎。但他与内阁重要实权人物温体仁不和，后又被控收受贿赂，因而被再度革职。在明末他作为东林党首领，在江南一带已经有很大的影响。

崇祯十七年（1644），当时名为郑森的郑成功来到南京国子监读书，并拜钱谦益为师，从此，二人结下了不解之缘。这一年，华夏大地风云突变，先是李自成占领北京，推翻了大明王朝，崇祯帝自缢身亡，紧接着清军进入山海关内迅速占领中原地区。崇祯帝死后，阮大铖、马士英在南京拥立明神宗的孙子福王朱由崧为帝，改元弘光，钱谦益也投奔了弘光政权，被任命为礼部尚书。很快，弘光政权就在官僚钩心斗角和清军连续进攻的内忧外患中消亡了。1645年，钱谦益剃发降清，仍在礼部任职。降清后，钱谦益并不受信任，他先辞官回家，后来又遭牢狱之灾。出狱后，他又开始暗中联络反清势力。当时顺治帝年幼，皇叔多尔衮大权独揽，钱谦益认为清朝政局处在"主少国疑"的动荡之中，希望他的学生郑成功和永历政权能够抓住时机反清复明，但直至他去世也没有等到那一天。

康熙三年（1664），钱谦益病重，却因贫困潦倒而导致丧葬费都无着落，只得苦求黄宗羲代笔写文章赚些稿费。

钱谦益的一生经历三起三落，全部任职时间加在一起也不过五六年左右，所以谈不上有什么政绩。降清也使他的人品和节操受到质疑。他的出名完全是由于他出色的学识和诗文，他与吴伟业、龚鼎孳并称为"江左三大家"。

启蒙思想家——黄宗羲、王夫之、顾炎武

黄宗羲（1610—1695），字太冲，号南雷，被学者尊称为梨洲先生，浙江余姚人，明末清初著名思想家、史学家。黄宗羲的父亲黄尊素是东林党名士，后来被阉党所害。黄宗羲从小就深受东林党人的影响。天启七年（1627），明熹宗死，魏忠贤一党倒台。崇祯元年（1628），十八岁的黄宗羲怀揣铁锥进京为父亲伸冤，在刑部会审时掏出铁锥刺伤阉党许显纯，名声大震。此后，他回到家乡奉父亲遗嘱拜著名学者刘宗周为师，潜心研究史学及儒家经典，同时，天文地理、百家九流、佛道方技之书都有涉猎。崇祯十一年（1638），黄宗羲与复社成员发起声讨阉党残余分子阮大铖的活动。崇祯十七年（1644），清军入关，各地纷纷组织抗清武装。从1645年至1653年，黄宗羲先是组织"世忠营"，后又担任明朝宗室鲁王朱以海政权的兵部主事，坚持了八年的抗清斗争。抗清失败后，黄宗羲发誓专心于学术，不为清朝效力。康熙三十四年（1695），黄宗羲病逝。他为后人留下了《明儒学案》和《明夷待访录》等著作。黄宗羲的政治观是传统的"以民为本"的儒家思想，又因为身处社会的剧变时期，其思想超出了传统的窠臼，"天下为主，君为客"，"工商皆本"以及反对"一家之法"的观点颇具民主气息，对我国近代维新思想影响极大。

顾炎武（1613—1682），原名绛，字忠清，明朝灭亡后改名炎武，字宁人，江苏昆山人，学者尊称其为"亭林先生"，明末清初著名思想家、史学家、儒学家。顾炎武十四岁就加入了明末的文学政治团体"复社"。三十二岁时，随明宗室福王抗清。失败后，他云游天下，至死不为清朝效力。顾炎武在名著《日知录》中阐述了反对君主专制的进步思想，提出了"亡国"和"亡天下"的不同，后来发展成为"天下兴亡，匹夫有责"的名言。

王夫之（1619—1692），字而农，号姜

《明夷待访录》内文书影

王夫之

斋，学者称其为"船山先生"，湖南衡阳人，明末清初思想家、经学家。王夫之出生于书香门第，他的父亲精通《春秋》，受家庭的影响，他在很小的时候就能熟读《春秋》。青年时代的王夫之目睹了明朝的黑暗动荡，立志变革社会，并挽救国家于危亡之中。清顺治五年（1648），王夫之在家乡衡阳举兵抗清。后来他又到广东肇庆投奔明朝宗室桂王朱由榔的永历政权，但遭到奸臣排挤，所以又辗转返回湖南。晚年在船山致力于著书立说。王夫之反对宋明以来理学"天理""人欲"的对立观，而是认为二者应该是对立统一的。他的"以民为基"和"均天下"的观点带着浓厚的儒家色彩。

黄宗羲、顾炎武和王夫之是明末清初的著名儒家学者，抗清失败的痛苦经历使他们的思想带有反传统的民主进步性质，所以他们可以称得上是中国近代的启蒙思想家。

天下兴亡，匹夫有责

崇祯十七年（1644），先有李自成攻占北京，后有清军入关中原，这些事件在这一时期的知识分子的心灵中激起了层层巨浪，有些学者摆脱了传统儒家思想的窠臼，把对"国家"这一概念的理解提升到了新的高度。

顾炎武指出"国"与"天下"并不是一个概念，"亡国"与"亡天下"有本质上的区别。他说："有亡国，有亡天下。亡国与亡天下奚辨？曰：异姓改号，谓之亡国；仁义充塞，而至于率兽食人，人将相食，谓之亡天下。……是故知保天下，然后知保其国。保国者，其君其臣，肉食者谋之；保天下者，匹夫之贱，与有责焉耳矣。"一家一姓所统治的是国，亡国只不过是改朝换代而已；天下则是所有人的天下，统治者假借仁义之名行暴政，导致民不聊生，就是亡天下，所以保天下是所有人的义务。保天下的重要性远大于保国。"天下兴亡，匹夫有责"就是梁启超根据上面这段话概括出来的。顾炎武的这番话出自他的著作《日知录》，颇具民主色彩，对清末民主思想的发展启发很大。

顾炎武以古论今，讲了一些历史故事来阐述他的观点。"竹林七贤"的嵇康因反对司马氏专权而被司马昭杀害，晋朝取代曹魏之后，"竹林七贤"的另一成员山涛推荐嵇康的儿子嵇绍做官，嵇绍想推辞不就，但山涛说："为君思之久矣。天地四时犹有消息，而况于人乎一时。"就是说四季都有消长交替，何况短暂的人生呢。这句话在当时传为名言，但顾炎武认为人们把这种坏了礼法的言辞传为佳话，是因为当时风气已经败坏，说明天下已亡。出身为曹魏臣民的嵇绍做晋朝的官，侍奉杀害自己父亲的家族，既不忠也不孝。正因为天下已亡，所以道德败坏，五胡乱华之后，晋朝大臣竞相去侍奉践踏中原的刘聪、石勒等胡人。很显然，顾炎武有影射清军入关的意思，只是没有直说。

顾炎武对清朝的看法虽然没有摆脱"华夷之辨"的影响，但他这种崇高的社会责任感和超越同时代人的进步思想受到人们的一致敬仰，"天下兴亡，匹夫有责"也成为流传千古的名言。

桐城名士——姚鼐

姚鼐（1731—1815），字姬传，又字梦谷，室名惜抱轩，世称惜抱先生，安徽桐城人，清朝中期文学家、考据学家。

姚鼐幼年时就随伯父姚范学习儒家经典，后来又从"桐城派"文学大师刘大櫆学习古文，表现出非同寻常的优秀资质。乾隆二十八年（1763），姚鼐高中进士，被授庶吉士之职。三年以后，改任兵部主事，又补缺出任礼部仪制司主事。此后，姚鼐历任山东、湖南乡试副考官、会试同考官和刑部广东司郎中等职。乾隆三十七年（1772），朝廷下令开始编修《四库全书》，次年开馆，姚鼐被推荐入馆担任纂修官，这一职务本来只有翰林才能担任，唯独姚鼐与戴震、伍大椿、程晋芳等八人破格入选。十年后，《四库全书》的编纂工作基本完成，姚鼐请求回乡，不想再继续做官。

从乾隆四十二年（1777）起，姚鼐先后在扬州梅花书院、安庆敬敷书院、歙县紫阳书院、南京钟山书院等多处讲学，致力于教育，因此他的弟子遍及南方各省。其中最著名的要数梅曾亮、管同、方东树、姚莹四人，他们合

《钦定四库全书》书影

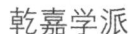

乾嘉学派

乾嘉学派又称"朴学"、"汉学",是我国清朝时期的学术流派,因其在乾隆、嘉庆两朝臻于兴盛,所以得此名。惠栋、戴震、钱大昕、段玉裁是乾嘉学派的著名代表人物,桐城派与之也有很深的渊源。这一学派中又有吴、皖两派之分,吴派创自惠周惕,成于惠栋;皖派创自江永,成于戴震。乾嘉学派的学风淳朴扎实,立义证据确凿,所援引的证据以古籍为主,一般不采用孤证的方法,而且也反对故意隐匿或曲解证据的行为,也不主张教条化理解古人的学说,文体崇尚朴实简洁,尊重师法,但也提倡与本师辩论。乾嘉学派是清朝中前期政治文化高压政策的产物,当时知识分子不敢评议现实政治,只能埋首于故纸堆,但该学派的治学精神与方法颇受后人的推崇。

称为桐城派的"姚门四杰"。这些学生都继承了桐城派古文的优良传统,并使之继续发扬。桐城派自戴名世始,经方苞、刘大櫆的传承,到姚鼐终成完整的理论体系。姚鼐与方苞、刘大櫆被并称为"桐城三祖",他在继承方、刘已有成就的基础上提倡义理、考据、辞章三者相互为用,注重儒家大义和经典文献相结合,兼采戴震治学之法。姚鼐是桐城派古文的集大成者,姚鼐著有《惜抱轩全集》,所编《古文辞类纂》风行一时,有力地扩大了桐城派的影响。

姚鼐推崇宋儒之学说,不提倡汉代经学家的治学方法,但也并不否认。姚鼐以古文见长,同时也兼工诗词。另外,他在书法上造诣也很高。嘉庆二十年(1815),姚鼐卒于南京钟山书院。

新思潮开创者——龚自珍

龚自珍(1792—1841),字尔玉,又字璱人,浙江仁和(今杭州)人,清末思想家,改革派代表人物。龚自珍的父祖辈都是精通文史的饱学之士,祖父是举人,父亲是进士,外祖父是戴震的得意门生段玉裁,他自幼就跟外祖父学习《说文解字》。颇深的家学渊源,加上个人的努力和聪明才智,使他很快就成为一个博学的人。

乾隆五十七年(1792),清朝国势江河日下,内忧外患重重,龚自珍就在这一年出生了。十八岁时,龚自珍第一次参加乡试,并没有取得优异的成绩。八年后,他终于考中举人,但次年参加会试再次落榜。嘉庆二十五年(1820),龚自珍第一次在朝为官,任内阁中书,这使他逐渐接触到朝廷政治及社会的现实。

他从科试失意中体验到政治腐败，
认为清朝已经到了不得不改革的时
候。在这期间，他结识了清朝今文
经学家刘逢禄，开始学习《春秋公
羊传》，并借"春秋大义"评议时
政。此后，他又参加了五次会试。
道光九年（1829），他参加了第六
次会试，终于考中进士，时年已经
三十七岁，此时他仍为内阁中书。
道光十五年（1835），他被提拔为

龚自珍纪念馆

宗人府主事，后又改为礼部主事祠祭司行走。但由于这些官职都不是很高，所以
也很难施展他的政治抱负。四十七岁时，龚自珍辞官南归。两年后，他于云阳书
院病逝，此时为鸦片战争爆发后的第二年。

　　龚自珍对政治现实认识颇为深刻，生前曾向朝廷提出不少改革性的建议，但都
没有被采纳。龚自珍生活的时代，正值封建制度面临没落崩溃、向半殖民地化过
渡的历史阶段，国内阶级矛盾也正变得日益尖锐，外国资本主义侵略势力不断加
深。在这样的时代，龚自珍开创了"议政"和改良思潮的先河。

经世大家——魏源

　　魏源（1794—1857），原名远达，字默深，又字汉士，湖南邵阳人，清末
著名学者、思想家，与龚自珍、林则徐关系密切。

　　魏源在七岁时从塾师刘之纲和魏辅邦学习经史，常常通宵达旦地苦读。母亲
心疼魏源，每天晚上定时熄灯让他睡觉，但等父母睡着后，他又重新掌灯默读，
怕惊动二老，就用被子遮住灯光。在九岁时，他赴县城应童子试，考官指着画有
太极图案的茶杯出上联"杯中含太极"，让他对出下联。小魏源摸着怀中揣着的
午饭时吃的两张饼回答说："腹内孕乾坤。"考官听后颇感惊讶。嘉庆十五年
（1810），魏源考中秀才，开始研究"阳明心学"，并热衷于读史书。十七岁
时，他在家乡开设学馆讲课授徒。

　　嘉庆十九年（1814），魏源被选拔为贡生，进京城入太学，先后结识了林则
徐、陶澍、龚自珍等人。他还向今文经学家刘逢禄学习《春秋公羊传》，进而成
为龚自珍的同门师弟。在此期间，他经常与龚自珍、林则徐等人切磋学术，并深

受这些人"议政"的新风气影响，这为他后来形成"经世思想"奠定了基础。

道光二年（1822），魏源参加乡试，高中举人，第二年又参加会试，但没有考取进士。此后不久，江苏布政使贺长龄聘请他做自己的幕僚，魏源开始关注国家的经济问题。道光六年（1826），魏源与龚自珍一同赴京参加会试，主考官恰巧是他们的老师刘逢禄。但魏源由于答卷触及社会现实而没有被录取。老师特别写了《两生行》一诗以表惋惜之情。

二度落榜之后，魏源潜心于经世之学，主张改变清中期以来读书人沉迷于八股文章和故纸堆的学术风气，提倡"经世致用"。道光二十二年（1842），自诩

魏源与《海国图志》

天朝大国的清朝在鸦片战争中战败，魏源不仅看到了清政府的腐败无能，而且看到了西方列强先进科技的威力，提出"师夷长技以制夷"的号召，开向西方学习之先河。魏源编撰的《海国图志》是中国近代最早介绍西方各国情况的书籍，但当时并没有引起社会的重视，反而对日本的维新运动产生了影响。

咸丰七年（1857），魏源卒于杭州东园僧舍，终年六十三岁，葬于杭州南屏山方家峪。

经世致用

"经世致用"是指通过研究儒家经典得出解决当前社会政治、经济问题的学说，强调关注社会，提倡活学活用，反对空谈和教条式理解经典。南宋吕祖谦的金华学派首先提出了经世致用的主张，反对理学家空谈心性理气等脱离实际的学说，陈亮、叶适等人则把经世致用发展为功利主义，并猛烈批判理学。

明清之际，一些学者在总结明朝灭亡的教训时，再次强调经世致用的重要性。他们深感明朝中后期的学术风气华而不实，于国于民都毫无裨益，这是造成民族空前灾难的重要原因。黄宗羲、顾炎武和王夫之是这场思想运动中的中坚力量。其中顾炎武在《日知录》中提到了魏晋时期清谈误国的历史事实，对此，清朝中期的史学家赵翼总结说："书生徒讲义理，不揣时势，未有不误人国家者。"这些学者提倡务实的学风，致力于为民谋福，反对脱离社会进行空谈，反对法古。

清朝统治逐渐稳定之后，中央集权进一步加强，统治者对文化的控制也越来越严，几次大规模的文字狱使大批读书人不敢过问现实政治，只能从古籍中寻找慰藉，这也是清一代考据学、训诂学发达的重要原因。清朝中后期，政治危机日益显露，西方殖民势力也加紧了侵略的进程，国家处在生死存亡的紧要关头。在这种情况下，经世之学得以复兴，龚自珍和魏源就是主要的倡导者。当时的莘莘学子都忙于应付科举，把毕生精力都花在研习八股文章之上，但这些学问却无益于解决实际问题，大批读书人往往穷尽一生也没有博得功名，致使年华虚度。魏源提出"通经致用"的主张，就是借经典来研究实用之学。他还提出了"史学经世"的思想，强调以史为鉴。清末提倡经世致用的学者往往以今文经学为武器，领悟经典中的"微言大义"，从中探寻救国真理。

黄宗羲

"中兴"名臣——曾国藩

曾国藩（1811—1872），字伯函，号涤生，湖南长沙府湘乡（今湖南省双峰县）人，清末著名政治家、思想家、军事家。

曾国藩生于嘉庆十六年（1811），家中共有兄妹九人，曾国藩为长子。曾家祖辈以务农为主，生活较为宽裕。他六岁时入私塾读书，八岁能读八股文，十四岁时能读《周礼》《史记》，并参加长沙的童试，成绩优异，列为优等，可见他自幼勤奋好学，天资聪明。道光十二年（1832），他考取了秀才，并与欧阳沧溟的女儿成婚。

曾国藩二十八岁时就考中了进士，从此之后，他开始步入仕途。在京十多年间，他先后担任过翰林院庶吉士、侍读、侍讲学士、文渊阁值阁事、内阁大学士、稽察中书科事务、礼部侍郎、兵部侍郎等职。曾国藩十年间七次升迁，连升十级，从七品一跃而为二品大员。

咸丰二年（1852），曾国藩因母丧待在家。这时，正值太平天国运动席卷全国，当时，清朝传统武装力量八旗、绿营都已经腐化没落，在太平军面前根本不堪一击，于是清政府开始鼓励各地豪强来自主招兵镇压太平军。曾国藩抓住机遇，依靠师徒、亲戚、好友等各种复杂的人际关系，在家乡湖南建立了一支

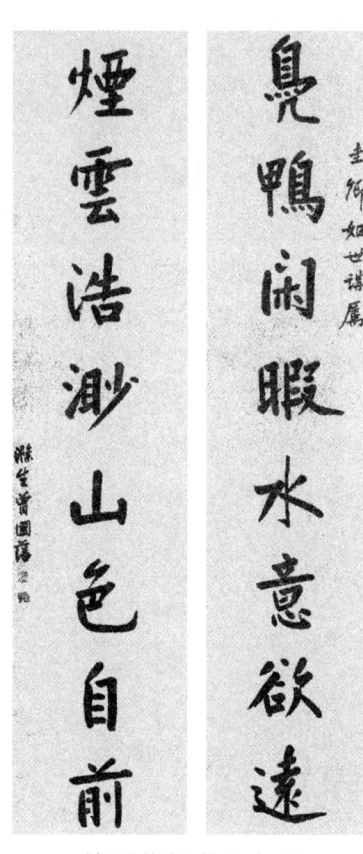

曾国藩行书八言联

地方团练，称为"湘军"，并借助西方列强的先进武器装备来增强自身的实力。曾国藩镇压太平军手段异常残酷，屠城、杀俘虏之类的事件经常发生。因杀人如麻，曾国藩得到了"曾剃头"的诨号。通过镇压太平军，曾国藩成为"中兴"名臣。

曾国藩善于用人，左宗棠、李鸿章等人与他都有过师徒之缘。曾国藩注重儒家伦理，忠于朝廷，也深谙明哲保身之道，这使他在备受朝廷猜忌之时仍能全身而退。

镇压捻军和处理天津教案时的失误，使曾国藩在晚年招致不少骂名，但对桐城派古文的继承与发展和在宋明理学的研究方面，也让他在晚清学术领域享有较高的声誉。

维新领袖——康有为

康有为（1858—1927），又名祖诒，字广厦，号长素，又号更生，广东南海人，是清末的著名学者和思想家，戊戌变法运动的主要领袖之一。

康有为的祖父康赞修是道光年间的举人，父亲康达初做过知县，所以他本人从小就受到严格的家庭教育和理学熏陶。十八岁时，康有为拜广东著名理学家朱子琦为师，从此开始广泛涉猎程朱理学、诸子百家以及佛道经典。

光绪五年（1879），康有为首次接触到西方文化，后来又游历香港，深觉西方人法度严明、科技先进。19世纪80年代，康有为开始大量阅读关于西方文化的书籍，吸收了很多西方的政治观点，以探寻救国真理。中法战争后，民族危机日渐严重，于是他产生了维新变法思想。光绪十四年（1888），康有为赴京参加顺天乡试，借机向光绪帝上书，提出变法主张，但他的建议并没有被传达到皇帝那里，他的第一次变法上书就这样不了了之了。康有为并没有气馁，在1888年至1898年的十年间，他先后七次上书请求变法。他还在广州设立万木草堂，讲学授徒，著名的梁启超就是他的门下弟子。

1895年，清朝与日本签订了丧权辱国的《马关条约》，1897年，德国强占山东胶州湾，中华民族面临着前所未有的危机。光绪二十四年（1898），康有为发动在京应考的十八省举人联名上书，提出拒和、迁都、变法三项主张，全国轰动，史称"公车上书"。光绪帝受到鼓舞，于是下诏变法，开始推行新政，史称"戊戌变法"。但因为以慈禧太后为首的保守势力的干预，维新运动最终以失败告终，新政只维持了103天，所以又被称为"百日维新"。

变法失败后，光绪皇帝被软禁，康有为逃亡日本，组织保皇会。为获得国际支持，他曾于1899年至1903年间游历各国。辛亥革命前后，康有为大肆抨击革命党，反对共和制，成为保皇派领袖。1917年，徐州军阀张勋拥立溥仪复辟，康有为也前来参与，但很快就在段祺瑞的讨伐下宣告失败。康有为始终宣称忠于清朝，溥仪被冯玉祥逐出紫禁城后，他还曾亲往天津张园觐见溥仪。1927年，康有为在青岛病逝，走完了他极富传奇色彩的一生。

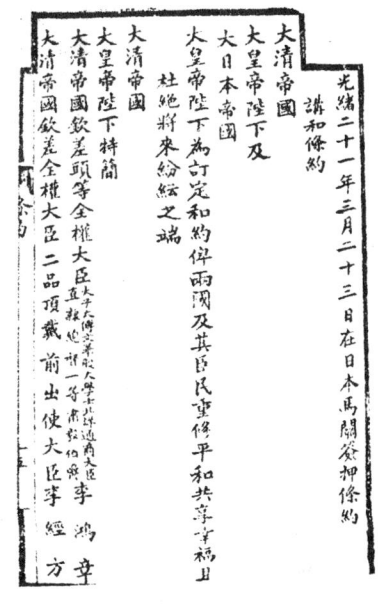

《马关条约》文本

儒家文化

儒家文化是我国传统文化的核心，对中华民族的伦理、道德、民俗、礼法、观念及生活方式都产生了深远的影响，所以有"习俗移人，贤智者不免"的说法。

道 德

"德"最早见于《尚书·虞书·尧典》中"克明俊德"一句，是说尧非常贤能，能够明察有"德"之人。"道"最早见于《尚书·虞书·大禹谟》中"罔违道以干百姓之誉"，意思是，不要为了获得百姓的赞誉而违反"道"。《大禹谟》中"反道败德"第一次将道与德连用。在我国最早的典籍中，"道"出现的时间比"德"要早，有规律、方法的意思；"德"有思想品质高尚的意思，与现在所说的道德意思相近。道与德正式连用是在老子的《道德经》中，不过这里的道德与今天的意义不同。老子认为"道"是世界的本原，"德"由"道"生成，

伦 理

"伦理"与"道德"经常连用，但二者的意义并不完全相同。伦理产生于原始社会，是人们在生活中隐约领悟出来的，从而成为约定俗成的不成文规定，可以看作是道德的萌芽和基础，而道德则产生于文明社会。因此，何智炫在《伦理与道德的辨证探讨》中指出："伦理是处于道德最底线的一种人与人之间的关于性、爱，以及普遍自然法则的行为规范。这种行为规范不便明文规定，而是约定俗成的，并且随着道德标准的普遍上升而呈上升趋势。"伦理在我国古代通常被称作"人伦"，而一些礼教的卫道士则把比较高的道德标准定为道德底线，伦理的概念也经常被随意解释，统治者对其实行双重标准，以此来维护其专制主义的统治。

人的道德、治国的理念都属于"德"的范畴。孔子提倡"道之以德"，这里的"道"的意思是治理、引导或教化，"德"就是道德的意思，孔子强调道德教化的作用。《荀子·劝学》说："故学至乎礼而止矣，夫是之谓道德之极。"大意是说礼是学问的尽头、道德的极致，这里的"道德"含义基本与今天的一样。

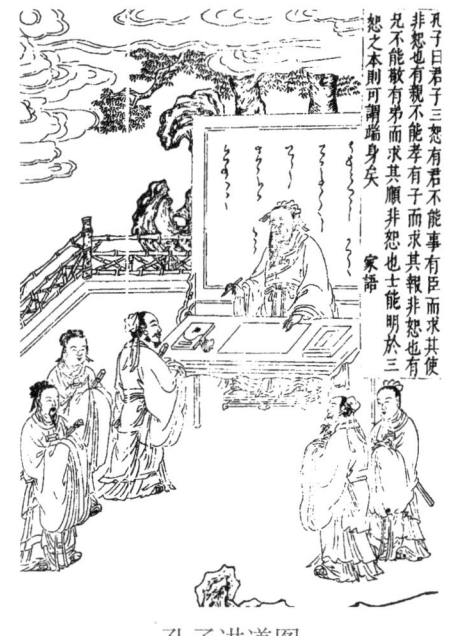

孔子讲道图

道德属于社会意识形态的一种，是调整人们之间以及个体与社会之间关系的行为规范总和。行为规范规定了人们该做什么、不该做什么。社会经济发展水平和发展状况的不同决定了道德也不是一成不变的。总的来说，道德是为统治阶级服务的，在这一点上，它与法律是一样的。但是，从本质上来看，道德不同于法律。法律由国家颁布，强制执行，而道德则是依靠社会力量，通过人们的修养、信念、意志、习惯、教育和文化传统来进行。不同的社会性质和文化传统下，道德的体现也各不相同。比如，原始社会生产力低下，群体的力量对每个人的生存都至关重要，在这种社会财富很少的情况下，根本不会产生贫富分化的现象。

三纲五常

"三纲"是指"君为臣纲，父为子纲，夫为妻纲"，"五常"就是仁、义、礼、智、信。"三纲五常"是用来协调和规范君臣、父子、夫妇等人伦关系的行为准则。

"三纲五常"出自西汉董仲舒的《春秋繁露》一书，但作为一种道德行为准则，它源于孔子的思想。孔子曾提出"君君，臣臣，父父，子子"的等级道德观，孟子进而提出"父子有亲，君臣有义，夫妇有别，长幼有序，朋友有信"以及仁、义、礼、智的"四端"道德规范。

董仲舒根据"贵阳而贱阴"理论，发展了先秦儒家的道德观，提出了三纲原理和五常之道。董仲舒认为，在人伦关系中，君臣、父子和夫妻三种关系是最主要的，而这三种关系是上天注定的，存在着永恒不变的主从关系，即君主臣从，父主子从，夫主妻从，也就是所谓的"君为臣纲，父为子纲，夫为妻纲"。三纲取自于阴阳之道。具体来说，君、父、夫属"阳"，臣、子、妻属"阴"。阳永远处于主宰、尊贵的地位，阴永远处于服从、卑贱的地位。董仲舒以此确立了君权、父权、夫权的统治地位，把封建等级制度、政治秩序神圣化。

董仲舒又认为，仁、义、礼、智、信的五常之道是处理君臣、父子、夫妇等尊卑关系的基本法则，统治者应该给予充分的重视。在他看来，人类区别于禽兽的一个重要特点，在于人具有与生俱来的五常观念。遵守五常之道，就能维持社会的稳定和人际关系的和谐。

三纲五常理论逐渐发展为名教观念，"名"即名分，"教"即教化。孔子强调等级尊卑，主张为政首先要"正名"，因为"名不正则言不顺"，名正言顺之后才能施以教化。董仲舒继承了这种思想。汉武帝时，把符合统治利益的思想观念、道德准则等立为名分，定为名目，号为名节，制为功名，用以对百姓施行教化，称为"以名为教"，其内容主要就是三纲五常。魏晋时，中央集权一度衰落，纲常名教受到质疑和挑战。两宋时期，三纲和五常被认为是天理在人间的具体体现，朱熹也开始将三纲、五常连用，并沿用至今。

三从四德

"三从四德"是我国古代父权社会束缚妇女行为的一种道德准则，目的是维护父权、夫权家庭的利益和秩序的稳定。根据"内外有别"、"男尊女卑"的原则，儒家礼教规定妇女的一生在道德、行为、修养方面都要符合"三从四德"的规范要求。

"三从"一词最早见于《仪礼·丧服》，在谈到已出嫁妇女为夫、为父服丧的规定时，说，"妇人有'三从'之义，无专用之道，故未嫁从父，既嫁从夫，夫死从子"。意思是说女子在未出嫁之前要听从家长的教诲，不要随意反驳长辈的训导，因为长辈的社会阅历丰富，其言行都具有根本性的指导意义；出嫁之后要跟从丈夫，与丈夫共同持家执业、孝敬长辈、教育幼小，丈夫主外，自己则要把家里的事情打点好；如果丈夫先于自己而去，就要坚守本分，扶养孩子长大成人，并尊重自己子女的生活理念。这里的"从"并不仅仅是"服从"的意思，还有工作性质的"从事"之本质。

"四德"出自《周礼·天官·内宰》，内宰是教导后宫女子的官职，九嫔掌

握着宫廷礼仪规范和工作方法，"以教九
御妇德、妇言、妇容、妇功"，也就是说
职位较高的"九嫔"负责教导职位较低的
"九御"。妇德、妇言、妇容和妇功本来
是宫廷女子的教育门类，后来与"三从"
连称，成为对妇女道德、行为、能力和修
养进行评定的标准。妇德就是基本道德修
养，要求妇女能正身立本；妇容就是相
貌，要求妇女端庄稳重，不能轻佻浮躁，
并非要求女子必须貌美；妇言就是言语，
要求妇女善解人意，并知道什么该说什么
不该说；妇功就是持家之道，要求妇女相
夫教子、尊老爱幼、勤俭节约。

　　"三从四德"随着纲常礼教的盛行，
逐渐发展为束缚，甚至摧残妇女的精神枷
锁，"女子无才便是德"、"从一而终"
和缠足等都是这种道德观的延伸。然而，
在儒家整体文化框架下，它本身又充斥着
矛盾，如强调从父时，也需要从母；强调
从夫，妻子也"与夫齐等"。特别在孝文
化中，儿子对守寡的母亲的孝敬，也是独
具中国特色的。

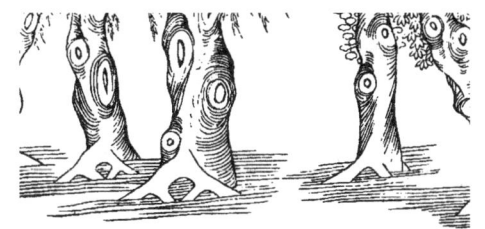

王贞女

王贞女

　　顾绛的嗣母王贞女豆蔻年华时与顾
同吉定了亲，但顾同吉在十八岁时染病
身亡，王氏听到噩耗，脱下艳装，换上
素服，去未婚夫灵前吊孝，从此留在夫
家，做了顾家儿媳妇，守了寡。王氏未
婚守节的行为正合女子"三从四德"的
封建纲常。后来，昆山知县把她的事迹
申报朝廷，为她立了一块贞女牌坊，从
此大家叫她王贞女。

七　出

　　"七出"一词最早见于西汉戴德所作的《大戴礼记·本命》，原文是："妇
有'七去'：不顺父母，去；无子，去；淫，去；妒，去；有恶疾，去；多言，
去；窃盗，去。""七出"或"七去"就是七种休妻的理由。其实，休妻现象在
汉朝以前就有了，先秦妇女被休叫"大归"，被休的妇女叫"弃妇"。汉朝还提
出"五不取"，就是不娶乱伦之家、逆德之家、上代有受刑的、患恶疾的人家的
女儿和没有母亲的长女。"七出"和"五不取"体现了儒家注重礼法和血统的精
神。从唐朝开始，"七出"被写进律条，上升到法律的高度。

乳姑不怠

崔山南的曾祖母长孙夫人，年事已高，牙齿脱落，祖母唐夫人十分孝敬，每天梳洗后，都上堂用自己的乳汁喂养婆婆，如此数年，长孙不再吃其他饭食，身体依然健康。长孙夫人病重时，将全家大小召集在一起，说，"我无以报答新妇之恩，但愿新妇的子孙媳妇也像她孝敬我一样孝敬她。"后来，崔山南做了高官，果然极孝敬祖母唐夫人。

"不顺父母"反映了孝的观念。父权制家庭秩序的稳定，首先取决于对家长尊严和利益的维护，儿媳侍奉和孝顺公婆是婚姻的主要目的之一。孟子所说的"娶妻为养"就是这个意思。两汉以孝治天下，所以"七出"中把"不顺父母"放在首位。但是，许多因不孝顺休妻的事例看来很不近情理，如东汉姜诗的妻子在婆婆面前叱骂一条狗，就被丈夫以不孝休弃，姜诗还被誉为孝子。有时"顺"等同于"顺从"，甚至"逆来顺受"，《孔雀东南飞》中刘兰芝与焦仲卿殉情的悲剧就是因焦母看不上儿媳而强迫儿子休妻所致。

"无子"是"七出"之条中对被休妇女而言最不公平的。父权制家庭中婚姻的目的是"上以事宗庙，下以继后世"，孟子也说，"不孝有三，无后为大"。从唐朝开始，"无子"就被列为"七出"之首。

"淫"是指妇女有淫乱之举，行为不端，是最大的败德。儒家强调保持血统的纯正，所以要求妻子为丈夫守节。宋朝以前，贞洁观念并不是很强，有些皇帝甚至也会纳寡妇为嫔妃。随着礼教日盛，贞操也逐渐被重视起来，明朝小说《水浒传》对犯淫的妇女非休即杀，反映了当时的社会价值观，并对后世影响深远。

"恶疾"就是严重的疾病，清朝直隶安平县归可子的妻子岳氏，因患有羊痫风，被丈夫休弃。岳氏回娘家养病，后听说归可子已再婚娶妻，眼看复婚无望，又不愿改嫁，就投井自杀了。

"妒"就是指正妻对丈夫多纳妾表示公开不满的行为，其目的是维护父权制家庭丈夫多娶、家族多子的利益需要。

"多言"违反了"妇言"的规定。父权制家庭忌讳妻妇多言，主要因为担心外姓妻子会离间家庭内部人际关系，特别是兄弟间的关系，导致家庭不和甚至瓦解。

"窃盗"不是指妻子在外盗窃他人财物，而是专指盗窃家内财物。这反映了妇女没有独立财产权，更反映出父权制家庭为维护财产利益而对妇女进行的控制。

贞节牌坊

　　明朝以前的贞节旌表制度尚未受到朝廷和社会的高度重视，而且，受表彰的贞节妇女只是少数道德高尚的典范人物，从一而终也不是所有人都要遵守的规范，因此旌表制度对于一般妇女的生活，如改嫁等问题影响很有限。明朝以后，统治者开始强调从一而终。"贞节牌坊"通常是统治者为了表彰一些在丧夫后长年不改嫁，坚持把孩子抚养成人的妇女而建立的牌坊，也有为表彰自杀殉夫而建的。因为从一而终符合当时的道德要求，所以特别受到统治者的提倡。牌坊实际是一种形状类似门的高大建筑，一般是由古代帝王为表彰臣子功勋所建。贞节牌坊则是特意为表彰妇女对自己的丈夫坚贞不渝、一生恪守贞节而建。

尊师重道

　　《后汉书·孔僖传》上说："臣闻明王圣主，莫不尊师贵道。"这就是"尊师重道"一词的出处。尊师重道是我国的传统美德，它从另一个侧面反映了中华民族对智慧的崇拜。尊师重道是指尊敬师长，重视老师的教导。"国将兴，必贵师而重傅"，"师者，人之模范也"，"一日为师，终身为父"，"人有三尊，君父师是也"，这些流传千古的名言充分体现了中华民族"尊师"的道德观念。"重道"也是我国传统文化的重要特征。我国古代学者把学问知识分为"道""经""术"三个层次。"道"是最高的学问，"经"是对"道"的阐述，"术"是实践"道"的手段和方法。古代所有学派都把"道"作为最大的学问，最终的追求目标。孔子说："朝闻道，夕死可矣。"就是说早年学业有成，到晚年临死时就不会感到后悔了。"三人行，必有我师焉"，"敏而好学，不耻下问"也是孔子尊师重道精神的体现。孔子是我国历史上伟大的教育家，他的言传身教和为人师表使其深受学生爱戴，颜回也以尊师而闻名天下。汉代经学讲求"师法"和"家法"，虽然

克复传颜

此图描绘了颜渊向孔子问仁的情景。

《师说》

唐朝时，魏晋以来的门第观念仍然根深蒂固，贵族子弟可以接受最好的教育，并且无论学业如何，都有官可做。柳宗元在《答韦中立论师道书》中说："由魏晋氏以下，人益不事师。今之世不闻有师，有，辄哗笑之，以为狂人。独韩愈奋不顾流俗，犯笑侮，收召后学，作《师说》，因抗颜而为师。世果群怪聚骂，指目牵引，而增与为言辞。愈以是得狂名。"由此可见，韩愈作《师说》，不惜背着"狂人"的骂名，旗帜鲜明地表达自己的观点，是非常难能可贵的。另外，韩愈还倡导言之有物的"古文运动"。六朝以来，骈文盛行，文人片面追求对偶声韵和华丽辞藻，不重视思想内容，导致文学创作的浮靡之风泛滥。因此，《师说》可以说是韩愈提倡"古文"的一个郑重宣言。

对学术交流造成障碍，但也是尊师重道的体现。唐朝的大文学家韩愈曾写过《师说》，批评士大夫耻于拜年龄或地位低于自己的人为师的作风。

"程门立雪"是一个著名的反映尊师重道精神的故事。北宋时，二程是享誉全国的著名学者，有一天，杨时、游酢来到嵩阳书院拜见程颐，正巧遇上程老先生在闭目养神。杨时、游酢怕打扰程颐休息，就恭恭敬敬地肃然侍立在门外，一声不响地等候。不巧那天下起了雪，他们站在外面，身上落了厚厚的一层雪花。当程颐醒来，推门看见他们时，地面的积雪已经一尺多厚了。杨时和游酢站过的地方，留下了两个深深的雪坑。

杀身成仁，舍生取义

"杀身成仁"出自《论语·卫灵公》中"志士仁人，无求生以害仁，有杀身以成仁"一句。有一次，孔子的弟子问道："先生所讲的仁和义都是非常高尚的道德。人人相爱，以仁义待人，确实是一种美德。我很想得到仁，但活在世上也是我想要的。假如仁与生命两者发生了冲突，该怎样处理呢？"孔子回答说："这还有什么可犹豫的呢？凡是志士仁人，都不会为了求生而损害仁，为了成全仁完全可以不顾自己的生命。"这时，另一个学生子贡又问孔子说："仁一定是很难得到的吧？我们应当怎样去培养它呢？"孔子回答说："培养仁可以从头做起。比如说，工匠要干好他的活，必须先拥有得心应手的工具。对于国家来说，应该选择那些卿当中的贤者去敬奉；对于自己来说，应该挑选那些士当中的仁者来结交。这样，才会培养出仁。"

"舍生取义"出自《孟子·告子上》中"生，亦我所欲也，义，亦我所欲也。二者不可得兼，舍生而取义者也"一句。孟子先用鱼和熊掌举例，说这两种美味都是他喜欢的，但如果只能选择其中一种的话，那就选择更名贵的熊掌。"生"就是鱼，"义"就是熊掌，当这两者发生冲突时，就要选择更有价值的"义"。"舍生取义"是对孔子"杀身成仁"的发展，体现了儒家的核心价值。

杀身成仁和舍生取义是我国的传统美德，历史上也很多反映这种精神的故事。汉武帝时，苏武奉命出使匈奴，但却被扣押，受尽威逼利诱，他也没有投降。后来匈奴单于把苏武安排到荒凉地带牧羊。十九年后，苏武历尽千辛万苦，终于回到汉朝，手里依然持着代表汉使身份的节，表示自己始终效忠于国家，这时的皇帝已经是昭帝了。儒家伦理被历代统治者所推崇，所以仁和义的意义也经常被曲解。到了近现代，杀身成仁和舍生取义也被赋予了新的含义，革命烈士为了国家和民族抛头颅洒热血就是这种传统道德在新时代的体现。

忠　孝

苏武牧羊图·黄慎

"忠"作为我国重要的传统道德准则，其原意是指为人诚恳厚道，做事尽心尽力，如《论语》中记载曾参说："为人谋而不忠乎？"意思是说，曾子每天都反省自己在帮别人做事时有没有尽力，这里的"忠"就是做事尽心尽力的意思，也包含对他人讲诚信的含义。后来，"忠"又发展出忠于他人、忠于君主及国家的含义，如孔子所说的"君使臣以礼，臣事君以忠"，"忠"成了臣民对君主必须尽的义务。随着专制主义的逐渐加强，"忠"成为臣民绝对服从于君主的一种片面的道德。宋朝以后，"忠"发展为"君叫臣死，臣不得不死"的愚忠，从此不再强调"君使臣以礼"。

亲尝汤药

刘邦的三儿子刘恒，即后来的汉文帝，是一个有名的大孝子，他对他的母亲皇太后很孝顺，每逢母亲吃药，他都亲尝汤药。

后来"忠"又衍生出很多道德观念，如忠义、忠勇、忠信、忠贞等。"节"是个很重要的概念，其原意是使臣出使别国时手持的一种仪仗，持节表示忠于国家，"使节"一词即源于此。

"失节"表示道德的沦丧，臣民对国家不忠属于失节，妻子对丈夫不忠属于失节，子女对父母不孝也是失节。忠孝两全是古人的最高道德标准，但有时孝往往比忠更重要。明朝政治家张居正在丧父时，因忙于政务而没有回家守孝，于是政敌都骂他贪恋权位，禽兽不如。

孝道是我国古代社会的基本道德规范，也是中华民族的传统美德。孝指的是子女对父母应尽的义务，包括尊敬、关爱、养老送终等。在我国，孝的观念源远流长，起源于原始社会的祖先崇拜。甲骨文中有"孝"字，就是说至少在三千年以前的商朝，华夏先民就已经有了"孝"的观念。《诗经》中有"哀哀父母，生我劬劳"和"哀哀父母，生我劳瘁"的诗句，表达了子女对父母为养育自己所付出的操劳的爱怜之情。两汉时期，统治者标榜"以孝治天下"，皇帝的谥号都带有"孝"字，如汉武帝的谥号全称为"孝武皇帝"。

子女众多的大家庭中的人伦关系，已经不再满足于纵向的"父慈子孝"，更需要调整横向的"兄友弟恭"，也就是"悌"，建构一个纵横交错的家庭伦理网络，就有可能实现"家和万事兴"。

孝也是中华民族的传统文化，并且随着社会文明的发展而不断地被赋予新的内容。弘扬中华民族的传统孝文化，对实现家庭和睦，构建社会主义和谐社会具有重要的现实社会意义。

宗　法

"宗法"是指依血缘亲疏调整家族内部关系的制度，源于父系氏族社会末期。一个家族的成员按照血缘关系，一般分为大宗和小宗，大宗对小宗具有支配的权力，小宗对大宗有服从的义务。我国君主制产生之后，宗法制与君主制、官僚制以及地方行政体制相结合，构成我国古代社会的基本体制和法律维护的主体。宗法制度与宗族组织相配合，成为统治阶级维护统治秩序的重要手段。宗法制作为一种维系贵族间关系的比较完善的制度，是周朝时正式确立的。儒家的礼文化的本意就是建立维护宗法等级的礼乐制度。

　　《左传·桓公二年》记载，"天子建国，诸侯立家，卿置侧室，大夫有贰宗，士有隶子弟"，系统地阐述了周朝贵族社会的等级秩序。宗法制的关键在于处理"嫡"与"庶"的关系，严格执行嫡长子继承制。一夫多妻是我国古代典型的婚姻制度，正妻所生的长子就叫作"嫡长子"，妾所生的就是"庶子"，这就形成了"子以母贵"的原则，其目的在于稳定贵族社会的内部秩序。宗法制根据血缘亲疏关系来划定贵族的等级，从而防止贵族间对于权位和财产的争夺。在宗法制之下，族长之位由始祖的嫡长子继承，并且以此为规矩代代相传，这个系统被称为大宗，嫡长子又称"宗子"或"宗主"，是家族的共主。在家族中，只有宗子享有祭祀祖先的权利。与大宗相对应的是小宗，指嫡长子以外的诸子。一般情况下，周天子以嫡长子嗣位，其他诸子被封为诸侯，所以，周天子为大宗，诸侯为小宗。在各封国内，诸侯也是嫡长子嗣位，其他诸子被封为大夫，这时，诸侯为大宗，大夫为小宗。同理，大夫一般也是嫡长子嗣位，其他诸子就是士，大夫为大宗，士为小宗。在周朝宗法制下，诸侯和大夫兼有大宗和小宗的双重身份。

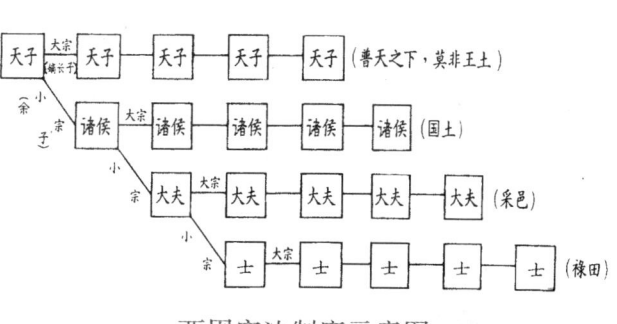

西周宗法制度示意图

　　《诗经·大雅·板》上说："价人维藩，大师维垣，大邦维屏，大宗维翰，怀德维宁，宗子维城。"在这一句中，大宗被认为是国家的栋梁，宗子被认为是国家的堡垒，所以宗法是国家的根基。

　　先秦时期，只有贵族拥有姓氏，其社会地位也高于占人口绝大多数的庶民和奴隶，所以垄断了祭祀祖先的权利，并以所谓的高贵血统而能获得较高的社会地位。春秋时期是一个被孔子称为"礼崩乐坏"的时代，传统宗法等级开始趋向崩溃。战国时期，广大庶民和奴隶获得姓氏的现象越来越普遍。魏晋时期，世家大族凭出身就能获得相应的政治地位，被称为"士族"。唐末五代时期，民间开始设立祭祀家族祖先的宗祠，宗法观念日趋世俗化，其影响一直持续到今天。

丧 葬

中国人重视丧葬源于灵魂不死观念和孝文化，人们通过举行隆重的丧葬礼仪来表达对先人的崇敬和追思，所以孔子说："生事之以礼，死葬之以礼。"

原始社会时期，人们在梦中见到了死去的亲人，但无法解释这种现象，就认为人的灵魂是不会灭亡的。在这种观念的影响下，一些墓葬出现了随葬品。到商朝时期，灵魂不死观念日益丰富和强化，认为魂来自于天，主阳，控制着人的精神知觉；魄来自于地，主阴，主管着人的形骸血肉。人魂魄相合则生，相散则亡。人死后，魂升天，魄入地，归于天地之气。商朝人认为，人死后，灵魂会成为鬼神，如不崇拜就会作祟。于是，祖先的魂魄受到无限崇拜。正是由于崇尚鬼神的风俗的影响，殷商时期十分崇尚厚葬，随葬物品越来越丰富和精致，墓葬也越来越豪华。随葬品从生产工具到装饰物，从生活用品到礼乐器物，应有尽有，甚至还出现了"人殉"。

卖身葬父

董永，相传为东汉时期千乘（今山东）人，少年丧母，因避兵乱迁居安陆（今属湖北）。其后父亲亡故，董永卖身至一富家为奴，换取丧葬费用。上工路上遇一女子，自言无家可归，愿与他结为夫妇。女子用一月时间织成三百匹锦缎，为董永抵债赎身。返家途中，女子告诉董永，自己是天帝之女，奉命帮助董永还债。言毕凌空而去。

西周是我国古代礼仪制度形成的重要时期，这一时期的礼俗主要有"五礼"，即吉、凶、军、宾、嘉，丧礼属于凶礼之一。根据宗法制，人死之后，墓葬要根据家族的具体情况而有规划地布置安排，组成家族墓葬群，每一家族都有相对固定的墓地。在今天人们所熟知的丧葬文化中的墓地风水的选取、服丧期的禁忌、祭品安排上的差异等礼俗，在西周时已经基本成型，并逐渐深入民族文化心理之中。《礼记·五制》记载，"天子七日而殡，七月而葬；诸侯五日而殡，五月而葬；大夫、士、庶人三日而殡，三月而葬"，丧葬习俗逐渐与儒家礼仪相结合，并且成为后世遵循的模式。

战国时期，战争规模越来越大，生产力快速发展，思想文化十分活跃，人的价值得到充分体现，所以"人殉"慢慢退出历史舞台，而代之以木俑、陶俑，这是社会的巨大进步。孔子、墨子都反对厚葬，孔子甚至反对用俑来陪葬，因为俑毕竟是做成人形的，所以他说，"始作俑者，其无后乎"，诅咒第一个使用俑来陪葬的人断子绝孙。此后，薄葬逐渐成为主张勤俭的儒家所提倡的礼俗，很多皇帝也出于怕被盗墓的考虑而选择薄葬。不过，大兴土木修建陵墓的帝王仍不在少数。

秦始皇陵兵马俑

民间丧葬礼仪一般分为入殓、报丧、停灵、守灵、出殡、下葬、做七、守孝等步骤，儒家规定守孝期为三年，其间禁止饮酒吃肉、穿华丽的衣服，并取消一切娱乐活动。民间丧葬礼仪也融入了其他文化元素，如请僧道作法事等。

祭 祖

祭祖源于原始社会的祖先崇拜信仰，后来又赋予了孝的含义。我国幅员辽阔，南北文化差异较大，各地礼俗不尽相同，所以祭祖的形式各异。最常见的是到野外扫墓、到宗祠祭拜，以及在家中供奉祖先牌位这几种形式。一般的祭祀程序是，在祖先灵位前陈列供品，然后祭拜者按长幼的顺序上香跪拜。自古以来，华夏民族就极其重视祭祖，商周青铜器大多用于祭祀祖先和神灵，古代帝王都设立宗庙以便于祭拜先祖。

汉族一般在除夕、元旦、上元、清明等节日进行祭祖仪式。

除夕祭祖，是源于"百善孝为先"和"慎终追远"的传统观念，在辞旧迎新之际对祖先表达孝敬和怀念之情，并祈求保佑子孙后代兴旺发达。在除夕时祭祀祖先的习俗代代相传，祭祖仪式通常于除夕下午在宗祠举行，同姓宗族身着盛装，仪式十分隆重。由于农历元旦就在除夕后的第二天，所以元旦祭祖就是除夕祭祖的延续。

"清明时节雨纷纷，路上行人欲断魂"，这两句诗表明，至少在唐朝时清明扫墓就已经成为民间的重要风俗。明朝的《帝京景物略》记载："三月清明日，男女扫墓，担提尊榼，轿马后挂楮锭，粲粲然满道也。拜者、酹者、哭者、为墓除草添土者，焚楮锭次，以纸钱置坟头。望中无纸钱，则孤坟矣。哭罢，不归也，趋芳树，择园圃，列坐尽醉。"这里较详细地描述了明末北京地区的扫墓习俗。《清通礼》上说，"岁，寒食及霜降节，拜扫圹茔，届期素服诣墓，具酒馔及芟剪草木之器，周胝封树，剪除荆草，故称扫墓"，介绍了"扫墓"一词的来历。清明祭祖的习俗在今天仍然兴盛。

避　讳

在我国古代，"避讳"是指对人的名字要回避，所以名字又称"名讳"。避讳的原则是《春秋公羊传》所提到的"为尊者讳""为亲者讳"和"为贤者讳"，也就是说王侯将相等地位尊贵的人和亲人长辈，以及孔子那样的先贤的名字都要回避。

对于避讳的起源，有三种说法。第一种是夏朝起源说，依据是《山海经》中常常把"夏后启"写作"夏后开"，但《尚书》中对夏商国君的名字，都直书不讳，其实《山海经》中改"启"为"开"是汉朝人避汉景帝刘启的讳所致。第二种是西周起源说，《左传·桓公六年》说："周人以讳事神，名，终将讳之。"《礼记·檀弓下》也说："卒哭而讳，生事毕而鬼事始也。"第三种是春秋起源说，清朝史学家赵翼在《陔余丛考·避讳》中阐述了这种观点，晋僖侯名司徒，宋武公名司空，鲁献公名具，鲁武公名敖，后来导致晋国废司徒一职，宋国改司空为司城，鲁国改掉具、敖二座山名。他们都出生在西周末年，但改官名和山名的事情发生在春秋时期，如果当时已有避讳的习俗，他们就不会取那样的名字了。因此，避讳产生于东周是比较合理的观点。

虽然避讳在民国以后就被废除了，但今天的人们仍能看到它所留下的痕迹。秦始皇名政，于是改"正月"的"正"的读音为"征"。吕后名雉，所以当时书上凡遇"雉"字，均用"野鸡"二字代替。汉文帝名叫刘恒，于是把恒娥改名"嫦娥"，把恒山改为"常山"。汉景帝名启，改"启封"为"开封"。王昭君之名犯司马昭讳，就改称"明君"或"明妃"。《晋书》将刘渊写为"刘元海"，石虎写为"石季龙"，因为分别犯了唐高祖李渊与其父李虎的讳，而刘渊字元海，石虎字季龙，所以改用他们的字来称呼。唐太宗名世民，唐朝人写文章时用"代"字代替"世"字，用"人"字代替"民"字，所以观世音简称"观音"，六部的"民部"改称为"户部"。唐代宗名豫，"薯蓣"就被改名为"薯药"，后又避宋英宗赵曙讳，"薯药"又改名为"山药"。宋仁宗名赵祯，"蒸"与"祯"音相近，也要回避，所以"蒸饼"改称"炊饼"。

避讳常见的方法有三种，一是改字法，就是用意思相近的字来代替要回避的字，如上面提到的例子；二是将要回避的字故意少写几笔，辽兴宗名宗真，一度改"女真"为"女直"；三是缺而不写。

避讳起于周朝，废于民国，存在了两千五百年以上，在整个汉字文化圈产生过深远影响。避讳是专制制度的延伸，历史上有很多人因犯讳而坐牢甚至丢掉性命。避讳经常使古代文献中的一些人名地名面目全非，给今天的阅读带来诸多不便。

姓、氏

古代的姓和氏是两个概念，《通鉴外纪》上说，"姓者，统其祖考之所自出；氏者，别其子孙之所自分"，氏属于姓的分支。

相传黄帝住姬水之滨，所以就以姬为姓；炎帝居姜水之旁，遂以姜为姓；大禹因治水有功，被赐姓姒。其实姓氏至少起源于母系氏族社会时期，所以我国有许多古老的姓都以"女"为偏旁。一开始，姓是作为区分氏族的特定标志而出现的，多为部落的名称或首领的名字。在母系社会过渡到父系社会后，社会逐渐出现了阶级分化，"胙土命氏"的方法便产生了。"胙土命氏"就是君主将死去的贵族的字、谥号、官名或封地名赐予其后人作为家族的氏。根据宗法制，姓为大宗的家族符号，氏为小宗的家族符号。以楚国为例，楚国王族为芈姓，楚王熊绎的后人就以熊为氏，所以今天湖北一带的熊姓源于芈姓。屈原家族也属于芈姓分支。

姓和氏，是人类进步的两个阶段，是文明的产物。夏商周时期，贵族都有姓氏，广大平民则没有。贵族获得氏的常见方式主要有这几种：一是以国为氏，即以封国或采邑名称为氏，如齐国孟尝君本姓田名文，但由于其父被封为薛公，所以他也被称为薛文。二是以其官名为氏，如司

大禹会见诸侯

徒、司马、司空、司寇等皆由此来。三是以职业为氏，如巫氏、卜氏、祝氏、史氏、匠氏、陶氏等。四是以居住地为氏，鲁庄公的儿子遂住在鲁国东门，所以被称为东门遂，后人就以东门为氏。

战国时期，宗法制度瓦解，姓与氏逐渐统一，氏开始转变为姓。以往贵族才有姓，平民仅有名，战国以后，平民也开始有姓，百姓遂成为民众的同义词。春秋战国时期，战乱频繁，诸侯互相征伐，一国灭亡，民众就以国为姓，以示怀念。《通志·氏族略》上说："秦灭六国，子孙该为民庶，或以国为姓，或以姓为氏，或以氏为氏，姓氏之失，由此始……兹姓与氏浑为一者也。"秦汉以来，姓氏合而为一，这种用法沿用至今。

名、字

古代的名和字也是两个概念，名是每个人的专有称呼，即个人在社会活动中所使用的符号，但由于古代有避讳的说法，所以名是不能被别人随便称呼的，这样就得取一个字。字通常是对名的解释和补充，名为里，仅限于内部使用，字为表，用来让别人称呼自己，所以又称"表字"。《礼记·檀弓上》说："幼名，冠字。"《礼记注疏》解释说："始生三月而始加名，故云幼名，年二十有为父之道，朋友等类不可复呼其名，故冠而加字。"《仪礼·士冠礼》上说："冠而字之，敬其名也。君父之前称名，他人则称字也。"大意是说，名是刚出生时起的，供长辈呼唤。男子在二十岁举行冠礼后，就要进入社会，所以取一个字以供他人称呼。女子长大后将出嫁时，举行笄礼，也要取字，所以未出嫁就叫"待字闺中"，就是在家里等待取字的意思。

我国的人名极富时代性，如夏商两代帝王如孔甲、履癸、盘庚、武丁等，都以天干地支命名，可能与当时人敬天地鬼神的观念有关。后来随着社会文化的进步，语言文字的发展，

《尚书》内文书影

人名也越来越复杂，起名成为一门学问。《左传·桓公六年》记载，鲁国大夫申在与桓公交谈时提出五个起名的原则，也就是"有信、有义、有象、有假、有类"，意思是，用出生时的情况命名是信，用吉利的字眼命名是义，用相类似的词汇命名是象，用万物的名称命名是假，用和父亲有关的字眼命名是类。这里还提到命名的六个禁忌，即"不以国、不以官、不以山川、不以隐疾、不以畜牲、不以器币"命名，因为国名、官名、山川名和器物名是人们经常使用的，用他们起名违背避讳的原则；隐疾和畜牲则不是什么好字眼。

古人取字也十分讲究，但基本是有规律可寻的。在取字时反映兄弟行辈的长幼排行十分常见，如孔子排行老二，字仲尼，他的哥哥字孟皮。古代男子取字多用"子"字，因为"子"属于美称和尊称。孔子的弟子仲由字子路，西汉史学家司马迁字子长，都属于这种情况。

这些情况虽然常见，但是实际上伯、仲、叔、季和子，都不是真正的字，它们后面的"尼""皮""路"等才是字的主要成分。古人取字主要遵循这几种方法：一是同义互训，如周瑜字公瑾，瑜和瑾都是玉的一种；二是反义相对，如韩愈字退之，愈和退相反；三是近义关联，如赵云字子龙，云和龙相关联；四是同类相及，如陆机字士衡，机和衡都是北斗星名；五是原名变化，如谢翱字皋羽；六是古语今用，如曹操字孟德，取自《荀子》"夫是之谓德操"一句；七是追慕古人，如颜之推字介，取自春秋名人介之推；八是名字相同，如东晋会稽王司马道子字道子，这种情况比较少见。

冠 礼

"冠礼"是汉族男子的成年礼，女子为"笄礼"。世界上很多民族都有成年礼。汉族的冠礼具有浓郁的文化气息，在儒家文化圈中最有代表性。冠礼表示男孩到了一定年龄，已经发育成熟，从此就可以结婚生子，可以作为氏族的一个成年人参加各项活动。古时候无论男女都要蓄发，男子在成年后要束发、加冠，就是戴上帽子把头发束起来，不能再披着了，并且要取一个字。因为成年了就要加冠，所以二十岁就被称作"弱冠之年"。男子的成年礼需要由氏族长辈依据传统为其举行冠礼，之后才能获得承认。

《礼记·曲礼》说，"男子二十冠而字"，周朝规定二十岁是男子举行冠礼的年龄。《仪礼·士冠礼》上说，"是诸侯十二而冠也。若天子，亦与诸侯同，十二而冠"，因为天子和诸侯要尽早学会处理政事，所以举行冠礼的时间比普通

北宋的白玉发冠

人要早。《大戴礼记》上说，"文王十三生伯邑考"，根据《左传》"冠而生子，礼也"的记载可知，在周朝时，天子和诸侯"十二而冠"是很有可能的。如果帝王在未成年时即位，冠礼后即可亲政，秦始皇就是十三岁即位，二十岁亲政的。

古时冠礼在"家庙"之中进行，并且在正堂东边还需搭建"东房"，将加冠的男孩在参加冠礼之前要沐浴，以示对这项礼仪的尊重。

按照古代的宗法制度，冠礼的主持人必须由宗子等男性宗亲长辈担任。为成年者加冠的正宾要由德高望重的人来担任，以此作为冠者的楷模，选择祖父或父亲等男性长辈最合适。儒家讲求尊师重道，所以，也可以请德高望重的师长担此责任。协助正宾加冠，为冠者束发、更衣的人称作"赞者"，可选择师长、兄弟、好友担任。冠礼经常用的礼节有揖礼和拜礼。揖礼的姿势是：左手压右手，手藏在袖子里，举手至前额，鞠躬九十度，然后起身，同时手随身起，直至齐眉，然后放下。拜礼的姿势是：在施揖礼后，双膝跪地，缓缓下拜，手掌着地，额头贴在手掌上，然后直起上身，同时手随身起而齐眉。

我国各地区风俗不同，所以冠礼的具体仪式也各异。随着传统文化的复兴，这种古老的礼仪越来越受到人们的重视。

嫁　娶

《孟子·滕文公下》上说："不待父母之命，媒妁之言，钻穴隙相窥，逾墙相从，则父母国人皆贱之。"我国传统婚姻注重父母之命、媒妁之言，有"无媒不成婚"的说法。

传统婚姻有"三茶六礼成亲"之说。"三茶"，指三次送礼，我国传统婚嫁多以茶为聘礼，所以才有这个名称。"六礼"，就是婚嫁过程中的六个步骤，一是纳彩，即男方托媒人去提亲；二是问名，问女方名字、生辰；三是纳吉，即在双方八字相合的情况下，男方备礼通知女方，决定成亲；四是纳征，男方给女方送彩礼，相当于订婚；五是请期，男方择定婚期，备礼告知女方，求其同意；六是亲迎，即男方迎娶新娘。

新郎在婚礼前要祭祖先、拜父母，然后选双数日期迎娶新娘。迎娶时，要燃放鞭炮以示庆祝。新娘出发前要与家人一起吃饭，表示别离，大家要说吉祥话。新郎到时，女方家要有一男童手持茶盘恭候，新郎先给男孩红包答礼，再进入女方家里。新郎与新娘上香祭拜女方家祖先，新娘叩拜父母道别，新郎行鞠躬礼即可。新娘上花轿后，女方家长将一碗清水、稻谷及白米撒向新娘。洒水代表女儿已是泼出去的水，因为古时候嫁出去的女儿除被丈夫休弃外，很少再回娘家。撒米面表示祝女儿事事有成、有吃有穿。新娘到男方家时，由男方一长辈持竹筛顶在新娘头上，并扶持新娘入厅。竹筛顶在头上有驱邪之意。新娘入厅后要跨火盆、踩碎瓦片。接着，新郎在敬茶时将新娘介绍给家中长辈认识。最后的步骤就是拜天地和入洞房了。

嫁　女

传统婚礼中还有一些禁忌，比如新郎迎娶新娘后离开女方家时，绝不可向女方家人说再见。新娘到男方家时忌踩门槛，因为门槛代表门面，所以新人应该横跨门槛过去。婚礼当天入洞房之前，也不可以坐新床。

父母之命，媒妁之言

　　"父母之命，媒妁之言"是我国传统婚姻的重要礼节，意思是说，婚姻大事要遵从父母的意思，并且经过媒人介绍才行，不能私自作决定。这句话最早见于《孟子·滕文公下》，原文是这样说的："不待父母之命，媒妁之言，钻穴隙相窥，逾墙相从，则父母国人皆贱之。"意思是说，不经"父母之命，媒妁之言"而私定终身的行为，是父母以及所有人都看不起的。这种观念反映的是典型的儒家礼的思想，因为不尊父母之命就是不孝，不经媒妁之言而私自相见就违反了男女之大防，都不合礼法。现在讲究婚姻恋爱自由，因此这种陈腐的观念应该摒弃。

典章制度

　　中国历代的法律形式繁多，从名称上看，有律、令、诏、格、科、诰、典、例等。如先秦时期西周的《吕刑》、春秋时期的《竹刑》、战国时期的《刑符》《宪令》《秦律》《七法》等。秦汉时期，法律制度日趋成型，秦的法律已趋法典化，《汉律》在先秦《法经》基础上又增补三篇，史称《九章律》。到隋唐，有代表中华法系的杰出法律文献《唐律疏议》，是宋至清各朝法典之蓝本。此外还有三十卷的《唐六典》、一百三十卷的《唐大诏令》。宋朝的代表性法典是《宋刑统》。元代各地制诏律令的汇编是《元典章》，共六十卷。《大明律》和《明大诰》是明代的主要刑法典。清代有代表性的法典是《大清律例》，到清末又有《钦定宪法大纲》等。这些诏令、律法、朝纲构成中国古代的典章制度。

◈ 礼乐类 ◈

礼乐制度指的是以乐从属礼的思想制度，以"礼"来区别宗法远近等级秩序，同时又以"乐"来融和"礼"的等级秩序，两者相辅相成。

祭 祀

祭祀是指按一定的仪式向神灵致敬或献礼，并以恭敬的动作对它进行膜拜，请它帮助人们达成靠人自身的力量难以实现的愿望。从本质上来看，祭祀是把人与人之间的求索酬报关系，推广到人与神之间而产生的活动。

祭祀的对象主要就是神灵。古代的先民们相信，人死后其灵魂会有一种超自然的能力，人的灵魂能与生者相互交流，其作用可降于生者，使其遭受灾难，这种敬畏众神的心理便是祭祀这个行为产生的最重要因素。万物皆有灵，这也使人们祭祀的对象繁多。中国古代宇宙观的三个基本要素是天、地和人。《礼记·礼

宗庙制度

宗庙制度是祖先崇拜的典型产物。人们在阳间为亡灵建立的寄居即为宗庙，帝王的宗庙制是天子七庙，诸侯五庙，大夫三庙，士一庙，平民百姓不准设庙。天子和诸侯的宗庙位置一般设于门中左侧，大夫则左庙而右寝，庶民则是寝室中灶堂旁设祖宗神位。祭祀时还要卜筮选尸，尸一般由儿孙辈充当，庙中的神主是木制的长方体，祭祀时才摆放，不能直呼祭品其名。祭祀时行九拜礼，分别是：稽首、顿首、空首、振动、吉拜、凶拜、奇拜、褒拜、肃拜。据《礼记·曲礼》中记述，凡于民有功的先帝都要祭祀。自汉代起始修陵园立祠祭祀先代帝王。明太祖则始创在京都总立历代帝王庙。嘉靖时为了祭祀先王三十六帝，特意在北京阜成门内建立历代帝王庙。

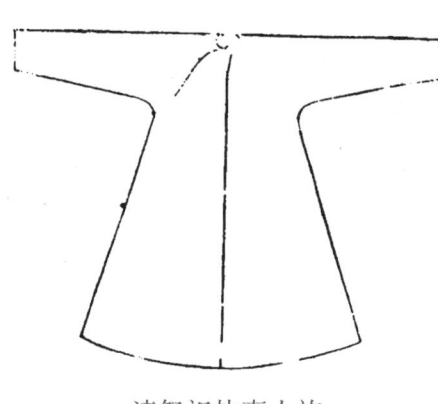

清祭祀执事人袍

运》称："夫礼，必本于天，肴于地，列于鬼神。"《史记·礼书》也曾言："上事天，下事地，尊先祖而隆君师，是礼之三本也。"《周礼·春官》记载说，周代最高神职"大宗伯"能"掌建邦之天神、人鬼、地示之礼"。旧时祭祀习俗主要有祭神、祭祖先、祭孔子等几种。

祭祀神灵一般是以献出礼品来作为代价的。人们对神灵的归顺膜拜，可以跪拜叩头表示，也可以焚香燃纸表示，但对大多数神灵来说是献上祭品。最初的祭祀大多是以献食为主要手段，如《礼记·礼运》中所曰："夫礼之初，始诸饮食。其燔黍捭豚，汙尊而抔饮，蒉桴而土鼓，犹可以致其敬于鬼神。"另外，人们认为神也讲究衣着饰物，所以祭品中自然也少不了玉帛。

礼　器

礼器是指中国古代贵族在举行宴飨、祭祀、征伐及丧葬等礼仪活动中使用的

四羊方尊

四羊方尊是一种饮酒用具，属于礼器。图为中国现存商代青铜器中最大的方尊。

器物。考古发现表明，我国最早的礼器应该是出现在夏商周时期，以青铜制品为主。礼器大多陈设在宗庙或者是宫殿之中，主要作用是表明使用者的身份、权力、等级。商周青铜礼器也泛称彝器。

在原始社会晚期，随着氏族贵族的出现，礼器也随之产生。如在山西襄汾陶寺遗址的龙山文化大墓中，出土有鼍鼓及彩绘龙盘；在良渚文化的一些大墓中，出土有玉璧、玉琮等。进入商周奴隶制社会之后，礼器有了很大程度的发展，后成为"礼治"的象征，并用以调节统治阶级内部的

秩序，维护奴隶主贵族的统治。这时的礼器包括玉器、青铜器。种类有食器（如煮肉盛肉的鼎、盛饭的簋）、酒器（如饮酒器爵，盛酒器尊、壶）、水器（如盥洗器盘、匜）、乐器（如钟、铙）。玉礼器有璧、琮、圭、璋等，其中璧为最常见。这个时期的青铜礼器种类数量颇多，且制作工艺精美，所以最为重要。进入秦汉的封建社会后，青铜礼器开始没落，并逐渐退出了历史舞台。

古代人们对礼器使用者的等级十分讲究，有严格的次序。比如公元前606年时，楚庄王伐陆浑之戎，观兵于周郊，问周定王瑜九鼎之大小轻重。这被当时人们认为是大不敬，以下犯上，有夺取王位之嫌。因为王公贵族必须按身份佩带不同类型、不同尺寸的礼器。在《周礼·大宗伯》中，对诸侯所执之象征身份的信物有详细的规定："以玉作六瑞，以等邦国。王执镇圭，公执桓圭，侯执信圭，伯执躬圭，子执穀璧，男执蒲璧。"

国 号

国号，即指国家的称号，或一个朝代的名称，国家或朝代创建者首先要做的第一件事就是确立国号。《史记·五帝本纪》曰："自黄帝至舜禹，皆同姓而异其国号，以章明德。"在奴隶制和封建制时代，国号就是王朝之号，即政权之号。从我国古代历史中可知，国号的由来大致有下列四种情况。

第一种是根据发迹的地方定国号。无论是周代以后由开创者所定的国号，或是周代以前的由后人追记的国号，这种情况都有发生。如《史记·五帝本纪》的《集解》中说："号陶唐。"大概是因为尧相继受封于陶（今山东定陶县陶丘）、唐（今河北省唐县境）而来。

第二种情况是根据所封爵名定国号。这种国号来自创始人的爵名，而爵名又往往跟地名一致。隋的国号来自创建人杨坚称帝前曾承袭父杨忠的随国公之爵。随为地名，在今湖北随县南。到了杨坚称帝时，取音同，就改随为隋。

第三种情况是根据发迹地的特产定国号。契丹人耶律阿保机所建王朝名辽，辽意为镔铁，因耶律阿保机的发迹地产铁，所以以此为号，取其坚也，象征国家政权如铁般坚硬。夏、商、周、

耶律阿保机塑像

秦、孙吴、后晋和宋等朝代均以其发迹地为国号。

第四种是根据谶语或文义定国号。比如南朝齐的国号就是来自谶语，《南齐书·崔祖思传》道："宋朝初议朝太祖为梁公，祖思启太祖曰：'金刀利刃齐刘之，今宜称齐，实应之。'从之。"元朝的国号则源于文义，它是取《易》中的"大哉乾元"之意由蒙改称为元。

当然，在历史上，也有以其他原因确定国号的情况，比如以建国者姓氏为国号等。

陵　寝

中国帝王的陵寝文化真正是从秦始皇陵开始。中国皇家陵寝主要有西安临潼的秦始皇陵、河南宋陵、陕西汉唐陵、南京明孝陵和清代关外三陵、北京明十三陵、河北清东陵、清西陵、西藏琼结县藏王墓、宁夏银川西夏王陵、北镇辽代皇家墓葬等。

以秦始皇陵为代表的秦汉时的帝王陵寝，形状多为覆斗式，并以构造豪华圹室和堆筑高大封土为特色。在汉代以后长达两千多年的中国封建社会，因封建世袭政治体制的不断发展，导致帝王陵墓这一文化也盛衍不衰。汉朝帝王陵墓一般封土而作。而唐朝，则是以李世民昭陵为典型，以武则天和李治乾陵为代表，这个时期的皇家陵寝多数以山为陵，以山丘为封土，在山腰开凿墓室。五代十国和宋朝时期，因战乱频繁，国力颓弱，陵寝规制相对有所缩减。元朝帝王死后实行深葬，地表不留任何痕迹。中国古代陵寝在经过这一段低潮之后，开始进入一个辉煌的时期。明太祖朱元璋对前代陵寝制度作了重大调整：将覆斗式封土改为圆式宝顶，并增加其他祭奠设施；改方形院落为多进长方形院落，创立了一个崭新的陵寝制度。清朝陵寝在这几点上承袭了明朝陵制，并且作了进一步改革和完善，从而把中国古代陵寝营建活动推向了顶峰。古代陵寝的位置也很讲究。风水理论认为，祖墓地址的风水会影响后人的命运；而一国之君陵墓的风水，会影响整个国家的命运。所以历代皇家都十分

清惠陵

重视选择陵穴，以图永固皇权。皇陵一般位于京师附近，如西周、秦、汉、隋、唐，均以长安为京师，故此这五个朝代的皇陵大多集中于长安附近；而元、明、清三代均以北京为京师，所以这三代的陵址位于北京附近。

谥号和尊号

所谓谥号，其实就是用一两个字对一个人的一生作一个概括性的评价。关于谥号这个制度形成，传统的说法是在西周早期。除了天子之外，诸侯、大臣也有谥号，即《逸周书·谥法解》中提到的周公制谥。近代以来，王国维等人根据金文考证得出的结论是谥法形成于西周中期的共王、懿王阶段，这一说法得到了广泛的认同。周王室和春秋战国各国之间广泛施行谥法制度，后来，秦始皇认为谥号有"子议父、臣议君"的嫌疑，因此把它废掉，直到西汉建立之后才又恢复了谥号。在中国古代，皇帝的称呼往往和年号、谥号、庙号联系在一

慈禧太后

起，一般最早的皇帝谥号用得多，后来庙号多，明清时期年号更得人心。

尊号是指中国古代尊崇皇帝、皇后的称号。最早的尊号与谥号区别并不明显，所以尊号起于何时说法不一。唐以前，天子尊称皇帝，嗣位皇帝尊称前帝为太上皇，前皇后为皇太后、太皇太后，无其他称号。唐代以后，尊号逐渐成风，经常是在帝后号之上再加称号。康熙时，群臣再三请为皇帝上尊号，康熙则一直不受。尊号为生前所加，谥号为死后所加，也有将生前尊号即作为死后谥号的情况。

尊号一般很长，因为大臣们会尽量把好的词语都往皇帝的身上加，尊号一般在皇帝在世之时便开始有群臣上请。如唐玄宗的尊号是"开元天地天宝圣文神武孝德应道皇帝"，宋太祖为"启运立极英武睿文神德圣功至明大孝皇帝"。太后相应的也有类似的号，名为徽号。尊号字数可以逐年递增，每逢国家有喜庆大典，更要增加尊号字数，以至越增越长。如唐高宗累上尊号，最后达二十四字之多。晚清慈禧太后于1862年垂帘听政，上尊号为慈禧，后来字数不断增加，最后加为十六字。

由于尊号太长，所以平民百姓很少有人会称呼皇帝的尊号。到了辽元时，皇

帝的尊号有从简的趋势。康熙曾言："加上尊号乃相沿陋习，不过将字面上下转换，以欺不学之君耳！"

年 号

　　年号是我国古代封建皇帝用以纪年的名号。这个习惯最早源于中国，后来日本、朝鲜、越南都受到了中国的影响，也都使用过自己的年号，影响很广泛。直到现在，日本仍然使用自己的年号。

　　年号被认为是帝王正统的标志，称为"奉正朔"。一个政权使用另一个政权的年号，被认为是藩属或者是臣服的标志之一，这种现象大多发生在中国分裂的时期。五代十国时，闽国、楚国使用后梁、后唐年号，吴越国使用唐、后梁、后晋、后唐、后周、后汉和北宋的年号。也正因此，许多地方的割据势力、少数民族政权，以及人民起义也时常自立年号纪年。

　　中国年号的使用情况十分复杂。同一时期并存的政权，往往各自都有自己的年号，也有政权一年之中数次改元，几个年号重叠使用的情况发生。也有的政权自己不建年号，而沿用前朝或其他政权的年号。例如，后晋的天福年号用至九年时，改为天运元年（944）。三年之后，后汉刘知远称帝，但不自建年号，也不沿用天运年号，而是追承天福十二年（947），还有许多年号在不同时期重复使用的情况发生。

　　年号的字数一般为两字，有少数三字、四字或六字者。中国历史上的年号，据统计数目在百个以上。辛亥革命之后，中华民国废除年号纪年的做法，改用民国纪年法。虽然在袁世凯称帝时曾用过"洪宪"的年号，爱新觉罗·溥仪在担任伪"满洲国""执政"和"皇帝"时也分别使用过"大同"和"康德"的年号，但是通常不被中国正统史书所承认，一般认为中国皇帝的最后一个年号为清末的"宣统"。

　　中华人民共和国成立后，开始使用世界通行的公元纪年。

宫 室

　　《尔雅·释宫》："宫谓之室，室谓之宫。"宫和室本是同义词，区别开来

说，宫指的是整所房子，外面由围墙包围，室只是宫中的一个居住单位。

皇极殿正面

上古时代，宫无贵贱之分，只指一般的房屋住宅。所以《孟子·滕文公上》说："且许子何不为陶冶，舍皆取诸其宫中而用之？"秦汉以后，只有王者居住的地方才称为宫。

古代宫室的朝向一般是向南，主要建筑物的内部空间分为堂、室和房。前部分是堂，通常是行吉凶大礼的地方，基本不会住人。堂的后面是室，可以住人。室的东西两侧分别是东房和西房。因为整幢房子建筑在一个高出地面的台基上，所以堂前一定会有阶。要进入堂屋必须升阶，也就是古人常说的"升堂"。上古的堂前虽没有门，但堂上东西有两根楹柱，堂东西两壁的墙为序，堂内靠近序的地方也就称为东序和西序。堂后有墙和室房隔开，室和房各有户堂相通。室户偏东，户西相应的位置有一个窗口叫牖。古人时常席地而坐，室内的坐位则以朝东的方向为尊。

汉代文献里也常常会提到阁和厢，这是堂的东西两侧与堂毗邻平行的房子，跟后世阁厢的概念不一样。序外东西各有一个小夹室，称为东夹和西夹，此为阁。东夹和西夹前面的空间叫东堂、西堂，这就是厢。阁和厢有户相通，厢前也有阶。秦汉以前叫堂不叫殿，汉代虽称为殿，但并不只单是帝王朝理政事的处所，后来殿才变成专用于宫廷或庙宇里的主要建筑。

汉代帝王宫殿和将相之家还有廊庑。《史记·魏其武安侯列传》曾提道，孝景帝拜窦婴为大将军，赐金千斤，窦婴把所赐金"陈之廊庑下"。颜师古也说过："廊，堂下周屋也。"廊与庑区别不大，但一般人家是没有这个设置的。

宦 官

宦官是指中国古代被阉割后失去性能力而专供皇帝、君主及其家族役使的官员。"宦"，本是星座之名，宦者四星在帝座之西，因用以为帝王近幸者的名称，又称宦者、阉人、阉官、中官、内臣、内官、内侍、内监、阉竖等。太监本为官名，唐高宗时，改殿中省为中御府，让宦官担任太监、少监职位。后来，宦

嫔　妃

　　嫔妃代指所有的皇帝之妾，无论这些人之间的地位和级别，历史上只要有过后宫制度的皇帝，他们的妾都可以被称为嫔妃。所谓的先朝嫔妃则是称呼那些在前任皇帝驾崩后，又未被继任皇帝尊为太妃的遗孀。按照各朝代君主的不同规定，她们有的会被遣回原籍，有些会继续留在宫中生活，有些则要出家为尼，有些跟随子女生活，有些甚至要一同殉葬。膝下无子女的先朝嫔御生活水平与当朝嫔御相去甚远，因为她们没被尊封为太妃，所以没有资格获得皇帝的孝养。有些贫困的先朝嫔们会做一些精致出色的女红并托人带出宫外出售来赚钱。曾有宫词咏叹道："寂寞长门恨转增，夜深刀尺剪吴绫。"

官就通称为太监了。

　　宦官这个制度最早起源于先秦时期，秦汉帝国建立后创立了一整套与君主专制体制相适应的宦官机构。《周礼》《诗经》《礼记》中都有相关的记载。周王朝及各大诸侯国都设置了宦官。秦国宦官嫪毐备受太后宠幸，权势显赫，被封为长信侯。宦官一般由处以宫刑的人来充当，或从民间百姓的子弟中挑选。秦汉之后，宦官制度更加完备，作为一种特殊政治势力，它对许多朝代政局产生过重大的影响。

　　秦始皇统一六国之后，宦官由少府来管辖。西汉初年，汉高祖刘邦吸取教训，任用文士充中常侍，以抑制宦官势力。元帝以后，宦官势力东山再起。东汉时，侍从皇帝的中常侍专由宦官充任。他们掌理文书，传达诏令，用以左右皇帝的视听。皇帝常常不得不利用宦官牵制外戚，这样就往往会造成宦官专政的局面。

　　唐代，宦官由内侍省、内仆局、掖廷局、奚官局、宫闱局、内府局管理，掌管宫内诸多事项，各局长官称令或丞。唐太宗时，对宦官很严格，规定内侍省宦官最高官阶为三品，数额也有限制。太宗死后，制度逐渐失效。中宗时，宦官总数增至三千人，被授七品以上者多达千人。玄宗时，宦官数目变得更多。安史之乱后，宦官势力膨胀，有的甚至封王称爵，位列三公，部分宦官还染指军权，宦官专政成为中晚唐社会的一大痼疾。宋代也设内侍省，由宦官主管，但宦官干政的现象不如外戚专权严重。

职官类

职官是指在国家机构中担任一定职务的官吏。在原始社会是没有官的，那时的氏族和部落虽然有首领，但是其性质和国家产生以后的官不同。后来的职官制度则包括职官的名称、职权范围、品级地位等。

诸 侯

诸侯是我国古代中央政权分封的各国国君的统称。周代分成公、侯、伯、子、男五等。汉朝分王和侯两等。在名义上，诸侯须服从王室的政令，向王室述职、朝贡、服役，以及出兵勤王等。汉时诸侯国由皇帝派相或由长吏来治理，各个王、侯经常只是领取赋税而已。

周代初期实行将土地和臣民封给子弟、功臣，因此建立起诸侯国的制度。西周的诸侯有同姓和异姓的区别。同姓就是姬姓的诸侯，在盟会时一般居于异姓的前面。异姓大部分都是与周王室有婚姻关系的，也包括褒封的前代后裔。在众多的封国当中，最重要的有卫、鲁、宋、齐、晋、燕等国，这些国君地位比较高。诸侯受封时要举行册封仪式，这个仪式叫作"锡命"。周天子为受封者颁布册命，宣布疆土的范围、土地大小，以及所封给的属臣、礼器、奴隶和仪仗的数量等。受封的诸侯必须为周天子承担出兵勤王、镇守疆土、

秦始皇陵地下宫殿想象图

大　夫

　　"大夫"是古代官名。西周以后，在先秦的诸侯国中，国君之下有卿、大夫和士三级。大夫属于世袭制，赐有封地。后世的大夫为一般官职之称。秦汉之后，中央的要职有御史大夫，备顾问者有谏大夫、中大夫、光禄大夫等。到了唐宋时期还有御史大夫及谏议大夫等官，明清时期废除。隋唐以后，大夫被认为是高级官阶的称号。清朝高级文职官阶称为大夫，武职则称为将军。宋徽宗在政和年间重新制定了官阶，在医官中别置"大夫"以下官阶。明、清职事官均不用大夫做官名。

缴纳贡赋等责任。周初的诸侯由中央统一控制，春秋时，诸侯强大，周王室逐渐衰微，这就不可避免地出现了各诸侯脱离周天子的控制，四处割据的局面。

　　秦始皇统一后，没有实行分封制。秦末农民战争期间，六国贵族及各路义军纷纷凭借武装力量割据一方，事实上与战国时期的形势毫无二致。西汉建立后，汉高祖认为秦短期速亡的重要原因之一就是没有搞分封，于是他先封开国功臣为异姓王，后来又大封刘氏子弟为同姓王。此外，汉朝政府还常常将爵位低于诸侯王的列侯授予有功之臣。因此，王国和侯国成为汉朝时期的诸侯国。

　　由于地方诸侯在实力膨胀后常常威胁中央的统治，所以，历朝历代的统治者无不为限制地方势力而绞尽脑汁。清朝康熙年间三藩之乱平定后，我国封建社会的地方势力叛乱的历史就此告一段落，"诸侯"一词也正式结束了它的使命。

士

　　士是封建社会中最底层的贵族，也是最高级的百姓。

　　士是中国古代社会里具有一定身份地位的特殊社会阶层，后来逐渐演变成为对知识分子的泛称。最开始时，它是指原始社会末期与氏族部落首领显贵同族的武士。进入阶级社会之后，他们成了统治阶级的一部分。因在古代，只有士以上的贵胄子弟才有文化知识，所以士又成为有一定知识或技能的人的称呼。在春秋时代，各国之间征战不停，步卒优势逐渐显露出来，车战和武士的作用越来越小，士的地位也发生了不小的变化。有些卿大夫为巩固地位或扩大影响，设法招徕士众以扩张自己的声势，所以很多士便投靠到他们那里。还有部分士为了解决经济困难去为他人办丧事，也有人经营工商业，或从事私人讲学，传道授业，从此中国的历史上出现了一批专门从事文化活动的士。他们思想开放，为我国古代学术领域百家争鸣的出现和文化科学的发展作出了很大的贡献。战国时期，争霸和兼并战争变得更为剧烈，于是朝秦暮楚的

孔夫子周游列国

游说之士应运而生。他们穿梭于各国之间，充当说客，纵横家便是其中的代表。汉代时，士人特重士名，一旦成为名士，功利官位便会接踵而来，故士人或着意于正心、修身、治国、齐家、平天下，恪守封建纲常名教；或浮华交游，相互吹嘘，广结朋党，沽名钓誉。东汉后期，在士人中间评议品题人物之风极盛，这种人物品题属于民间范围。魏晋时期，九品中正制确立，品评士人之权收归政府。凡由中正品评者，皆根据其德行才能、家族阀阅而给予不同品第，然后才授予官职。未经中正品评者，不能成为品官。于是，士人便具有了某种特定阶层的含义。士庶对立这种情况渐露端倪。

士人里，又出现凭借父祖的官爵得以入仕，并累世居官的家族，此被称为士族。士族在东晋时极为发达，从南北朝时开始衰竭。隋唐以后，士族逐渐消失，但士作为一个特定阶层的观念仍然被保留着。宋以后，"士"或"士人"一词逐渐成为一般读书人的泛称，不再特指品官。

三　公

三公指的是中国古代朝廷中最尊显的三个官职的合称。

周代时就已经有此词。西汉今文经学家认为三公是指司马、司徒和司空。古文经学家则认为太傅、太师、太保为三公。秦朝不设三公。从武帝时起，丞相、御史大夫和太尉被称为三公。汉武帝削弱了丞相的权力，大司马则权越丞相之上。汉成帝时，御史大夫被改名为大司空，确立了大司马、大司空和丞相三足鼎立的三公制。西汉末虽是这种设置，但仍以大司马的权力最大。新莽时则沿袭了西汉时的三公制。

吕不韦墓

东汉初，朝廷仍设三公官，三公各自开府置官属，三公中仍以太尉居于首位。汉光武帝虽仍设名位显贵的三公官，但实权渐归尚书台。和帝、安帝开始，外戚和宦官更迭专权。外戚窦宪、梁冀等，都拜为大将军，位在三公上。

东汉末年，董卓自任太师、相国，位置居于三公之上。建安十三年（208），曹操罢去三公而又设置丞相、御史大夫和太尉，且自为丞相。两汉时实行了两百年之久的三公制，至此宣告终止。曹魏建国后，重新恢复了三公之制。

在魏晋南北朝时期，三公的位置依然很高，且开府置僚佐，但实权则进一步向尚书机构转移。到了隋朝，三公则不再开府，僚佐全部撤销，完全变成虚衔或"优崇之位"。宋代以后，往往亦称太师、太傅、太保为三公，但其虚衔性质仍然不变，并逐渐演化成加官或是赠官。明、清也是这种情况。

丞　相

丞相是中国古代皇帝的股肱，典领文武百官，辅佐皇帝治理朝政，无所不统。秦从武王开始，设左、右两个丞相，有时也设相邦，魏冉、吕不韦等都曾居此职位。秦统一后，只设左、右两个丞相。西汉初萧何为丞相，后迁为相国，萧何死后，曹参继续担任。从惠帝、吕后到文帝初年，设左、右丞相两个，之后只设一丞相。汉初各王国拟设中央，也在其封国中各设丞相，景帝中元五年（前145），改称相。

丞相主要负责管理军事大计或其他要务。每逢有要紧事情，皇帝即召集公卿、博士、二千石共同在御前商讨，避免专断。一般政务则由丞相自己决定即可施行。皇帝经常会向丞相咨询，丞相有时可封驳诏书，以表示对皇帝的命令持保留态度。丞相的具体职权是：任用官吏，或是向皇帝荐举人才；对于地方官有考课和黜陟、诛赏的权力；地方上若有暴动等事，丞相派属官前往镇压；主管律、令及有关刑狱事务；在军事或边防方面也承担一定的责任；此外，还负责全国的计籍和各种图籍档案的保存和管理。西汉时御史大夫辅佐丞相,职能大致相同,所以有不少事务是由丞相、御史共同出面处理解决的。

西汉初年,为相者多是开国功臣,位置颇重,敢于直言进谏,如吕后想要封诸吕为王,王陵当面表示反对;景帝时,周亚夫曾反对封王信和废栗太子等事情。到了武帝时,即用公孙弘为相,开以后布衣登上相位的先河。随着君主集权的加强,武帝重用内廷近臣,对丞相不信任,其在位者如薛泽、石庆、庄青翟、赵周、田千秋等人,都是庸碌无能之辈。武帝末年,霍光担任大司马大将军,从那时到西汉末,大司马权势在丞相之上。西汉晚期,丞相职权被内朝所取,无甚作为,只能在君主和权贵面前阿谀奉承,以保持其官位。

汉成帝时,何武建议立三公制。于是成帝改御史大夫为大司空,意图是分散丞相权力。丞相、御史被分割为三,三公实际上是三个宰辅。三公制一直实行到东汉末,后来逐渐沦为空衔。汉献帝时,董卓为相国,跋扈飞扬,位置俨然处于众官之上。后来曹操又废三公,并自任丞相,独揽大权,和君主无异。

魏晋南北朝在易代之际有时也设丞相或相国,但性质都与曹操时差不多,都不是正常官制。唐宋以后尚书省或中书省有时设左、右丞相,位居尚书令或中书令之次,握有实权。明初中书省无令,仅设左、右丞相,权力极重,后被明太祖所废,以内阁大学士行丞相职权,直到清末都没有再恢复。

九　卿

九卿在古代有多个含义,一是《周礼·冬官·考工记》中"匠人"条谈到建筑宫室规模时曾记载:"内有九室,九嫔居之;外有九室,九卿朝焉。九,分其国以为九分,九卿治之。"注云:"六卿三孤为九卿。"此指天官冢宰、地官司徒、春官宗伯、夏官司马、秋官司寇、冬官司空、少师、少保、少傅,合称"九卿"。

此后各代的"九卿"都不相同。西汉时九卿是列卿或众卿的意思。先秦文献中有三公九卿一说,但秦并没有这种制度。武帝之后,由于儒家复古思想的影响,人们就以秩为中二千石一类的高官附会成古代九卿。宣帝、元帝时,九卿称谓曾出现于诏书中。但《汉书》中所见的卿,有太常、光禄勋、太仆、廷尉、大行、大鸿胪、宗正、大司农、少府、卫尉、执金吾、右内史、左内史、主爵都尉、太子太傅等十几种官。将九卿定为九种官职,则开始于新莽,以中二千石为卿。即以大司马司允、大司徒司直、大司空司若、羲和、作士、秩宗、典乐、共

刘尚书（刘禹锡）

工、予虞为九卿，分属于三公。

东汉和新莽一样，在中央政府中设有九卿的官职。《续汉书》将太常、光禄勋、卫尉、太仆、廷尉、大鸿胪、宗正、大司农、少府定为九卿。九卿一旦固定为九官后，与九卿相近的其他重要官员则被排斥在九卿之外。魏晋以后九卿多跟东汉一样，仅廷尉有时改称大理。北魏改少府为太府。故隋唐九卿为太常、光禄、卫尉、宗正、太仆、大理、鸿胪、司农、太府，已无行政之权。南宋、金、元，九卿多有省并。明、清遂改以吏、户、礼、兵、刑、工六部尚书，都御史，大理寺卿，通政司使为九卿。以前的九卿之官或有保留，但已成虚衔或加官、赠官。

州牧、刺史

汉武帝元封五年（前106）开始设置刺史这一官职。"刺"，这里是检核问事的意思。

秦代每郡都设有御史，担任监察之职，此称监察院御史。汉初，文帝因为御史多失职，命丞相外派人员到各地。武帝元封初年，废除郡监察御史，随即把全国分为十三部，每部各置刺史一人。刺史巡行郡县时，以"六条"问事，可概括为"省察治状，黜陟能否，断治冤狱"，对地方政事，无所不过问。刺史可乘传奏事，隶于御史中丞。成帝绥和元年（前8），罢部刺史，新置州牧。

东汉建武十八年（42），再度改为刺史，但只设十二人，每州一人，变西汉刺史无固定制，但各有驻地；奏事可遣计吏代行，不复自往。刺史奏闻之事不必经三公委派掾吏按验，导致东汉刺史权力逐渐扩大，郡守、县令对它颇为忌惮，甚至有因畏刺史而解印弃官这样的事情发生。灵帝中平五年（188），刘焉认为四方多事，原因在刺史的权力不足，于是改部分资深刺史为牧。刺史实际已成为一州军政的长吏、太守的上级，州郡两级制随之形成。魏、晋刺史有领兵、单车之别。南北朝也沿袭了这个制度，唯魏道武帝时不同，州有三刺史，其中包括皇室一人。隋文帝时，郡被撤销，州长官除雍州牧外，均为刺史名。唐时，改郡为

州，以太守为刺史。玄宗又改州为郡，以刺
史为太守。元以后刺史被废。清人用作知州
的别称。

在武帝时期，不仅增设许多郡，而且做
了进一步的革新。在公元前106年，有十三名
刺史被任命，这些人直接对中央政府负责，
每一个刺史负责视察指定的区域。他们调查
皇帝的政府运转的情况，如果发现压迫或贪
污的证据，可以直接上报。

汉代的刺史制度是我国古代重要的地方
监察制度，刺史制度是用来维护皇权的一种
有力手段，对于加强中央对地方的控制也发

隋文帝

挥了很重要的作用。但刺史制度在演变过程中逐渐被地方官化，刺史制度的每次
变化都有其具体的、特定的原因。考察刺史制度对于探讨两汉行政权与监察权的
关系，以及进一步探索中央集权与地方分权都有着十分重大的意义。

三省六部制

三省指的是中书省、门下省、尚书省。六部指的是吏部、兵部、礼部、刑
部、户部、工部。三省六部制在西汉以后长期发展而成，到隋朝正式确立，唐朝
时得到了进一步完善。

汉光武帝刘秀在尚书台设三公、民曹、吏部曹、二千石曹、客曹、中都官
曹等六曹尚书，这是六部的前身。西晋时，有吏部、度支、殿中、田曹、五兵、
左民六曹，属尚书省。南北朝也有六部，但名称因王朝而异。隋初六部名为吏
部、度支、兵部、礼部、都官及工部。唐代改都官为刑部，把度支改为户部，遂
成吏、礼、户、刑、兵、工六部，统于尚书省。明代废中书省，六部直接对皇帝
负责，成为主管全国行政事务的最高机构。各部均置尚书一人，总管本部政务，
下设有左右侍郎各一人，作为尚书的副手。清代于天聪五年（1631）仿明制设
六部，最初以贝勒总理各部部务，各设满洲、蒙古及汉承政、启心郎、参政、额
哲库等官。顺治元年（1644），停贝勒总理部务；并把参政改为侍郎，承政为
尚书，理事官为郎中，副理事官为员外郎，额哲库为主事，启心郎未变，至顺治
十五年（1658）截止。雍正元年（1723）以后常以大学士兼管各部，尚书以下

各官经常有增减。据光绪朝《历代职官表》及《大清会典》及记载，清代各部职官设有尚书、左右侍郎、员外郎、郎中、主事以及堂主事、笔帖式、司务、七品小京官等。六部职掌范围与明清大致相同，而各部下辖诸司及官属则略有出入。

尚　书

尚书在战国时被称为掌书，齐、秦也都有这类设置。秦归属于少府，属于低级官员，负责在殿中发布文书。秦及汉初时，尚书与尚冠、尚食、尚浴、尚衣、尚席，称"六尚"。武帝时，因归属近臣，所以地位逐渐升高。尚书和御史、史书令史等都是由太史亲自选拔。尚书在汉宣帝时期权势就已经很高。《汉书》里曾记载，担任卫司马的盖宽饶向尚书投诉卫尉不合理差遣，尚书责成卫尉废除弊端。卫尉是二千石，仅次于三公的品秩，所以说尚书在当时已经是相当有实权的职务了。《汉官仪》记载："尚书四员，武帝置，成帝加一为五。有常侍曹尚书，主丞相御史事。二千石尚书，主刺史、二千石事。户曹尚书，主人庶上书事。主客尚书，主外国四夷事。成帝加三公尚书，主断狱事。"成帝时，置尚书五人，秩六百石，分掌三公曹、户曹、二千石曹、常侍曹、主客曹，职权逐渐加重。东汉时归属尚书台，各曹尚书地位更见其重要，其主客尚书令至成为总揽事权的贵官。时尚书分掌各曹，官名只称尚书，并不冠以某曹名义。汉灵帝任梁鹄为选部尚书，又开始用曹名。魏有五曹，晋增为六曹。后尚书台改名尚书省，曹改称部。隋、唐时尚书是正三品，到了明代则是正二品。清末增设外务或邮传等部，主官也称尚书。宣统三年（1911），改称尚书为大臣。

太　师

太师指官职时又称太宰，古代把太师、太傅、太保合称"三公"。

《宋史·百官志》曾记载："太宰，一人。周武王时，周公旦始居之，掌邦治，为六卿之首。秦、汉、魏不常置。晋初依《周礼》，备置三公。三公之职，太师居首，景帝名师，故置太宰以代之。太宰，盖古之太师也。殷纣之时，箕子为太师。周武王时，太公为太师。周成王时，周公为太师；周公薨，毕公代之。汉西京初不置，平帝始复置太师官，而孔光居焉。汉东京又废。献帝初，董卓为太师，卓诛又废。魏世不置。晋既因太师而置太宰，以安平王孚居焉。"比如宋代赵普、文彦博等，都曾被加以太师衔。

《元史·百官志》对此的记载是："三公，太师、太傅、太保各一员，正一品，银印，以道燮阴阳，经邦国。有元袭其名号，特示尊崇。太祖十二年，以国王置太师一员。太宗即位，建三公，其拜罢岁月，皆不可考。世祖之世，其职常缺，而仅置太保一员。至成宗、武宗而后，三公并建，而无虚位矣。"

《明史》《清史稿》官职志曾载，"太师、太傅、太保为三公，正一品。掌佐天子，理阴阳，经邦弘化，其职至重。无定员，无专授"，"太师、太傅、太保为三公，正一品。初沿明制，大臣有授公、孤者。嗣定为兼官、加官及赠官"。

《封神演义》中的闻太师兵伐西岐图

将 军

将军的意思就是率领军队的人。夏商周时期，天子率领的部队分为六个军，每军大约一万两千五百人。到了春秋时期，诸侯制大国三军、次国二军、小国一军。晋献公、魏献子、卫文子等诸侯都自己统领一支军队，称为"将军"。

将军分为"杂号将军"和"重号将军"两种。前者为常设职位，可入朝参政、开府理事，所以又称"中朝将军"。而后者多为临时征战所设，可称为"征讨将军"。魏晋后为奖励军功，将军名号增多，多为刺史及太守所加，此称"散号将军"。每朝常设的将军名号也各不相同。按级别各朝常设的中朝将军有大将军、车骑将军、骠骑将军、卫将军、征（东南西北）将军、镇（东南西北）将军、安（东南西北）将军、平（东南西北）将军、前将军、后将军、左将军及右将军等。骠、车、卫及诸征、镇将军资深者可进号为大将军，这些品秩各代有所不同，但差别不大。如北齐时卫及诸征加大将军时位在骠、车之上；北魏时诸征加大者位次于卫；而此两朝卫加大者均在骠、车之上。

骠骑将军历代均为第二品或从一品位，地位次于大将军，与车骑和卫将军同属一级。汉武帝时始设骠骑与大将军同秩是特例。隋唐之后，将军名号以杂号、散号为多。前后左右将军与统领前后左右四军的将军不是同一名号。前者为第三品，后者则为第四品。

清代铠甲

总 督

总督为官名，中国明清地方军政大员，又被称为总制。明代开始设置，分为专务和地方两种。明初常派遣尚书、都御史、侍郎、少卿等官到地方安抚军民，或主管兵事，事毕复命，名义或称镇守，或称巡抚。后来，由于镇守侍郎与巡按御史不相统属，往来很不方便，于是定为都御史巡抚兼提督军务等名称。专务总督以所辖的专务为职，提督军务为辅。地方总督多为防边或镇压人民而设，以所辖地区军务为主。正统六年（1441）正月，总督首次以军务入衔。正统末至景泰年初，地方也有多派总督。这些总督因事而设，事毕即撤职。自成化五年（1469），两广再设总督。

总督与巡抚皆为地方军政的大员，合称"督抚"。但总督权力比巡抚要大，多数地区巡抚位于总督之下，也有同时担任总督和巡抚这两个职位的人。总督管辖的区域比巡抚要广，一般是在一省以上，明末时有管辖五省或七省者。总督级别较高，地方总督多由部院正官中推选。在明代的政治体制中，总督举足轻重，入则为朝廷显官，出则为一方军政的首领，故当时人称文帅第一重任。总督的作用是用文臣来钳制武臣，以协调各镇、各省之间的关系，统一事权，防止各镇、各省互不相属，互相推诿。由此可以看出，当时中央对地方军事的控制正逐渐加强。

清初总督额数及辖区并不固定。乾隆以后成为定制，全国设有八个总督：直隶、两

晚清两江总督衙门

广、陕甘、两江、两湖、闽浙、四川、云贵。总督一般均带兵部侍郎、右都御史衔，其职位是掌控军民事务、考核官吏、统辖文武，为一方军民高级长官，世称封疆大吏。另有漕运及南河、东河总督三员。光绪三十二年（1906），东北奉天、吉林、黑龙江建行省，改将军称号为总督，名曰东三省总督。

巡　抚

　　巡抚为中国明清时地方军政大员之一，也称抚台，是巡视各地的民政、军政大臣，以"巡行天下，抚军按民"而名。北周与唐初时，均派官至各地行巡抚之事，称临时差遣，"巡抚"也未能成为官名。明代宣德、正统时，流民问题逐渐严重，各地农民的反抗时有发生，政府的赋役来源也受到影响。河南、江西、浙江、山西和南直隶等地的巡抚，正是在这一形势下设置的。

　　明巡抚之名，最早见于洪武二十四年（1391）懿文太子受命巡抚陕西，当时也属于临时差遣。此后，开始正式设置巡抚。永乐十九年（1421），蹇义等二十六人分别巡视各省，并由此产生巡抚制度。宣德五年（1430），于谦、周忱等人分抚南北直隶等处，从此各省常设巡抚官渐成制度。巡抚初设时，仅督理税粮，抚治流民，总理河道，整饬边关，后遂偏重军事。明代巡抚多为进士出身。起初，内地巡抚由吏部会同户部一并推举，边地巡抚由吏部会同兵部一并推举。嘉靖十四年（1535）开始，不分内地、边地，巡抚由九卿推举。明代时，巡抚虽非地方正式的军政长官，但因出抚地方，所以实际掌握着地方军政大权。同时，巡抚每年要赴京师议事，也体现了朝廷对地方管制的加强。明后期巡抚的易置往往会受到朝廷门户所左右，而最后点定之权又重归朝廷。清代沿袭明制，在各省设置巡抚。清代巡抚是一省最高军政长官，具有处理全省民政、监察、司法及指挥军事大权。

提　督

　　提督是明清武职官名，最早始于明代，但当时并未固定职官名称，不设员额，也不常置。

　　明嘉靖间，京营有提督总兵官，后改为总督京营戎政。隆庆年初，仍以总督为提督，后增至六提督，遂改称总督戎政。各省巡抚和镇守总兵官常加提督军务、提督等衔。明提督也非正式官名。清代大体上每省设置提督军务总兵官一员，福建设两员，水师、陆路各一名。晚清加江北、长江水师二提督，简称提督，为一省绿营兵的最高长官，秩从一品，但仍受总督或巡抚管辖。所属有镇、黄、协、汛各级，其直辖部队称为提标。清学政以提督某省为全衔，此提督与明代大致相同，都不是正式官名，负责统辖一省水路或陆路官兵。

"九门提督"是中国清朝时期的驻京武官，正式官衔为"提督九门步军巡捕五营统领"，主要负责北京内城的正阳门、崇文门、德胜门、安定门、宣武门、东直门、西直门、朝阳门、阜成门共九座城门。内外的守卫和门禁负责巡夜、救火、禁令、编查保甲、缉捕、断狱等职责，实际上为清朝皇室禁军的统领，品秩为从一品。

军机大臣

军机处是清代辅佐皇帝的政务机构，其中的任职人员称为军机大臣。军机大臣少则三四人，多则六七人，也被称为"枢臣"。清末汉人只有张之洞、左宗棠、袁世凯等人短时间里担任过军机大臣。军机处的位置在乾清门的西边。清雍正七年（1729）时，清军在西北与准噶尔部激战，为了及时处理军报，特别设置了军机房。清乾隆即位后，改称为总理处，后改名为军机处。军机处内又设军机大臣、军机章京，但无定额，均为兼职。军机大臣由皇帝从满汉大学士、尚书、侍郎等官员内特选，有些也由军机章京升任。军机大臣之任命，其名目为"军机处行走"或"军机大臣上行走"。所谓"行走"者，即入值办事之意。其间经历乾隆、嘉庆、道光、咸丰、同治、光绪，直至宣统三年（1911）皇族内阁成立后裁撤，历时一百七十多年。军机处职能原为参与军务，承命拟旨，随着时间的不断推移和条件的改变，军机处不

清军机处

故宫军机处位于乾清门广场的西北角，为一排小平房，是清代处理军机政务的办公地方，是清朝的政令中心。

再是单纯的军事机构，逐渐变成清代全国政令的统治中心，其地位要高于国家行政中枢的内阁。

军机大臣无日不被召见，无日不承命办事，出没于宫廷之间。皇帝行动所到的地方，军机大臣也无不随从在侧。清朝时规定，其他无关人员不允许靠近军机处，皇帝与军机大臣议事时无关人员不得在旁。宫内人路过军机处时，都是快步走过。

大学士

唐景龙二年（708）时，开始设置修文馆（后改弦文馆、昭文馆）大学士这一职位，至德二年（757）又置集贤院大学士，元和年间后，这些人统一由宰相兼领。天宝二年（743）又增置崇贤馆大学士，也由宰相兼领，贞元四年（788）废置。五代后，梁置金銮殿大学士。后代沿袭唐代的制度，宰相分兼昭文馆、集贤殿大学士，其后又置观文殿、贤政殿大学士，用以优礼前任宰执。明洪武十五年（1372）时，仿宋制，置华盖殿、文华殿、文渊阁、武英殿、东阁大学士，以辅助太子。明成祖时，选翰林官入值文渊阁，参与机务，此称为内阁，有人渐升为大学士，但官阶仅为五品。仁宗增置谨身殿大学士，后大学士常以三孤兼任尚书，地位尊崇，为皇帝起草诏令、批答奏章，虽无宰相之名，但有宰相实权，称为辅臣。清初时，置内三院大学士。顺治十五年（1658），改内三院为内阁，置中和、文华、保和、武英诸殿与东阁、文渊阁大学士。后来一度复内三院旧制。雍正九年（1731），置协办大学士。乾隆十三年（1748）定制，置满汉大学士各二人，官衔以文华、保和、武英三殿及体仁、文渊、东阁三阁为称，其中保和殿大学士并不常置，协办大学士满汉各一人。清大学士官阶为：三协办大学士为从一品，殿三阁为正一品，是最高级别的文臣，协助皇帝处理政务。但清初有议政处控制其权力，雍正年间置军机处后，其职权被取代。但军机大臣或内外官员如有资望特重者仍授大学士，以表尊敬。

❧ 选举类 ❧

中国古代选举制度可分为学校型选举制度、察举型选举制度和科举型选举制度三大类。这三种制度构成了一个有机的体系，学校是古代选举制度的基础，察举是古代选举制度的关键，而科举是古代选举制度的主体。

世卿世禄制

卿是古代对高级官吏的称呼，世卿就是指天子或诸侯国君之下的贵族，世代连任卿这样的高官。禄是指官吏所得的财物，即俸禄。世禄就是官吏们父死子继，享有所封的土地和其赋税。世袭卿位和禄田的制度在我国古代十分盛行。

对于商代的官吏是否实行世卿世禄制，现在无法作具体的阐述。至于西周时代的官吏制度，根据史书的记载，西周的开国元勋周公旦的长子封于鲁国，"次子留相王室，代为周公"。同样有卓著功勋的召公奭，其长子封在燕国。西周宣王时，又有周公、召公二相行政，他们显然都是周公旦、召公奭的后代，这些事例可以证明西周时代早已有世卿制度的存在。

从西周所任公卿大官的实际情况看，周公、召公自康王以后，仅见于厉王、宣王之际，其他昭、共、穆、孝、懿、夷、幽七朝，都未见有周、召在王室任职的事。又如周初毕公高曾辅佐武王伐纣，在成王、康王时都为三公，但"其后绝封，为庶人"，也

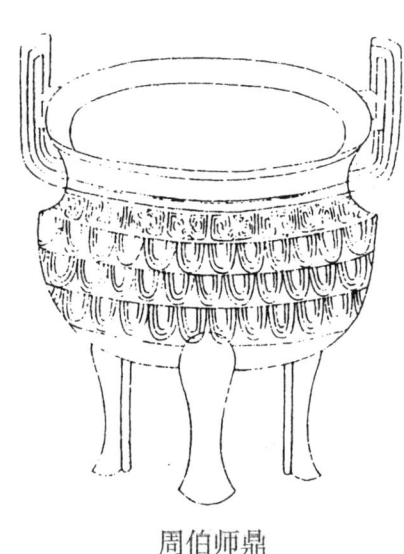

周伯师鼎

没有世袭卿官。周宣王时，曾大批任用贤良。这些卿士也均不能世袭任职。《新唐书·宰相世系表》说："周宣王时有卿士张仲，其后裔事晋为大夫。"可知张仲后裔因在王室不能世袭而去往晋国。这一切资料表明，世卿世禄制正式出现于春秋中后期。

晋国在春秋中期的晋文公时，仍保持着由国君选卿的习惯，卿死后又确定其他人选继任，但并未形成世袭。此后，晋国的六卿，特别是赵氏、魏氏等人，逐渐壮大，使得世袭制度逐渐形成。近代的考古发掘也从另一个侧面证明了这一点。如1974年在陕西扶风县强家村出土的师鼎等器，它们的主人一家四代父死子继，世袭"师"官职。还有1976年陕西扶风县白家庄出土的微史家族铜器群，这一家族的六代人从西周初年开始，一直是父死子继，世袭"作册"史官等官职。也有人认为，《尚书·商书·盘庚篇》中说的"图任旧人""世选尔劳"，《诗经·大雅·文王篇》中说的"凡周之士，不显亦世"，都是当时贵族世袭大官的明证。

门　客

门客作为贵族财富和地位的象征，最早出现于中国春秋时期。那时的养客之风日益盛行，每一个诸侯国的贵族子弟都有着大量的门客，如魏国的信陵君、赵国的平原君、楚国的春申君、齐国的孟尝君等。按其作用的不同，门客分为若干级，最低一级只能达到温饱的程度，最高级别的门客则能达到食有鱼、出有车的水平。门客主要为主人发挥谋士或保镖的作用，必要的时候也可能发展为雇主的私人武装。

"门客"这个概念，广义而言，几乎囊括了中国古代的各个阶层出身的人，门客的人生目标是追求金钱和地位，以建不朽之功业，他们的路径是通过依附某个主子，将自身"工具化"，以达成豢养与被豢养的关系。门客并不讳言自己"三日无君"便惶恐不安的焦虑。

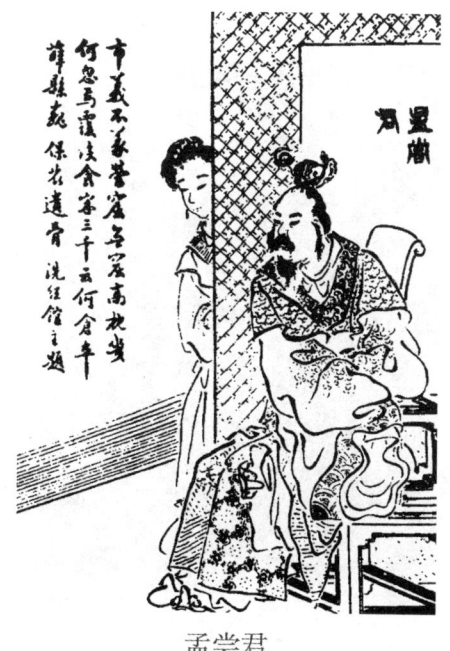

孟尝君

在先秦群雄争霸的时代，有些门客不仅要求主公给予较高的物质待遇，甚至追求与主子建立精神上的知己的关系，以得到"国士无双"的尊重，这才肯为之效忠卖命。豫让曾在范氏、中行氏门下为客，不为他们的灭亡报仇，却以漆身吞炭等方法易容，为智伯行刺赵襄子，道出了"士为知己者死，女为悦己者容"这个千古道理。曹沫、荆轲也是这样的门客，他们的主公都有一副礼贤下士、重视人才的态度。

征辟与察举

征辟制是汉武帝时开始推行的一种自上而下选拔官吏的制度。东汉沿袭西汉，在任官制度上实行察举制、任子制和征辟制。所谓征辟制，其实可以分为"征"和"辟"两类：一是朝廷特征士人，为"征召"。例如《汉书》所记，是"遣使者安车蒲轮，束帛加璧，征鲁申公"。二是长官自行辟除士人，称为"辟除"。西汉之时，既有征召，又有辟除，二者合称"征辟"，东汉也是如此。

察举也是汉代的一种选官制度，由丞相、刺史、列侯、守相等推举，经过考核合格者即任以官职，主要科目有贤良文学、孝廉、秀才等，是士大夫仕进的主要途径。察举起于汉初，至武帝时已成定制，是两汉重要的出仕途径之一。朝廷根据不同需要设立各类科目，指定有关官员担任举主，依规定推荐相应人才。定期的察举科目称为岁举或常科，如孝廉、秀才科等。由皇帝不定期下诏要求贡举的为诏举或特科，如贤良、明经、文学、有道等科。察举的对象，既有平民，也有现任的吏员。

随着世卿世禄制度的衰落，以推荐方法选录官吏逐渐成风。西汉初汉高祖刘邦曾下诏征召贤能。汉文帝二年（前178）下诏，察举贤良方正能直言极谏者。汉文帝十五年（前165），又诏公卿、诸侯王、郡守举贤良能直言能谏者，被举者百余人参加对策，并根据等第授予官职，特科察举的制度就此正式成立。

汉武帝时，董仲舒认为当时官吏多出于"赀选"或"任子"，所以未必称职，建议由

汉武帝

列侯、郡守岁贡吏民之贤者出任。武帝采纳他的建议，于元光元年（前134）下诏郡国每年察举孝者、廉者各一人。不久，这种察举就通称为举孝廉，并成为汉代察举制中最重要的科目之一。

曹操的"唯才是举"

三国时期，曹操讲求的是"唯才是举"，哪怕"负污辱之名，见笑之行，或不仁不孝而有治国用兵之术"的人才都可入用，至于那些政治和军事上的谋士，更是曹操的核心力量。

历史上的曹操是"唯才是举"的典范，曹操用人时"各尽其才"："不念旧恶"，比如张辽；善于从实践中选拔人才，比如郭嘉；此外，能用度外之人，比如刘备。从这些方面我们可以看出，曹操知人善任，求贤若渴，为了成就自己的霸业，不拘一格地广泛招揽人才。

魏汉末时期，名士大多出于社会中的世家大族，或者在政治上站在这个阶层的一边。曹操由于其宦官家族的身世，一般说来不为名士所尊重，所以不具备战胜出身世家大族的割据者的政治优势。曹操杀自己的名士边让，引起了兖州士大夫的强烈反抗，其势力几乎全军覆没。袁绍是东汉世家大族的代表人物，他的实力远

曹　操

胜于曹操，在讨曹檄文中曾辱骂曹操是"赘阉遗丑"。官渡之战时，曹操的文武官员多与袁绍通谋。曹操不得不度外用人，发布了"唯才是举"的教令，起用那些不齿于名教但腹中有治国用兵之术的人。但曹操选官的真正准则并不是"唯才是举"，而是"治平尚德行，有事赏功能"。曹操不但不笼统地否定世家大族所强调的道德标准，而且很重视对名士的争取。在其帷幄中有许多名士。官渡之战前，徐州混乱，他曾派出名士何夔、陈群等人出宰诸县，以图稳定局势。曹操得邺城后，立即起用袁绍原来辖区内的名士。破荆州后，也尽力搜罗本地的和北方逃来的士人。

九品中正制

九品中正制是魏晋南北朝时一种重要的官吏选拔制度，也称九品官人法，曹丕篡汉前夕，即延康元年（1220），由魏吏部尚书陈群制定，此制至西晋时逐渐完备，南北朝时又有变化。这一制度在隋朝废除，随后，科举制形成。

九品中正制继承了东汉的官吏选拔制度，但在其基础之上又加以改革。东汉选拔官吏，具体途径是征辟、察举。汉末大乱造成人们流移，给乡间评议带来困难，用人不可能——核实。曹操当政的二十多年中，用人"决于胸臆""各引其类"的情况大有存在。但曹操对乡间评议并未一味反对，反对的只是汉末乡间评议中产生的弊病。纠正的办法一是提倡"唯才是举"，以反对名实不符和虚伪道德；二是压制朋党浮华和私人操纵选举，力图将选举之权控制在政府的手中。九品中正制的许多特点在曹操当政时期已有萌芽，曹丕、陈群时则进行了进一步的制度化。

九品中正制创立之初，评议人物的标准是道德、家世、才能三者并重。梁朝史学家沈约甚至说它是"盖以论人才优劣，非谓世胄高卑"。由于魏晋时充当中正者一般为二品，二品又有参预中正推举之权，获得二品的人几乎全部是门阀世族，所以门阀世族就完全把持了官吏选拔的权力。于是在中正品评过程中，才德这个标准逐渐被忽略，家世越来越重要，后来甚至成为唯一的标准，形成了"上品无寒门，下品无士族"的局面。九品中正制不仅成为维护和巩固门阀统治的重要手段，而且它本身就是门阀制度的一个重要组成部分。到了南朝时期，在中正的评议中，父祖官爵的高低也无关重要，重视的只是魏晋间远祖的名位，中正的品第成为无足轻重的例行公事。在十六国和北朝时期，由于各政权具有少数民族统治性质，所以九品中正制的作用不能与两晋南朝时相提并论。北魏的初期和中期，并未执行九品中正制。孝文帝改制，班定族姓，重新设立九品中正制，但自河阴之变后，此制逐渐流于形式。到了隋代，随着门阀制度的逐渐衰落，九品中正制终被废除。

科举制

中国古代的科举制度最早出现在隋代。隋统一之后，隋文帝为了适应当时经

济和政治关系，加强中央集权，于是把选拔官吏的权力收归于中央，用科举制代替了九品中正制。

推翻隋朝的统治后，唐王朝的帝王承袭了隋朝传下来的这套人才选拔制度，并做了进一步的完善，由此，科举制度逐渐完备起来。唐太宗、武则天、唐玄宗都是完善科举制的关键人物。在唐朝，考试的科目分常科和制科两类。每年分期举行的称常科，由皇帝下诏临时举行的考试称制科。

常科的科目有秀才、明字、进士、明经、明法、俊士、明算等五十多种。其中明法、明算、明字等科普遍不为人重视。俊士等科不经常举行。秀才一科，在唐初要求很高，后来渐废。所以，明经、进士两科便成为唐代常科的主要科目。唐高宗以后进士科尤为时人所重。唐朝许多宰相大臣都是进士出身。此外，唐代还产生了武举。应武举的考生来源于乡贡，由兵部主考。考试科目有马射、马枪、平射、步射、负重摔跤等。

宋代的科举制度跟唐代大体相似，有常科、制科和武举。相比之下，宋代常科的科目比唐代大为减少，但其中进士科仍然很受重视，进士一等多数可以官至宰相，所以宋人以进士科为宰相科。宋代的科举，在形式和内容上都进行了重大的改革。首先，宋代的科举放宽了录取的范围。宋代进士分为三等：一等称进士及第，二等称进士出身，三等赐同进士出身。其次，宋代确立了三年一次的三级考试制度。并且，从宋代开始，科举开始实行誊录和糊名，并建立防止徇私舞弊的新制度。元代的科举制度基本沿袭宋代，用"经义""经疑"为题述文。科举分为地方的乡试和在京师进行的会试及殿试。明代乡试、会试头场考八股文。而能否考中，主要取决于八股文的优劣。所以，读书人一般把毕生精力用在八股文上。

清代的科举制度与明代相比并无太大改变，但它贯彻的是民族歧视政策。满族人享有特权，做官不必经过科举途径。清代科举在雍正前分满、汉两榜取士，旗人在乡试、会试中享有特殊的优待，只考翻译一篇，称翻译科。以后，改为满人、汉人同试。科举制发展到清代，日趋没落，弊端也逐渐显现。清代统治者对科场舞弊的处分虽然特别严厉，但由于科举制本身的弊病，舞弊现象愈演愈烈，科举制终于消亡。

童　试

童试也被称为童子试，分为"县试""府试"及"院试"三个阶段。

县试在各县内进行，由知县主持。清朝时一般在每年的二月举行，连考五场。通过后进入由官员主持的府试，在四月举行，连考三场。通过县试、府试的便可以称为"童生"，参加由各省学政或学道主持的院试。

清朝的院试规律是每三年举行两次，由皇帝钦命的学政到各地主考。辰、戌、丑、未年的称为岁试；寅、申、巳、亥年是科试。院试的第一名称为"案首"。通过院试的童生都被称为"生员"，俗称"秀才"，算是有了功名，可进入士大夫阶层，有免除差徭，见知县不跪、不能随便用刑等特权。秀才分三等，成绩最好的称"禀生"，由公家按月发给粮食；其次称"增生"，不供给粮食，"禀生"和"增生"都是有一定名额的；三是"附生"，即刚入学的附学生员。

生员在获得"入学"的资格之后，可以到官办的府、州、县学读书。不过明清的

大雁塔

唐代进士及第后，要题名大雁塔，考中进士称为"雁塔题名"。

入官学基本上仅仅是一种形式，并没有多少知识传授。入学后经过学政的选拔，便可以参加下一级乡试。成绩出色的生员，有机会被选为贡生，成为国子监的学生。与国子监其他"监生"不同，"贡生"是正途所出，是一种荣誉。

有很多人要多次尝试才能通过最基本的县试、府试，成为童生。也有人在得到童生的身份后，院试多次落第，到了白发苍苍仍称"童生"。清道光年间，广东曾经多次有百岁童生参加院试的记录。

乡　试

乡试是指明、清时在各省省城和京城举行的科举考试。每三年举行一次，逢子、午、卯、酉年为正科，遇皇家有喜庆之事加科则称为恩科，由皇帝钦命正副主考官主持，凡获秀才身份的府、州、县学生员、贡生、监生均可参加。考试通常被安排在八月举行，因此也叫"秋试"。按四书五经、诗赋和策问分三场进行考试，每场考三天。举人一词，在元代以前，指的是各地举荐进京参加会试的秀

才；到了明代，成了乡试合格秀才的专称。乡试第一名称为"解元"，读书人成了举人之后才有资格进入更高层次的会试。

开考之前，每名考生会被分配贡院内一间独立的考屋，称为"号舍"。开考时，考生提着考篮进入贡院，篮内放各种用品，以备其需，经检查之后方可对号入座。然后贡院大门关上，三天考期完结前不得离开，吃、喝、睡都得在号舍之内，以防舞弊现象发生。每次各省乡试取录的名额不一，依照各地文风和人口数目而定。清朝时，以直隶、江浙取录最多，贵州为最少。监生、贡生允许离开本籍，到京师赴考。乡试发的榜称为"乙榜"，又称"桂榜"。考中的称为"举人"，中了举人之后便拥有了做官的资格。

会试和殿试

会试指的是中国古代科举制度中的中央考试，录取者称为"贡士"，第一名被称为"会元"。明清两代时每三年在京城举行一次会试，在乡试次年，即丑、辰、未、戌年春季，由礼部主持，皇帝任命正、副两总裁，各省的举人及国子监监生都可以应考。会试又称"礼闱""春闱"，考三场，每场三日。会试后贡士再由皇帝亲自进行复试、决定等第、取舍，这称为殿试。殿试试期为一天，依成绩分甲赐及第、出身、同出身，然后释褐授官。清朝规定，每逢辰、戌、丑、未年，即乡试的次年举行会试。若乡试有恩科，则次年也举行会试，称会试恩科。考期初在二月，乾隆时改在三月，也分为三场。考中的贡士经殿试合格后称进士。

殿试是科举中最高级别的考试。科举考试起始于隋朝，成型于唐朝。隋文帝杨坚统一南北朝后，为进一步打击和削弱江南士族，彻底废除了九品官人法和中正制，并于开皇七年（587）设志行修谨科和清平干济科，以文章选取官吏。到了隋炀帝大业三年（607），又开进士科，开创科举考试的先例。到了唐朝，由

北京贡院的考棚

贡院，是古代会试的考场，即开科取士的地方。"贡"的意思指的是各地举人来此应试，就像是向皇帝贡奉名产。

宋人殿试图

于李氏出身不高，加上其他种种原因，打破士族独霸官场的局面就成为了历史的必然。唐高祖武德五年（622），中国举行了真正历史意义上的第一次科举考试，选取进士四人，开学子仕进之途。到了唐太宗时，科举作为一种取士的制度逐渐固定下来，从此成为定制。到了武氏周朝，为了进一步削弱贵族势力，武则天放手招官，并亲自殿试贡士，从而使科举制度得到了加强和巩固。科举一开，贵族垄断要津的局面被打破。因此，千百年以来，无数莘莘学子怀着"朝为田舍郎，暮登天子堂"的理想，寒窗苦读，形成了中国社会文化中特有的状元效应。

秀　才

秀才与《礼记》所称"秀士"相近，原本指才能秀异之士，是一种泛称，并不仅限于饱读经书之人。到了汉晋南北朝时，秀才变为举荐人才的重要科目之一。东汉时，曾因避光武帝刘秀的讳而一度改称"茂才"。唐初年，科举考试种类繁多，秀才只是其中一科，不久即被废置。与此同时，秀才也变成了读书人的通称。宋代各府向朝廷贡举人才来应礼部会试，沿用唐代后期之法，先通过考试进行选拔，其中凡应举选拔考试，以争取举荐的，都被称为秀才。《水浒传》以王伦为"不第秀才"，有轻蔑的意思，指他觅举未成，在选拔考试中名落孙山。明清时代则不太一样，秀才得来很不容易，必须通过几重考试关隘方可，而且秀才最后也不一定能够应举。

明清时期，秀才专门指府学和县学的生员，是泛读四书五经而进学者的专称。要取得这种资格，必须在学道或童子试中获得取录。不论年龄，应童子试的都称为童生。若县、府、院三试都通过，进入府学、州学或县学的，称为进学、通名生员，即秀才的俗名。生员除了经过学官的监督考核外，还要经过科考选拔才可以参加本届乡试。

事实上，应试者不经过童子试或科考的，也可参加乡试。方法是参加所谓

"纳粟入监"。这个制度始于明代中叶，一直行至清末。"纳粟入监"就是花银子捐一个监生，取得乡试入场资格。这个途径，往往被看轻，但也有意外：明代罗圭七次应考都不能通过童子试，捐监后却在乡试、会试中连续获取第一名。

举　人

举人是中国古代地方科举考试中试者之称，原意为举到之人，是应举者的通称。唐代时，各地乡贡中试者须入京进行应试，所以有此称。宋时为乡试各科中试者的统称，俗称举子。宋举人在被解送礼部前，须经考试。举人在礼部应试落第者，仍须再度应乡举方可参加下科考试。举人登科即可授官，但并无"出身"，可免丁役。金、元时亦如此。明清沿袭此制度，俗称孝廉。且可作为一种出身资格，即初步具备入仕资格。清末又有理科举人、法科举人等。光绪三十一年（1905）起，考试回国留学生，最优者给予进士出身，优等及中等者给予举人出身，并加以某学科字样。

举人是参加全省范围的科举考试及格后所取得的资格，所以也称作"孝廉"。乡试由进士出身的各部官员或翰林主考，并由各省行政长官担任监考官。参加乡试的考生必须是秀才，地点设在各省的贡院。乡试分三场，内容主要是八股文、表、试帖诗、论、判、策等。试卷要由专门人誊写后才能交给考官，以防作弊。确定了及格名单后张榜于巡抚衙门前，此时正值桂花飘香，所以此榜也被称为桂榜。中了举人也意味着一只脚已经踏入仕途，即便日后会试不中也有做知县、学官的机会。

宋代刘章"四魁乡举"，元代许瑗两应乡举皆第一，就是由于第一次会试被黜落，所以要四次、两次应乡举。而明清的举人则较受优待，一旦中举，就永远具有继续赴会试的资格。明清的举人还有一个不同于前代的地方，他们可以直接进入仕途。比如，吴敬梓小说《儒林外史》里

《水浒传》之火并秀才王伦

的范进，进学后仍然贫穷，然而一旦中举，亲戚邻里都去奉承他，连张乡绅也去攀世交、送银送屋，只因为举人不仅取得赴会试的资格，而且也算是有了做官的"正途出身"。

状 元

　　乡试第一被称为解元，会试第一称会元，殿试第一则称状元。唐时，举人赴京应礼部考试者皆须投状，因称居首者为状头，所以有状元之称。自从隋朝开始实行科举制以来，中间历经唐、宋、元、明、清各代，直到清光绪三十一年（1905）废除，共一千多年。在"学而优则仕"的年代，封建社会的文人都把考状元当作跻身仕途的唯一途径。中状元者号为"大魁天下"，是科名中的最高荣誉。因为是殿试第一甲第一名，所以也称殿元。又因居三鼎甲之首，所以别称鼎元。

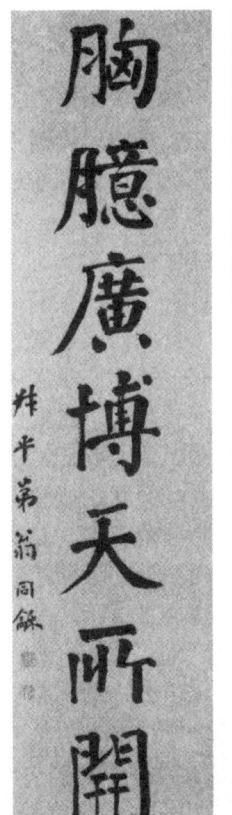

翁同龢楷书七言联

　　状元是中国的特产，是我国科举制度诸多名词中最辉煌的一个。科举制选状元开始于隋，并确立于唐，完备于宋。后来，状元的地位日益特殊，新进状元照例授六品的翰林院修撰。翰林素有"储相"之名，因为这个职位较接近皇帝，升迁的机会比同榜者快。从唐高祖武德五年（622）科举考试开始，至清光绪三十年（1904）的最后一次科考，这期间历代王朝共选拔了文状元六百五十四名，武状元一百八十五名。

　　状元类似于今天高考的榜首。目前在史籍中留有名号的状元大约有七百多人，他们都是苦读之后，才一举成名天下知，并成为当时科考上的佼佼者。历朝历代多以文艺及哲理为取才的标准，虽然这些状元中不乏思想家、史学家，但仍以文学家居多。其中较为有名的有：唐代的王维、贺知章、柳公权，宋代的文天祥、张孝祥，明代的杨慎、胡广，清代的张謇、翁同龢等。中状元称为"大魁天下"，是读书人的最高荣誉。但大多数的状元，都受到个人因素或当时环境的牵制，其一生都不能大展身手，有所作为，最终湮没于历史的洪流中。

中国科举史上第一个状元是唐武德五年（622）的孙伏伽，最后一个状元是清光绪三十年（1904）的刘春霖。

榜眼和探花

《送第三人朱严先辈从事和州》诗曰："货船东下历阳湖，榜眼科名释褐初。"《明史·选举志二》载："（殿试）分一、二、三甲以为名第之次。一甲止三人，曰状元、榜眼、探花，赐进士及第。"

榜眼是指在中国科举制度的殿试中，取得进士第二名的人，与第一名状元，第三名探花合称"三鼎甲"。榜眼这个称呼始于北宋初。最早第一名称状元，第二、三名都称为榜眼，意思是第二、三名分立状元左右，如其两眼一般。到了南宋，只以第二名为榜眼，第三名则称探花。跟状元、探花一样，榜眼这个名称其实也是在社会上习惯使用。在正式发放的金榜之上，只会称进士一甲第一名、一甲第二名、一甲第三名。著名诗人岑参和著名思想家叶适的出身都是榜眼。

探花是指在中国科举制度的殿试中，取得进士第三名的人。殿试之后，会举行皇帝宣布登科进士名次的典礼，并赐宴琼林苑，故称琼林宴，登科进士可参加。殿试第一、二、三名都可称状元。南宋以后，第三名改称为探花，因此说，状元、榜眼、探花作为"三鼎甲"的三个专称，在南宋时期开始形成。唐代没有

进 士

在中国古代的科举制度中，通过最后一级考试的人称为进士。隋朝于605年首次开进士科，被视为科举的开始。隋、唐之时，"进士科"只是科举制度中的一个，考的是诗赋。因为进士科是常科，考取又最困难，因此也最为尊贵，地位也成为各科之首。宋代以前，进士只需要通过在尚书省举行的"省试"。但是自宋朝之后，进士一律要经过由皇帝主持的"殿试"来复核和决定名次。宋仁宗时，曾发生一名通过省试的考生在殿试被罢黜，愤而投奔西夏的事情。自此以后，殿试都只定名次，而不黜落考生。在明、清两代，殿试分录取考生为三等，称三甲。一甲三人依次为状元、榜眼、探花，此称作"进士及第"。二甲若干，称"进士出身"。三甲称"同进士出身"。世人将录取者统称为"进士"。

榜眼，却有探花郎。唐代新进士榜公布后，一般会在曲江有盛大宴游活动，其中以最年少者为探花郎。探花郎原意只是戏称，与名次没有关系，后来逐渐演变为现在的含义。

翰林院

在中国历史上，曾长期存在着一个带有浓厚学术色彩的官署，这便是翰林院。尽管其地位在不同朝代有所变化，但根本性质却没有太大区别。在院任职与曾经任职者，均被称为翰林官，简称翰林，这是我国传统社会里层次最高的士人群体。

翰林，指的是文翰之林，意犹文苑。"翰林"这个词语最早见于汉代文学家扬雄的《长杨赋》。而以其作为官职的名称，最早始于唐代。武德时，高祖设立由各种艺能之士供职的翰林院，除文学之士外，方伎、医卜、书画以及僧道等都可入选，以待诏于院，史称"翰林初置，杂流并处"。玄宗时，挑选擅长文词之朝臣入居翰林来起草诏制。从此，翰林院的功能逐渐演变为草拟机密诏制的重要机构，任职者称翰林待诏。开元二十六年（738），另建翰林学士院，将文学之士从杂流中分离而出，供职者称翰林学士，简称学士，本身并无品秩。著名诗人白居易、李白都曾供职于翰林学士院。安史之乱后，战事愈发频繁，翰林学士的地位也更为重要。另外，翰林学士与中书舍人分工日渐明确，有内制和外制之分。

苏轼回翰林院

苏轼由于和王安石的矛盾，被朝廷贬谪，但不久又受重用，被皇上任命于翰林院。一夜忽被皇后召见，向他解释原委，并重申对他的信任，而后皇后派人送苏轼回翰林院，并让侍从摘下自己座椅上方悬挂的一对金莲灯为他照明。此图表现的正是这一情节。

宋代时，沿袭唐代的制度设学士院，也称翰林学士院。翰林学士为皇帝顾问，宰相也多从翰林学士中挑选。北宋前期，翰林学士也没有品秩。元丰改制之后，翰林学士承旨和翰林学士均成为正式官职，正三品，不任其他职位，专司内制。

明代是翰林院发展的黄金时期，将前代的翰林学士院正式定名为翰林院，掌管史册、制诰、文翰之事，备皇帝顾问，主官为翰林学士，下有侍讲学士、侍读学士、编修、修撰、检讨等官，另有作为翰林官预备资格的庶吉士。明代将翰林院分为五品衙门。翰林官品秩虽低，却被视为是清贵的象征。

清代沿袭明朝的旧制，也设翰林院。置掌院学士满、汉各一人，从二品。而自康熙时起，掌院学士则历由殿阁大学士兼领，地位变得更加突出。按清代的制度，翰林官不仅升迁容易，而且在南书房及上书房中都行走自如，这样，就与皇子、皇帝及近支王公有较多接近机会，大多受到优待。明清时期科举考试由翰林官来主持，这使得翰林的影响延伸至各个领域。翰林在知识界享有很高的声望，对社会的方方面面都产生了巨大的影响力。翰林院的制度虽不是开始于清代，但以清代最为完备，资料最为丰富，机构也最为庞大，品秩最为突出，规模最为壮观，是集历代大成的产物。

国子监

国子监是隋朝以后的中央官学机构，是我国古代教育体系中的最高学府。明朝由于首都向北迁移，所以在北京和南京都设有国子监，设在南京的国子监被称为"南雍"或"南监"，而设在北京的国子监则被称为"北雍"或"北监"。

北京国子监始建于元朝大德十年（1306），是我国元、明、清三代国家治理教育的最高行政机关和国立最高学府。国子监街是北京仅存的建有四座牌坊的古建街。国子监整体建筑坐北朝南，中轴线上分布着集贤门、辟雍、太学门、彝伦堂、琉璃牌坊、敬一亭。东西两侧有四厅六堂，构成了传统的对称格局。

西晋武帝咸宁四年（278），设立国子学，置国子祭酒和博士各一名，教导诸生。北齐时改名国子寺。隋文帝时，改寺为学。不久，废国子学。隋炀帝即位后，改设国子监，又置祭酒。唐代沿袭此制，国子监下设国子、四门、太学、律算、书等六学，各学皆立博士，并设祭酒一员，掌监学之政，为皇太子讲经。唐高宗龙朔元年（661），东都亦置监。一度改称司成馆或成均监。宋属礼部。宋初承五代后周之制，设国子监，招收七品以上官员子弟为学生。端拱二年（989）时改国子监为国子学，淳化五年（994）依旧为监。庆历四年（1044）建太学前，国子监系宋朝最高学府。但高、中级官员子弟坐监读书，仅是挂名，数量既少，平日听课者也不多。自设太学和其他各类学校后，国子监成为掌管全国学校的总机构，凡太学、国子学、武学、小学、律学、州县学等训导学生、荐送学生应举、修建校舍、绘圣贤像、画三礼图、建阁藏书、皇帝视察学校，皆属

北京国子监

北京国子监始建于元朝大德十年（1306），是我国元、明、清三代国家管理教育的最高行政机关和国家设立的最高学府。国子监整体建筑坐北朝南，中轴线上分布着集贤门（大门）、太学门（二门）、琉璃牌坊、辟雍、彝伦堂、敬一亭。东西两侧有四厅六堂，构成传统的对称格局，是我国现存唯一一所古代中央公办大学建筑。

其主持筹办。元丰改革官制前，国子监官员有判监事、直讲、丞、主簿等。自元丰三年（1080）起，改设国子祭酒、丞、司业、学正、太学博士、学录、主簿、律学博士、武学博士等官。监内分成三案：厨库案管太学钱粮、颁发书籍条册，学案管文、武学生公私试、上舍试、补试、发解试等升补、考选行艺，知杂案管监学杂务。各案设胥长、胥佐、贴书等官吏。国子监还设有书库，用来刻印经史书籍，供朝廷索取、赐予以及本监出售之用。南宋在国子监内专设"印文字所"，称国子监所印书籍为"监本"，刻印精美。北宋陪都西京、南京、北京亦陆续置国子监，设分司官，由朝廷执政、侍从等官迭互充任，职事颇简，仅出纳钱粮，实际成为士大夫的休养之所。

八股取士

明代成化年间（1495—1487），科举考试之法又进行了大刀阔斧的改革，改成用排偶文体阐发经义，被称为"八股"，也叫"制义"、"时文"或"制艺"。之后便一直承袭下来。其格式严谨，文章空洞，直至清末光绪三十一年（1905）才废除。所谓八股文，是指每篇由破题、承题、起讲、入手、起股、中股、后股、束股八个部分组成。开首用二句设破题意，此称破题。用三四句或五六句承接破题的意义加以说明，此为承题。用数句或十数句作为议论的开始，只写题大意，此为起讲。入手为一二句或三四句，为起讲后入手之处。以下的起股至束股四部分才是正式的议论中心。在这四股中，每股又必须有两股排比对偶的语句，一般是一反一正，一浅一深，一虚一实，也有联属者，共合八股，所以叫作八股文。全篇总字数，顺治时定作550字，康熙时增为650字，后又改为700字。八股文的试题皆出自"四书"，应试者必须按四书五经代圣贤立言，依格式填写，因而局限性很大。然而明清取士，却以科举为重，而科举又以八股文为主，这样，就严重束缚了学子的思想与才华，完全禁锢了知识分子的思想。

科举范围在四书五经之内，文体限于八股文，这都使得应考者不能发挥个人见解，有碍发展。因此考中做官的那些人，只能成为皇帝的忠顺奴仆，很少有自己见解。

武　举

唐代武则天开创选拔武将的武举考试，到了清朝时则改称为武科。历史上武举考试一共进行过大约五百次，武科举受到的重视不如文科举广泛，历朝的武举时而被废，时而恢复，而武科出身的地位也比文科出身的要低。

宋以前并没有"武状元"这一设置。首名武状元为福建人薛奕，产生于宋神宗时。历史上由武举出身的著名武将还有唐代的郭子仪、北宋的徐徽言等。我国历史上的武举制度创始于唐代。武则天长安二年（1702），在兵部主持下，每年为天下武士举行一次考试，合格者授予武职。自此以后，武举考试被大多数封建王朝所承袭，成为封建国家招募武备人才的重要制度。但唐代的整个武举制度还不够完备，只能说这是武举的创制时期。宋代开始，武举被纳入整个科举的体系之中，确定了三组考试的程序，武举制度趋于规整。

明朝武举制度定武科六年一试，先考策略，后弓马，策不中者不准应试弓马，后又改为三年一试。清代从制度上看，基本是沿袭明制，考试程序和方法等并无太多变化，但重视

关天培

程度却远远超过了明代。清代的武官虽然仍以行伍出身为正途，科举次之，但科举出身者数量却一直在增加，在军中占有很大的比例。加上国家的大力提倡，制度日益严谨，录取相对来说也很公正，因此，民间尚武者颇多。清代武举制度为国家提供了大批人才，其中产生了很多杰出人物，如在鸦片战争中英勇牺牲的关天培、葛云飞等。

土地赋税类

土地制度是指在一定社会经济条件下，因土地的归属和利用问题而产生的所有土地关系的总称。赋税是指田赋及各种捐税的总称，在我国古代，土地制度和赋税制度总是密不可分的。

井田制

"井田"这个词，最早见于《穀梁传·宣公十五年》。夏朝最早实行过井田制，商周两代的井田制皆因夏而来。井田制在长期的实行过程中，从内容到形式均有一些变化。井田制大致可分为"八家为井而有公田"与"九夫为井而无公田"两个系统。其八家为井而有公田者，如《孟子·滕文公上》中所记载："方里而井，井九百亩。其中为公田，八家皆私百亩，同养公田。公事毕，然后敢治私事。"《周礼·地官·小司徒》中载："乃经土地而井牧其田野，九夫为井，四井为邑，四邑为丘，四丘为甸，四甸为县，四县为都，以任地事而令贡赋，凡税敛之事。"

所谓"井田"，就是具有一定规划、亩积和疆界的方块田。长、宽各百步的方田叫一"田"，一田的亩积为百亩，作为一"夫"，即一个劳动力耕种的土地。井田规划各地区不一致。有些地方采用十进制，有些地方则以九块方田叫一"井"。因为把九块方田摆在一起，恰好是一个"井"字形，

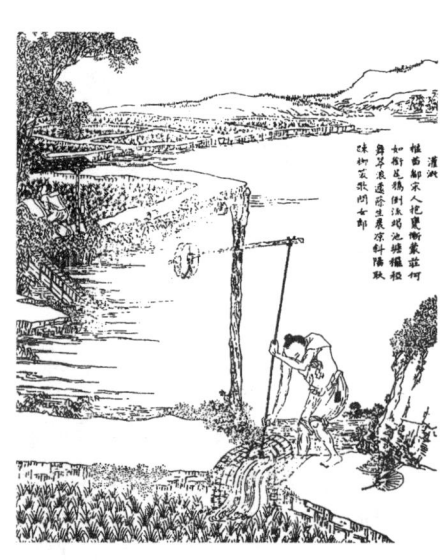

灌溉图

井田的名称就是这样来的。一井的面积是方一"里"；一百井是方十里，叫一"成"，可容纳九百个劳动力；一万井是方百里，叫一"同"，可容纳九万个劳动力。

在井田的田与田、里与里、成与成、同与同之间，分别有大小不同的灌溉渠道，叫隧、沟、洫、浍；与渠道平行，还有纵横的通行道，叫径、畛、途、道。各种渠道的大小、深浅和通道的宽窄，都有一定的规格。

周朝实行的井田制，既是诸侯百官的俸禄等级单位，又是控制庶民的计算单位。井田制下的土地一律不允许买卖，只能由同姓依照宗法关系去继承。耕种井田的农业庶民也随着土地同属于领主阶级所有，终生不得离开土地，更不允许转业。

据《左传》记载，公元前594年，鲁国实行"初税亩"，正式废除了井田制，进而承认私田的合法性，而一律征税。公元前548年，楚令尹子木整顿田制，视土地的高下肥瘠"量入修赋"，其后各国也纷纷效仿。本来这些改革的目的在于维护旧秩序，但却事与愿违，在井田制上打开了一个缺口。而后，缺口接二连三地被打开，井田制的瓦解崩塌也就是必然的趋势了。

初税亩

初税亩是春秋时期鲁国在宣公十五年（前594）实行的一种按亩征税的田赋制度，它是承认私有土地合法化的开端。

春秋时期，由于铁农具和牛耕的普及和应用，农业生产力大幅度地提高，大量的荒地被开垦后，隐瞒在私人手中，从而变为私有财产。同时贵族之间通过相互转让、劫夺或赏赐等途径转化的私有土地也急剧增加。实行"初税亩"田赋制度之前，鲁国实行按井田征收田赋的制度，私田不向国家纳税，因此国家财政收入占全部农业产量的比重一直下降。鲁国实行初税亩后，按田亩征税，不分公私，凡占有土地者均按土地面积纳税，税率大约为产量的十分之

打铁图

一。初税亩的实行不仅增加了财政收入，而且促进了新生的封建土地占有关系。

初税亩从律法的角度肯定了我国土地的私有制，推动了我国历史从奴隶社会向封建社会的过渡。初税亩的实施使生产关系发生了一定的变革，使其更能适应生产力的发展，这是历史进步的具体表现。不仅如此，初税亩制度也削弱了各采邑的实力，使诸侯国的地位变得更加稳固，这为今后建立中央集权制的统一国家奠定了坚实基础。初税亩是土地私有制前提下平等赋税制度的最初形式，很符合经济发展的一般规律，在激发劳动者生产积极性的方面起到了很积极的作用，这是在当时的社会条件下比较科学的选择。初税亩的实施也使社会分配方式发生了明显的改变，按实际田亩产量十分之一纳税的方式，使劳动者切实体会到了自己努力所带来的收益，从而促使劳动者不断提高自己的劳动效率。

初税亩的改革之所以能成功，主要是因为这一制度顺应了历史发展的方向和潮流，是在先进生产力的要求下，对生产关系进行的一次合理调整，这在某种程度上是经济规律作用的结果，也体现了劳动者的利益需求。初税亩制度的实施给了奴隶制以致命的一击，为奴隶制的彻底崩溃敲响了丧钟。

地　主

地主一般指在封建社会地主制经济下，凭借土地的所有权，以地租的形式剥削农民的土地所有者。

中国封建社会的地主制经济是最为典型的。中国的封建地主对自有土地采取多种经营形式：有的是由自己经营，有的是采取剥削雇工的形式。后一种形式主要是将土地分给他人经营，并以地租剥削依附农或佃农。依附农在历代有私属徒、佃仆及部曲等类型；佃农在历代有佃客、田客、庄户、佃户等别称。唐宋以后，分租给佃农的形式逐渐排斥代替原有形式，成为地主制经营中的典型形式。地主阶级是封建社会的主要统治阶级，也是地主制经济下的主要剥削阶级。它具有按封建等级制度划分阶层的特性。在我国

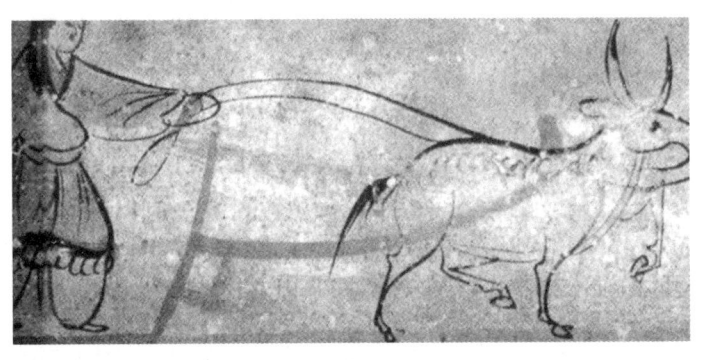

牛耕图

古代，地主主要有以下几种类型：一种是享有政治特权和有较高社会地位的缙绅地主、世族地主，他们凭借着世袭的或非世袭的特权行事。另一种是社会地位相对来说较低、也没有政治特权的庶民地主，他们大多都是中小地主。他们既受豪强地主的欺凌，自己又得辛勤劳作，忙时也要雇人。由于土地可以买卖，所以地主阶级的成分常有变动。并且随着社会生产力的不断发展，取得地主身份所需土地的最低量必然会降低，庶民地主在人数上的优势越来越大。在商品经济有了较大的发展之后，工商业者开始购买土地，这便是最早的工商业地主。

休养生息

休养生息政策指大动荡或长期战乱以后，统治者不搞严刑酷法、劳民伤财的统治政策，改以宽刑薄赋的政策，以保养民力，增殖人口，达到稳定统治、恢复和发展经济的目的。休养生息政策自汉高祖刘邦开始，历经文帝、惠帝、吕后、景帝几代统治者，执行了六七十年之久，结果是"海内殷富，国力充实"。汉高祖刘邦在位之时，为了与民休息，除了让战争期间逃亡的人回家，让士兵复员生产，也把卖身做奴隶的人释放为平民，规定十五税一。此外，还采取了下列措施：调整和建立新制度；压抑商贾，规定商人不准当官，禁带兵器、骑马，并禁穿丝

汉文帝

人头税

人头税是国家对个人征的一种税收。在秦代以前就已经存在，秦代以后均课征具有其性质的税收。在自给自足的自然经济社会里，政府从农民身上取得财政收入的主要渠道有两条：一是按田亩计征的税，即土地税；一是按人头计征的税，即人头税。人头税的效率虽然很高，可以用很小的税收成本征收到较多的税收，但十分不公平。所谓最不公平指的是收入较多的富人和几乎无收入的穷人要缴纳同样多的税款，富人的福利损失微乎其微，而穷人则可能把最必要的福利损失掉。所以与其他税种相比较，人头税很不公平。

汉景帝

织品，向商人征收重税；消灭异姓王分封同姓王，对匈奴和亲。汉高祖与民休养生息的政策，一方面调整了生产关系，使之适应生产力发展的需要，巩固了封建经济基础；另一方面初步建立起西汉王朝的一套统治制度，恢复完善了自秦以来建立的封建社会上层建筑，从而为西汉的强盛奠定了坚实的基础。

汉高祖之子刘恒在执政期间大力推行休养生息的政策，主张轻徭薄赋，重视农业生产。文帝二年（前178）、十二年（前168），曾两次把田租减为三十税一，十三年（前167）时则下诏全免田租，到景帝元年（前157）才又恢复三十税一，并立此为汉朝的定制。后又把人头税由每人每年缴纳一百二十钱减为四十钱。徭役也相应减轻，原一年服役一个月，改为"三年而一事"。这些措施都促进了农业生产的恢复和发展。他的儿子汉景帝刘启，也很重视农业，曾和百官一起劝农，并令皇后指导植桑、养蚕和织布等诸事宜。景帝下诏说："农，天下之本也，黄金珠玉，饥不可食，寒不可衣……其令郡国务劝农桑，益种树，可得衣食物。"景帝又减轻了文帝时的笞刑，断狱也从轻，因此狱事简省，人民所受压迫与秦时相比有了显著的减轻。文帝、景帝在位的四十年盛世，被后世称为"文景之治"。

徭　役

徭役指的是中国古代统治者强迫平民从事无偿劳动的行为，包括杂役、力役、军役等。徭役最早开始于先秦，《春秋》《诗经》中有许多相关记载，《周礼》中也规定了各级地方官有征民服役的职责。

秦汉时期，政府法律规定成年男子必须为政府从事兵役和力役。秦时开始服役的年龄为十七岁，西汉景帝二年（前155）为二十岁，后改为二十三岁；免除徭役的年龄为五十六岁。汉代徭役有正卒、更卒和戍边三种。正卒为两年，一年在本县做材官、楼船或骑士，接受军事训练并负责地方治安；另一年赴京都做卫士，负责保卫都城、陵苑，守卫皇宫，或为官府服务。五十六岁以下的成年男子服两年正卒后一般可规定免除兵役，但遇政府需要，则随时仍可以征调服役，不得抗拒。戍边也称徭戍或屯戍，即到边疆从事"守徼乘塞"。汉律规定每人一生必须戍边一年，若逢边防紧急，继续留守六个月。官富子弟可出钱雇人代役。戍边者由官府供给衣食。更卒是每个傅籍的男子除服正卒、戍边两种徭役外，每年还须在本县服一个月的无偿劳役，从事地方的造桥修路、土木工程、转输漕谷、治理河渠等劳动。因役人轮番服役，所以叫做"更"，役人叫做"更卒"。不愿或不能亲自服役者，可出钱三百雇人代役，或官府不需其亲身服役而命令他出钱代役，曰"过更"，这笔代役钱叫作"更赋"。也有因特殊情况免役的，称为"复"。免役者包括：贵族、宗室、有高爵的官僚及其亲属，县、乡的三老及被选为孝悌力田者；博士弟子、其他通一经者及特诏优许复除者；或生子、服丧者，逢天灾兵祸之害而暂获复除者；皇帝巡行所经地方的人民或治河有功者也可以暂时免役等。此外，还规定获得一级至第四级"不更"爵位的人可提前四年免役，爵在第九级"五大夫"以上的人可以不事徭役。这样一来，汉代徭役的大部分义务实际全落到中产阶级以下的人民身上了。

汉高祖刘邦

到了汉代，这种以抵偿债负形式出现的劳役仍称为"居役"。《汉书·昭帝纪》元凤四年（前77）条颜注引如淳释"更赋"，语曰："《律说》，卒践更者，居也。居更县中，五月乃更也。"所谓"践更"，按照如淳的观点，是"贫者欲得雇更钱者，次直者出钱雇之，月二千，是谓践更

陵阳罢役

陈侯建造陵阳台，还未完工就杀了几十人，又要杀监工的三个官吏。孔子与陈侯上台观看，陈侯问："周朝建造灵台也杀人吧？"孔子说："文王搞建筑，老百姓像儿子给父亲干活似的都来了，哪用杀人呢？"陈侯很羞惭，就放了被抓的官吏，停止了工程。

也。"那么，"居"的含义显然包含有受人雇值而以代人服一月更役以偿还之的意思。由于所抵偿者为更役一月，故曰"居更"。

王安石变法

王安石变法说的是北宋时王安石于宋神宗熙宁年间进行的改革。治平四年（1067）正月，宋神宗即位，立志革新，于是在熙宁元年（1068）四月时，召王安石入京，变法立制，以改变不平衡的现状。

王安石这次变法以"富国强兵"为目标。从新法的实施，到守旧派废罢新法，前后大约将近十五年时间。在此期间，每项新法推行之后，基本上都达到了预期的效果，使高利贷者和豪强的活动受到了不少限制，也使中上级官员和皇室成员减少了一些特权，国家也增加了财政收入。但由于各项新法触犯到了这些人的利益，所以最终被废除。

但这次变法，还是有很积极的意义的。变法措施的推行，不仅加强了国家的军事力量，并在一定程度上改变了北宋的局面。在封建社会公然打出理财口号，有其进步意义。不过在变法当中，也有一定的局限性。

王安石变法是封建地主阶级针对北宋统治危机进行的改革运动，所以不能从根本上摆脱封建统治变法以维护地主阶级的统治为出发点的本质，这使得农民的处境没有根本改变，负担依然很重，导致在实施过程中出现了与变法的理论完全不相符的现象。比如，青苗法变质为官府专放高利贷，收取利息的苛政。另外，变法本身存在着很大的弊端，被贪官污吏所利用，成为其扰民害民、搜刮地皮的工具。由于用人不当，使得许多趋炎附势的小人成为变法的核心力量，后来失去了民心。具有极大纰漏的新法加剧了广大劳苦人民的负担，使老百姓深受其害。在变法期间，北宋王朝遭到了两次极为严重的

王安石塑像

自然灾难，这也直接导致了王安石的两次罢相，并严重动摇了改革派对变法的信心。所以在宋神宗死后，保守派全面废除新法，宣告了这次变法的彻底失败。

一条鞭法

一条鞭法是明代中叶由张居正颁布的一项重要改革，初名条编，又名明编法、类编法、总编法等。后"编"又作"鞭"，有时也用"边"。主要是总括一县之赋役，将其并为一条，即先将赋和役合并，最后将役银与赋银一同征收。这个政策代表了16世纪明代管理者的想法，即徭役完全取消，里甲体系不再存在，任何残留的人头税都将并入田赋之中，而纳税人可以通过分期支付固定数量的白银来履行对国家的义务。

一条鞭法改革主要是役法的改革，但也涉及田赋。明代徭役原有里甲正役、杂泛差役和均徭，其中以里甲为主干，户为基本单位，户又按丁粮多寡分为三等九则，作为编征差徭的依据。这种徭役制的实行，以自耕农小土地所有制的广泛存在及地权的相对稳定为条件。明中叶后，土地兼并情况严重，土地高度集中，加以徭役日重、官绅包揽、农民逃徙，里甲户丁和田额已多不实，政府财政收入减少。针对这种现象，不少人提出了改革的措施，国家从保证赋役这点出发，逐渐把编征徭役的重心由户丁转向了田亩。同时，商品经济的发展也为这一变革创造了条件。

一条鞭法的实行，打破了过去的里甲界限，它改以州县为基本单位，将一州县役银派于该州县之丁粮。编征时考虑民户的土地财产及劳动力状况，即所谓"量地计丁"。在一条鞭法的执行过程中，各地区的具体做法存在着很大差异。有的是固定丁粮编征的比例，有的是固定民每

一 耘

出自《御制耕织图》。图意为：吸饱了雨水的禾苗在一点一点生长，一片片叶子在风中很显柔弱。辛勤锄着隔年的杂草，引来新的流水灌溉田地。村边升起了晚饭的烟，农夫在路上缓慢地赶着牛回家。

丁、粮每石或地每亩摊征的银额，也有将役银全部摊派于地亩的。

由于历史条件的限制和其他方面原因，一条鞭法并未能真正地贯彻执行。在实行的地区，有的地方官府仍逼迫着农民从事各种徭役，更严重的是借一条鞭法实行加赋，有的地区条鞭原额每亩税银五分，崇祯年间为了抗击清军加到了一钱以上。

摊丁入亩

"摊丁入亩"是清朝政府将历代相沿的丁银并入田赋征收的一种赋税制度，是中国封建社会后期赋役制度的一次重要的改革。此后，中国人口增长迅速。客观上讲，这是对最底层农民人身控制的放松。

"摊丁入亩"是清朝统治者用来缓和土地兼并的一项政策。首先，早在清兵入关时，他们的皇室贵戚和大大小小的官吏就疯狂占领汉人土地，土地兼并由此一发而不可收拾。后来随着地主经济的复苏，土地兼并现象更为严重。或奏讨、或购买、或投献，手段各类。尤其是在那样一个商品经济有了一定发展的时代里，土地也被逐渐纳入商品的范畴进行交易，地权转移因土地买卖而加剧，"千年田八百主"，土地集中已达到无可复加的地步，于是农村里分化出了大批无业光丁。其次，丁役负担严重不均。封建国家征收赋役的原则是以土地和人口为根据，人口的大量流失势必引起丁役负担不均。再次，人丁逃亡和丁役不均又会引起一系列连锁反应，甚至会危及清政府的统治。这说明，"摊丁入亩"的推行是由于土地兼并威胁到清政府的统治而决定的。

"摊丁入田"制度实施之后，地主的利益并不像明代以前那样优厚，土地的负担逐渐加重。"摊丁入亩"的原则是"其派丁多者，必其田多者也，其派丁少者，亦必

三　耘

出自《御制耕织图》。图意为：正当中午的时候在田里除草，酷热的太阳像火烧一样。除草培土必须尽力，辛苦的中耕工作只有这一次了。

有田者也"，而地主田多丁少，农民田少丁多，于是"富户也困于役，而置产困也"。

　　"摊丁入亩"对于土地兼并的抑制使大量自耕农得以生存，这就为清朝的统治注射了一针强心剂。自耕农对封建制度有着很大的适应力，对资本主义关系则有很大的排斥性。"摊丁入亩"执行之后，农民的赋役负担普遍变得均衡，这样就阻止了小生产者的分化。另外，"摊丁入亩"对丁徭的取消也助长了人口的增殖。

军事类

军事制度是指中国古代统治阶级为夺取和巩固政权，在组织、管理、使用、发展和储备军事力量的活动中形成的一整套制度。它随着军队的产生而产生，并与整个国家的制度相适应，为统治阶级的利益服务。

礼乐征伐自天子出

孔子所处的春秋时代，正是中国社会由奴隶社会开始向封建社会转变的过渡时期。对当时的转变，孔子认为是"天下无道"。他曾言："天下有道，则礼乐征伐自天子出；天下无道，则礼乐征伐自诸侯出。自诸侯出，盖十世希不失矣；自大夫出，五世希不失矣；陪臣执国命，三世希不失矣。天下有道，则政不在大夫。天下有道，则庶人不议。"意思是说，在政治和社会秩序都很稳定的时候，天下有道，像制礼、作乐或者出兵征伐这一类的事情，均由最高统治者来决定。但在社会秩序遭到破坏的时候，天下无道，这一类的大事就都由诸侯决定了。如果天下有道，国家的政权绝不会落在这些人手里。如果天下有道，庶人就不议论国家的政治。孔子所说的"天下有道"，显然指的是西周奴隶主贵族阶级维持统治的

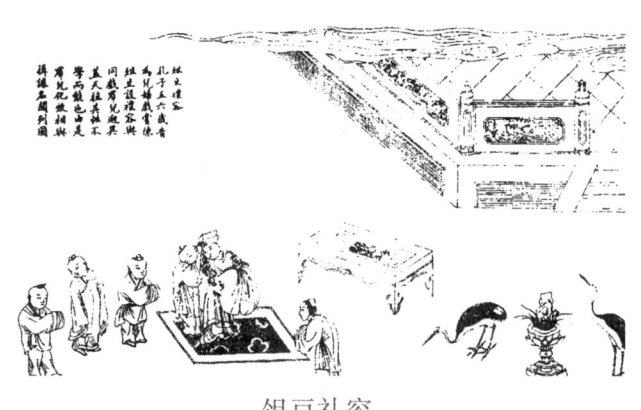

俎豆礼容

孔子五六岁时，就不像一般的儿童那样好玩耍，而是经常把祭祀时存放供品用的方形和圆形俎豆等祭器摆列出来，练习磕头行礼。众儿童仿效他，也揖让有礼。

时期。他所说的"天下无道"，是指东周以来奴隶主统治的黑暗时期。这是他用奴隶主阶级的观点和立场分析问题，进而提出来的一般原则。人们既以某诸侯国作为自己的"父母之邦"，同时又自认是其中的一分子。孔子一生的言行都可表明，他不仅热爱自己的父母之邦鲁国，还热切地保卫华夏民族免受侵犯，统一已濒临分裂的中国。孔子爱鲁国，他在夹谷之会上挫败了齐国侵鲁的阴谋。更值得一提的是，他对于有功于整个中国和华夏民族的管仲，也给予极高的评价，一再用最高的道德标准"仁"来称颂管仲。

孔子一直向往天下统一，他主张的"礼乐征伐自天子出"很符合社会发展趋势和人民的愿望，主要内容在于抵御外侮、保卫华夏。这种热切希望统一全国、保卫华夏的爱国主义精神很值得人钦佩。

胡服骑射

战国时的赵武灵王是一位奋发有为的国君，为了抵御北方胡人的侵略，他实行了"胡服骑射"的军事改革。改革的中心内容是穿胡人的服装，并学习胡人骑马射箭的作战方法。胡人的衣服上褶下绔，有貂、蝉为饰的武冠，金钩为饰的具带，足上穿靴，便于骑射。为此，他力排众议，带头穿胡服，练射箭，习骑马，亲自训练士兵。

相传，邯郸市西的插箭岭就是赵武灵王实行"胡服骑射"、训练士卒的地点。

赵武灵王即位的时候，赵国正处在国势衰落时期，邻界的小国也经常来侵扰。而在和其他一些大国的战争中，赵国也常吃败仗，城邑被占，大将被擒，被别国兼并的命运显而易见。赵国地处北边，经常与林胡、东胡、楼烦等北方游牧部族接触。赵武灵王看到胡人在军事服饰方面有很多长处，比如穿窄袖短袄，这

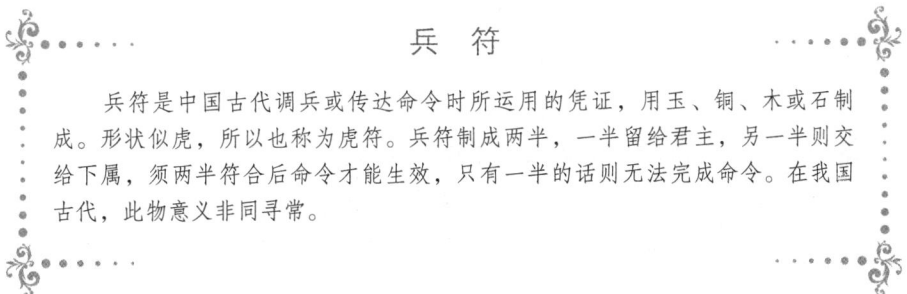

兵　符

兵符是中国古代调兵或传达命令时所运用的凭证，用玉、铜、木或石制成。形状似虎，所以也称为虎符。兵符制成两半，一半留给君主，另一半则交给下属，须两半符合后命令才能生效，只有一半的话则无法完成命令。在我国古代，此物意义非同寻常。

赵武灵王

赵武灵王而为胡服劝敢制敢王心 张曲坐使良史胡刀毅·

样使生活起居和狩猎作战都比较方便，作战时使用骑兵、弓箭战术，与中原的兵车、长矛相比，具有很强的灵活机动性。于是，武灵王下令推行"胡服骑射"政策。

久而久之，赵国的军队在与北方民族及中原诸侯的抗争中取得了很大的优势，国民的生产能力和军事能力都有明显的提高。后来他们不但打败了经常侵扰赵国的中山国，而且也夺取了林胡、楼烦等地，向北方开辟了上千里的疆域，并设置雁门、云中、代郡行政区，管辖范围达到今河套地区。赵武灵王的"胡服骑射"是我国古代军事史上的一次大变革，被历代的史学家传为佳话。特别是赵武灵王的那种敢为天下先的进取精神，在中原王朝把少数民族看作"异类"的政治背景下，力排众议，冲破守旧势力的阻挠，坚决实行向夷狄学习的国策，表现了作为古代社会改革家的卓越魄力和胆识，不愧为一个值得后人纪念和效法的杰出历史人物。

世兵制与征兵制

世兵制是中国古代强制部分乡民世代当兵的制度，又称士家制或军户制。世兵制最早出现于春秋时期，齐国管仲辅佐齐桓公时，曾将国都分为士农十五乡和工商六乡，其中士农之乡民平时务农习武，战时充当士兵出征，世代相传，这可视为是世兵制的萌芽。三国时期，魏国实行士兵制，男丁终身为兵，父死子承，兄终弟及。魏晋以后，世兵制几起几落，但直至清朝，还沿袭此制度。当时的八旗兵以旗人世代充任，凡族人男丁"人尽为兵"，"三丁抽一"，留下者为余丁。绿营兵则是一人当兵，全家编入军籍，父在子为余丁，父死则由子来替补，世代以当兵为业，军籍由兵部统管，不入民册。1840年鸦片战争后，八旗兵、绿营兵衰败，招募士兵也不再世袭，至此，世兵制在中国的兵役制度中消失。

在古代，以农业为主的国家或族群，从军经常是被迫性或半被迫性的选择，而在一定的条件下，国民有其从事军职的必要与义务，这种制度为征兵制，与募兵制相对。中国历史上，征兵制的是否实施常与国家是否强盛相关。秦朝和西汉的征兵制与唐朝改良后的府兵制都被视为该朝代强盛的主要原因。另外，东汉、宋朝或清末等朝代的募兵制，也被视为该阶段国力不振的一个原因。

胡人出猎图·张龙章

府兵制

府兵制是中国西魏时开创的一种新的兵役制度，由宇文泰在大统年间建立，北周、隋乃至唐初都沿袭此制度。唐中期被武则天破坏，唐玄宗天宝年间取消，改而实行募兵制。府兵制前后历时约二百年，后来的朝代也有相似的制度。

西魏大统八年（542），权臣宇文泰将关中地区的六镇军人编成六军，宇文泰是全军的统帅。后经过不断的编整和扩充，直到大统十六年（544），建立起了八柱国、十二大将军、二十四开府的组织。北周改府兵军士为"侍官"，成为皇帝的亲军，一人充员府兵，全家皆编入军籍。隋文帝杨坚开皇十年（590）下诏曰："凡是军人可悉属州县，垦田籍帐，一与民同，军府统领，宜依旧式。"

"平时为民，战时为兵；兵不识将，将不知兵"，此为府兵制的特点。府兵的户籍归由折冲府，"折冲"一词取于古语"折冲于樽俎之间"，有不战而胜的意思。和平时期府兵耕地种田，并在折冲将军的领导之下进行平日的训

谢安登东山

练。一旦战争发生，则由朝廷另派将领聚集各地府兵共同出征，府兵作战一般很少远征作战，不能长期在外，也不能随意更换原驻屯地。战事结束后，各地府兵仍归于本镇，重新纳入当地的折冲将军管辖之下。这种兵役制度的初衷是为了解决自三国、南北朝以来军队成为将领个人私产的局面，有利于防范地方割据势力重新抬头。此外也结合了屯田制，有利于农业生产，减轻国家军费开支，解决了后勤的供给问题，扩大了兵源。府兵制最初被认为是建立在均田制基础上的。到了唐朝的后期，均田制被破坏，而且边患日深，机动性很强的北方骑兵入侵也要求唐朝的军队能做到兵将合一，能远征、也能于边境长期驻防。所以府兵制很难继续推行，终被废除。

募兵制

募兵制是唐朝时所创建的一种征兵制度，其起源主要是因为均田制和府兵制的破坏。募兵制是一种职业兵制度，同时也是导致唐朝后期藩镇割据和安史之乱暴发的重要原因。

唐朝初期实行府兵制来征集和管理军队。但到了唐玄宗后期，府兵制遭到严重破坏。府兵均需要自备兵甲衣粮，负担较重。唐初时规定府兵三年为一代，但随着唐朝后期边患的增加，用兵不断，戍期延长，加上腐败现象的日益严重，边将私吞士兵财物，强迫士兵为自己服苦役的情况时有发生，因此无人愿当府兵。至天宝八年（749），管理府兵的折冲府已经无兵可交。唐政府不得不停止征发府兵，进而改行募兵制。唐初曾在局部边地少量募兵，玄宗时开始盛行，开元年间，京师宿卫、边镇戍兵和地方武力基本上都是由募兵担任。

募兵分为三种情况，镇守京师称长从宿卫；戍边称为健儿，又称长从兵或长征健儿；地方称团结兵。士兵由朝廷招募而来，长期服役，军器衣粮都是由朝廷供给，由专门将领统

讲演武艺图

御，改变了府兵制下兵不识将、将不专兵的现象。景云二年（711），边镇掌兵将领称为节度使。

天宝年间，镇守京师的募兵多招募市井无赖为兵，军中腐败现象滋生，战斗力低下。地方团结兵缺少财政支持，数量少，装备差。唯有边镇军力强大。唐初时全国府兵共有六十八万人，京师附近有二十六万。而天宝元年

屯垦图

此图为墓室壁画，反映了魏晋时期军队屯田的情况。上面两排手拿戟盾的士兵在操练，两排兵士之间有骑兵似在行进，骑兵之前有一持刀兵士前导，它为我们提供了古代军队屯垦的形象资料。

（742），全国军队有五十七万，边地竟有四十九万。《资治通鉴》记载，"猛将精兵，皆聚于西北，中国无武备"。

专设将领统兵虽然提高了军队的战斗力，但使士兵只知将帅，却不知朝廷。这样，募兵逐渐成为了将领的私人军队。边镇的节度使掌握了驻地的民政和刑罚权力，逐渐脱离中央，形成地方割据势力。安史之乱中的安禄山便是这样发展而来的。

此外，募兵的军器衣粮由国家供给，这也增加了国家的军费开支，从而加重了财政负担。

节度使

节度使为官名，唐初沿北周和隋朝的旧制，重要地区置总管统兵，不久改称都督，唯朔方仍称为总管，边州又置经略使，屯田州置营田使。唐代开始设立地方军政长官，因受职之时，朝廷赐以旌节，所以有此称呼。唐睿宗景云二年（711）时，贺拔延嗣为凉州都督充河西节度使。从此，节度使成为了正式的官职。

唐玄宗开元年间，设立了碛西、剑南、河西、河东、范阳、朔方、陇右、平卢、岭南九个节度使，范阳节度使是节度使中兵力最大的。此时的节度使大多由少数民族人担任，往往封为郡王。节度使刚刚设置时，作为军事的统帅，主要掌

安禄山反叛兵戈举

管军事，防御外敌，不负责管理州县民政的职责。后来，职能逐渐扩张，可总揽一区的军、民、财、政。

安史之乱后，国中遍布节度使，大多为安史之乱时的叛将和平叛战事中崛起的将军，各统一道或数州的军事和民政，用人理财，完全自主，父死子继，号为留后而不待朝命，朝廷也无力讨伐，往往姑息了事，世称其为藩镇。在五代时期，节度使的权势达到了极点，中央政权的拥立与废弃都取决于节度使，后梁、后唐、后汉、后晋、后周的建立者均为原节度使。

宋建立之后，宋太祖吸取了唐末五代时期节度使割据一方、相互混战的教训，于是对各节度使采用了赎买的办法，杯酒释兵权，解除了时任侍卫亲军都指挥使的节度使石守信对中央军队的控制。并派遣文臣知军州事，从而限制了节度使节制属郡的权力。又以转运使接管了节度使的财政权力，这样就将地方上强壮的兵士编入了禁军。之后，节度使一般作为宰相卸任之后的荣誉职务，也用于武臣的加官。南宋时，有加至三镇者，比如岳飞、韩世忠等人。辽、金都仿唐制置节度使，往往有名无实，地位也远不如宋朝的使相高。元朝开始，此职废除。

诸子之学

　　先秦时期是中华民族的民族性格形成的关键时期，诸子百家在我国历史文化的发展进程中发挥了重要的作用。如果说儒家思想是我国传统文化的核心的话，那么其他各家的思想则可以说是其重要的外延。诸子之学与儒家思想互相借鉴，共同发展。

　　西汉刘歆在他的著作《七略》中将先秦诸子分为"九流十家"，分别为儒、道、阴阳、法、名、墨、纵横、杂、农、小说家，其中小说家不在九流之列。《汉书·艺文志》上说："诸子十家，其可观者九家而已。"诸子之学并没有因为"独尊儒术"而完全销声匿迹。

　　除先秦诸子之外，汉初的黄老之学、魏晋的玄学也曾产生过重要影响。

清静无为的道家

随着社会的发展，老子和庄子越来越受到全世界知识界的关注，他们用清新雅致、超凡脱俗的诗一般的语言阐述着玄妙深邃的哲学与人生道理。道家学说在历史上并非显学，然而却以其深厚的底蕴在我国思想文化领域影响深远。汉初黄老之学、魏晋玄学、佛教禅宗、宋明理学，都不同程度地从道家学说中汲取了丰富的营养，理学甚至有"道学"的别名。道家思想的核心是"无为"，辩证法则是其精华。

道　家

道家是我国先秦时期形成的一种哲学思想流派，深受南方楚文化影响。道家思想的核心概念是"道"，认为"道"是宇宙的本原，也是主宰宇宙万物的最高法则。老子在《道德经》中开宗明义地说："道可道，非常道。"他首先阐明了"道"是一种"玄之又玄"的东西，因此不容易被普通人所理解。他又说："有物混成，先天地生。寂兮寥兮，独立而不改，周行而不殆，可以为天下母。吾不知其名，强字之曰道。"老子认为，"道"是先于宇宙而生成的，周而复始地运行，从不停歇，无声无形，深邃幽远。庄子是战国时期道家学派的代表人物，他的思想

混元之祖太清之尊
五千玄言包括乾坤

老　子

飘逸洒脱，散文清新华美，在我国思想史和文学史上均占有极高的地位。

司马迁的父亲司马谈曾在《论六家要旨》一文中，将先秦诸子之学概括为道、儒、墨、名、法、阴阳六家，并阐述了六家的主旨。在谈到道家时，司马谈说："道家使人精神专一，动合无形，赡足万物。其为术也，因阴阳之大顺，采儒墨之善，撮名法之要，与时迁移，应物变化，立俗施事，无所不宜，指约而易采，事少而功多。……其术以虚无为本，以因循为用。无成执，无常形，故能究万物之情。不为物先，不为物后，故能为万物主。"这基本反映了先秦道家思想的实质。

西汉初年，统治者以道家思想治国，实行休养生息政策。文帝、景帝时，政治清明，经济稳定发展，史称"文景之治"。后来，董仲舒提出"罢黜百家，独尊儒术"的主张，并被武帝采纳，道家从此成为非主流思想，开始了与其他思想文化的交融与整合，而且继续在我国古代思想的发展过程中扮演重要角色。魏晋玄学、宋明理学都含有道家思想的成分。佛教传入后，为适应中国本土文化，也从道家汲取了营养。道家在先秦各学派中虽然不是什么显学，但随着历史的发展，道家思想以其独特的世界观和人生观，在哲学思想史上呈现出永恒的价值与生命力。

道家思想后来与神仙方术、巫觋占卜、阴阳五行相结合，演变为我国本土的重要宗教道教。东汉的张道陵被认为是道教的创始人，并被尊为"张天师"。魏晋名士喜欢谈论老庄之学，并追求炼丹修道。从此，道家与道教常被人混淆。

老　子

老子，生卒年不详，约与孔子同时代，姓李名耳，又名老聃，春秋时期楚国苦县（今河南周口鹿邑县）人，我国古代伟大的哲学家和思想家，道家学派创始人。老子曾在东周国都洛邑（今河南洛阳）任守藏史。《史记》记载，孔子周游列国时曾到洛阳向老子问礼。相传，老子晚年乘青牛西去，并在出函谷关之前留下了五千言的文章，后来被道教徒尊奉为经典，取名《道德经》。出关之后，老子不再见于史册。

《道德经》的辩证思想，是全人类思想的精华。老子的哲学思想宁静致远，被称为"中国哲学之父"。道教形成以后，老子被尊奉为"太上老君"，成为道教教主。唐朝皇帝自称是老子的后裔，并追封老子为"太上玄元皇帝"。魏晋人伪托刘向而作的《列仙传》将老子列为神仙。

问礼老聃

鲁昭公十年（公元前518），孔子三十四岁，和南宫敬叔到周地问礼于老子。因为老子曾做过周王朝的柱下史（管理藏书的史官），熟知周礼。

老子以"道"来阐释宇宙万物的演变过程，提出"道生一，一生二，二生三，三生万物"的说法，认为人们做事必须符合"道"的精神，所以"人法地，地法天，天法道，道法自然"。"道"既是客观自然规律，又是"独立不改，周行而不殆"的永恒精神。《道德经》包含了大量的朴素辩证法思想，如"反者道之动"、"祸兮福之所倚，福兮祸之所伏"等。老子认为，在一定条件下，事物的两个方面可以相互转化。老子还认为，"有无相生"，并且"天下万物生于有，有生于无"。老子强调"居下"，认为柔弱是"道"的本质，"天之道，损有余而补不足"。老子的学说对我国哲学发展具有深刻影响，《道德经》短短的五千言蕴含着深邃的大智慧。他的哲学思想和由他所创立的道家学派，不但对我国古代思想文化的发展作出了重要贡献，而且越来越多地受到了海外文化界的关注，老子也成为我国继孔子之后的又一个世界文化名人。

列 子

列子，名御寇，战国前期道家学派思想家，郑国莆田（今河南郑州）人，生活年代早于庄子。列子的学说根植于黄老之学，主张清静无为。班固在《汉书·艺文志》中将列子归入道家，《列子》一书是道家的重要典籍之一。

《庄子》中有《列御寇》一篇，其他篇目也多次提及列子。列子贵虚尚玄，道术高深，能够御风而行。《庄子·逍遥游》中描述列子御风而行的情景时说："夫列子御风而行，泠然善也，旬有五日而后返。"列子御风飞行，逍遥自在，这种境界就是庄子所追求的。唐朝天宝元年（742），玄宗皇帝封列子为冲虚真人，《列子》一书也被称为《冲虚真经》。

列子终生致力于钻研道家学说，并长期隐居，不求名利，清静修道，主张循名责实，无为而治。他先后著书二十篇，十余万字，共成《列子》一书，但大多散佚，今天仅存八篇。也有很多人认为现在看到的这部书是伪书。《列子》与《庄子》都以讲寓言见长，《愚公移山》《夸父追日》《杞人忧天》等故事妙趣横生，隽永味长，发人深思。列子因为家贫而面有饥色，却拒绝郑国权臣子阳馈赠的粮食，他的弟子严讳问："所有闻道者为富乎？"列子回答说："桀纣唯轻道而重利是以亡！"也就是说重利轻道必定招致祸患。后来郑国发生内乱，子阳被杀，其同党也大都被株连致死，列子却因为没有接受当年的馈赠才得以安然无恙。列子还主张应摆脱人世间贵贱、名利的羁绊，顺应大道，淡泊名利，清静修道。他心胸豁达，贫富不移，荣辱不惊，庄子非常推崇他的思想。

列 子

列子是老子和庄子之外的又一位道家思想代表人物，主张清静无为。列子修道炼成御风之术，能够御风而行，常在春天乘风游八荒。

庄 子

庄子（约前369—前286），名周，战国时期宋国蒙（今安徽省蒙城县）人，我国古代著名的思想家、哲学家、文学家，是道家学派重要代表人物之一。庄子继承和发展了老子的哲学思想，与老子思想又不尽相同。后世将他与老子并称为"老庄"，故而道家哲学也称"老庄哲学"。

与老子一样，庄子哲学也饱含辩证思想，但又强调"物无贵贱"、"无是无非"、"方生方死"，淡化事物之间的差别，有鲜明的相对主义色彩。与老子不同的是，庄子认为世界的本原在心中，属于主观唯心主义思想，对后来的佛教禅宗以及陆王心学影响较大。庄子也强调"无为"，主张消极遁世，所以显得有些颓废。他反对一切社会制度，摒弃一切文化知识。而在看待社会问题时，庄子的批判精神要比老子更强烈，他认为最高统治者是最大的盗贼。

庄生晓梦迷蝴蝶

"锦瑟无端五十弦，一弦一柱思华年。庄生晓梦迷蝴蝶，望帝春心托杜鹃。沧海明月珠有泪，蓝田日暖玉生烟。此情可待成追忆，只是当时已惘然。"这首诗是唐朝著名诗人李商隐的《锦瑟》，其中"庄生晓梦迷蝴蝶"一句出自《庄子·齐物论》。"昔者庄周梦为胡蝶，栩栩然胡蝶也，自喻适志与，不知周也。俄然觉，则蘧蘧然周也。不知周之梦为胡蝶与，胡蝶之梦为周与？周与胡蝶，则必有分矣，此之为物化。"这段话是说，有一次庄子梦到自己变成了蝴蝶，他感觉自己已经与蝴蝶合为一体了。庄子借这个故事阐述了他的万物齐一的相对主义思想，认为人与蝴蝶并没有本质的区别。

庄子度梁县尹

庄子的文章，想象力丰富，文采飞扬，具有浓厚的浪漫主义色彩，经常以寓言来阐述自己的观点，文字极富幽默讽刺意味，对后世文学影响巨大，甚至有人将庄子的寓言归入"小说"类文学。庄周及其门人著有《庄子》一书，是道家经典之一。《汉书·艺文志》收录的《庄子》目录共五十二篇，但今天只见三十三篇，其中内篇的七篇，一般认为是庄子本人所作。

道教吸收道家学说，老庄哲学成为道教核心思想，庄子也被神化，列为道教神仙。唐朝天宝元年（742），唐玄宗封庄子为"南华真人"，《庄子》一书从此被称为《南华经》。宋徽宗时，庄子又被封"微妙元通真君"。

阮籍、陶渊明、李白、苏轼、辛弃疾、曹雪芹等人在思想、文学风格、文章体制、写作技巧上也深受《庄子》影响。

道可道，非常道

"道可道，非常道"是《道德经》第一章的开篇语，指出道的玄妙只可意会，不可言传。

道是老子哲学思想的核心概念，被看作是宇宙的本原和普遍规律。在老子以前，人们对生成万物的根源只推论到天，而老子则开始思索天的根源，于是提出了道的概念。他说："有物混成，先天地生，寂兮寥兮，独立而不改，周行而不殆，可以为天下母，吾不知其名，强字之曰道，强为之名曰大，大曰逝，逝曰远，远曰反。"老子领悟出宇宙间存在着一种恍惚缥缈的东西，这就是万物的本原，他不知道这种东西的名称，所以勉强称之为"道"。道是无所不在的，是永恒的。

老子提出的道既有精神本体的一面，又有物质实体的一面，但总的来说，老子哲学属于客观唯心主义。

老子认为道生成天地万物的过程是"道生一，一生二，二生三，三生万物"，同时又指出"天下万物生于有，

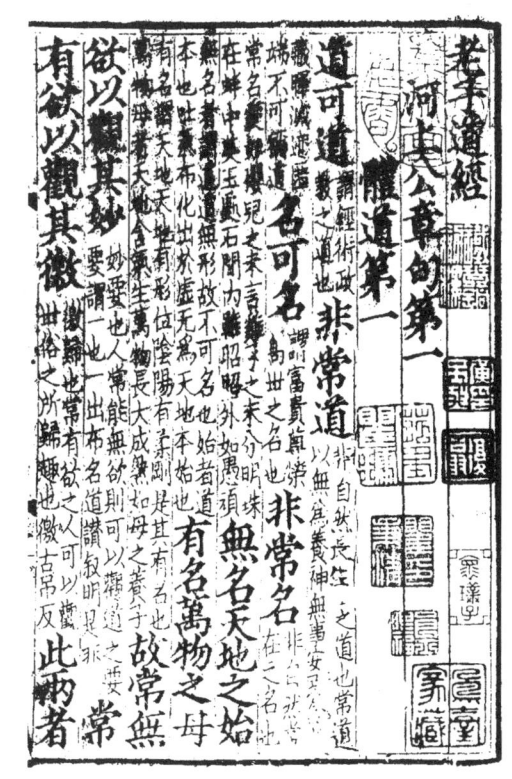

《道德经》内文书影

有生于无"，进而分析"有"和"无"的关系。道虽然无所不在，但又是不易被感知的，万物生长都依赖于它，却又很难察觉到它的存在。因此，老子认为道很难用形象的文字去描述，只能用心领会。老子认为"道法自然"，所以人们做事也要顺其自然。道生成了天地万物，却不去主宰它们，因此万物才得以自由地生长，这就是"无为"思想的依据。对于世界的起源问题，老子作了智慧的推测和描述，这种学说，对于后世产生了极其深远的影响。

战国时期，齐国稷下道家学派用《管子》中的"精气"来解释"道"，"精也者，气之精者也。气道乃生"。老子阐述道时说"其中有精"，稷下道家发展了这一观点，把道表述为无所不在而又富有生机的精气。精气说对后来中国传统医学的发展影响很大。

庄子认为道是世界的终极根源，是无所不覆、无所不载、自生自化、永恒存在并且至高无上的宇宙本体。他认为"道不当名"，"道昭而不道"，就是说不需要对宇宙的这个本原作出明确解释，因为所有的解释都只是一家之言，即使称之为道，也是老子的一种假设。一般认为，庄子所说的道，是独立存在、超越时空的绝对精神，是一种非物质性的造物主。

"道"这一哲学概念对我国传统文化的发展产生了深远的影响，除道家学派其他代表人物之外，韩非、王弼、张载、朱熹等人在建立自己的学说时也都得到了"道"学说的帮助。

清静无为

《论语·卫灵公》记载孔子的话说："无为而治者，其舜也与？"尧舜等圣人的治国方略深受儒家推崇，孔子将其总结为"无为而治"。

其实，"无为"是道家的核心政治思想，也是其修身养性的基本方法，最先由老子提出。在整个《道德经》中，"无为"一词共出现了十二次。老子认为天地万物都由道所生成，而且其运动变化也遵循道的精神。老子说："人法地，地法天，天法道，道法自然。"可见，道的根本性规律就是自然。既然如此，那么人们处理事情就应该顺其自然，清静无为，让事物按照自身的必然性自由发展，使其符合道，不能肆意干涉，一切的"有为"都违反了自然规律。只有无为，万物才能正常健康地发展。所以在老子看来，为人处世，修身养性，都应以清静自然为根本，避免肆意妄为、轻举妄动。老子说："是以圣人处无为之事，行不言之教。……上德无为，而无以为；下德有为，而有以为。……为学日益，为道日损，损之又损，以至于无为。无为而无不为。"总之，根据道家的观点，在自然无为的状态下，事物就能按照自身的规律顺利发展，统治者若持守大道，万物、万民就会"自宾"和"自化"。

当然，老子的"无为"并不是无所作为，什么都不做，"无为"反对争强好胜、穷兵黩武和严刑酷法，反对一切违背道的行为。而对于符合道的事情，就必须"有为"。由于在无为而治的过程中，人民因为受到的干涉很少，所以难免产生贪欲和邪念，老子则主张继续以无为协调这种矛盾。

老子的无为思想包括"不尚贤""绝圣弃智""绝仁弃义""不贵难得之货"，然而这些

老子出关图·陈洪绶

做法不但不能解决社会问题，反而会使社会倒退，这是老子思想消极的一面。另外，无为还强调人与自然的和谐统一，主张遵循自然规律办事，有利于事物的自然发展和成长，在今天看来，仍然极具现实意义。

不 争

老子在《道德经》中先后提及"不争"，这一词汇的出现次数仅次于"无为"，可见老子对它非常重视。不争通常表现为柔弱，老子多次强调"柔弱胜刚强"，认为"居弱"和"处下"是人生最高的处世哲学。老子从自然界中观察到以柔克刚的道理，道家也常以柔弱不争作为思想规范来修持自己，这种处世原则对后世影响巨大。

"不争"这个词，从字面上来看似乎毫无进取精神，但在道家思想中却并不仅仅是字面的意思，其精神实质是深邃隽永的。柔弱不争包含着生命存在和延续的精神实质，蕴藏着积极的人生哲理。《道德经》说："天之道，利而不害。圣人之道，为而不争。"也就是说天地万物的生长和人们的行为都应顺应自然而不能强求，与清静无为相辅相成。

《道德经》多次通过对"水"的本性的论说，阐述"不争"的深刻思想内涵。《道德经》中说："上善若水，水善利万物而不争。"水以其特有的柔弱不争的性格，哪里低洼就流到哪里，本身的形状可以随容器的形状而变化，滋养万物生长，却从不自恃、自是、自矜。

老子的"不争"主要通过以下两个方面来实现：一是"不尚贤"，因为崇尚贤者就会引起他人的嫉妒之心，从而产生争斗，不尚贤就会遏止社会纷争；二是"不贵难得之货"，人们产生争斗、掠夺和偷盗的行为是因为受到了贵

磻溪垂钓

太公垂钓

重物品的诱惑，法令滋彰也是重要原因之一，如果不看重所谓的贵重物品，争斗现象就会大大收敛。其实，"尚贤"和"贵难得之货"并不是引发社会纷争的根源，物品的价值也不完全是人为决定的。因此，"不尚贤""不贵难得之货"也不可能从根本上解决争斗的问题。

老子提出"不争"的思想有其特定的历史原因。春秋时期，诸侯争霸战争频繁，人民生活困苦，旧有的贵族政治体系也面临崩溃，因此老子希望以"不争"来恢复社会的安定秩序，这与孔子提出"克己复礼"的原因极其相似。对于大国热衷于争霸战争的问题，老子提出"慎征伐"的主张，认为"兵者，不祥之器"，"大军之后，必有凶年"。而在当时，战争又是解决政治问题不可缺少的手段，所以老子并非反对一切战争，只是不提倡轻易开战。老子认为战争应该"不得已而用之"，即使胜利了也不能扬扬得意，要以对待葬礼的方式对待战争。

"不争"体现了中华传统文化"和为贵"的思想，虽然也有一定的消极成分，但在现阶段，对构建人与人之间的和谐关系仍有很大帮助。

道法自然

西汉帛书《老子》残页

"道法自然"强调人与自然的和谐统一，这句话出自《道德经》第二十五章"人法地，地法天，天法道，道法自然"这一句。照字面意思理解，"道法自然"就是道效法自然，或遵循自然规律。因此，人效法地、地效法天、天效法道都属于遵循自然规律。魏晋玄学家王弼对"人法地，地法天，天法道，道法自然"这句话作注时写道："法，谓法则也。人不违地，乃得全安，法地也。地不违天，乃得全载，法天也。天不违道，乃得全覆，法道也。道不违自然，乃得其性，法自然也。法自然者，在方而法方，在圆而法圆，于自然无所违也。自然者，无称之言，穷极之辞也。"就是说道以自然为法则，就像水一样，盛在方形的容器里就呈现出方形，盛在圆形的容器里就呈现出圆形。

老子认为"处下"是道的体现，有道之人能够"为天下式""为天下谷""为天下溪"，甘愿做世界的法则、峡谷和溪流，通过低调的处世方式赢得世人的赞同。

道家认为，人的本性是纯朴和纯真的，最接近于"道"的本质。人们常说儿童天真无邪，但是随着年龄的增长，思虑欲念也不断萌生，再加上受到社会环境中的不良影响，人们逐渐失去了原有的纯朴天性，从此背道而驰。老子主张无论是自我修养还是治理国家，最终的目的都是要返回到纯朴天真的自然原初状态。《道德经》说："见素抱朴，少私寡欲。"就是说为人处世要抱持大道，谨守本真，使之不为物欲所诱惑，不为私心杂念所困扰。遵循大道，使人的本性和天地万物"复归于婴儿""复归于无极""复归于朴"，从而实现返璞归真。

老子以后的道家也继承了这一思想，庄子追求绝对自由，慎到主张立法遵循自然规律，道教徒经常选择在崇山峻岭中修炼，都是秉承"道法自然"和"返璞归真"的宗旨。

小国寡民

"小国寡民"是老子理想中的社会状态，出自《道德经》第八十章："小国寡民，使民有什伯之器而不用，使民重死而不远徙。虽有舟舆，无所乘之；虽有甲兵，无所陈之。使民复结绳而用之。甘其食，美其服，安其居，乐其俗。邻国相望，鸡犬之声相闻，民至老死，不相往来。"国家规模小，人口数量少，摒弃一切文明的产物，人们不必远行，也没有争斗，甚至连文字也不需要。人们各得其所，安居乐业，却从来不相往来。这就是老子的政治理想，遵循大道的法则，使世界返璞归真，最终呈现在人们面前的就是这种状态。《庄子·马蹄》也有类

桃花源图轴·周臣

似的叙述："故至德之世，其行填填，其视颠颠。当是时也，山无蹊隧，泽无舟梁；万物群生，连属其乡；禽兽成群，草木遂长。是故禽兽可系羁而游，鸟鹊之巢可攀援而窥。夫至德之世，同与禽兽居，族与万物并，恶乎知君子小人哉！同乎无知，其德不离；同乎无欲，是谓素朴。"庄子所说的"至德"就是"道"，"至德之世"与"小国寡民"的状态十分相似，人与野兽朝夕相处，和谐共生，无欲无求，山间没有道路，河泽没有舟桥，一切都处在最纯朴的原初状态之中。因此，"小国寡民"虽然是由老子最先提出的，但它却是道家共同追求的政治理想。

老子认为，社会的混乱和人们的争斗，源于人们对欲望的过度追求、统治者法令的严苛繁冗、民众被文化知识扰乱了心智，以及社会对虚伪的仁义道德的推崇。老子指出："大道废，有仁义；智慧出，有大伪；六亲不和，有孝慈；国家混乱，有忠臣。"这种看法不能说没有道理，一定程度上反映了社会的现实问题，对打着仁义道德旗号的罪恶行径进行了深刻的批评和揭露。然而如此看问题也过于片面，因为废止仁义、智慧无益于解决社会矛盾。

在这个基础上，老子提出了自己的历史发展观。他认为社会发展分为五个阶段，即"道""德""仁""义""礼"。人类社会的最初发展阶段最符合"道"，一切顺其自然，是完的清静无为状态。以后的社会各阶段分别由德、仁、义、礼来主宰，且每一个阶段都较前一个阶段更远地背离"道"的法则，美的东西越来越少，丑的东西越来越多，因而距离"小国寡民"的政治理想也就越远。

老子向往的社会，正是原始状态下的社会，这种幻想在一定程度上反映了春秋时期战争频繁，社会动荡，统治者残酷不仁，以及人民迫切要求安静休养和减轻剥削的愿望。从这个角度来看，老子的"小国寡民"与孔子所追求的回到周朝初年的"克己复礼"的初衷是一致的，只是二人分别提出了不同的政治主张。

养生之道

现在的"养生之道"通常是指饮食调理、医疗保健、起居休养等保持健康或延年益寿的方法，而早期道家所说的"养生之道"则相当于"处世之道"，庄子的《养生主》一篇的篇名意为"养生之道"，而内容谈的就是人的处世原则。

老子在为人处世方面主张"居弱"和"处下"，认为忍让可以避免一切灾祸。"处下"既是处世原则，又是治国之道，老子主张"知其雄，守其雌"，以低调的态度面对人生，然而忍让却不代表退缩，因为"无为"的目的是"无不为"，道家坚信"柔弱胜刚强"的必然性。人的处世方式也是由"道"派生出来的，属于"形而下"的范畴。

庄子也认为，处世之道重在顺应自然，忘却情感，不为外物所累。庄子指出，养生最重要的是要做到"缘督以为经"，也就是秉承事物中虚之道，遵循自然的变化与发展。他认为以有限的生命追求无限的知识是毫无意义的，继承了老子"绝圣弃智"的思想，这种观点固然不可取，但庄子本人并非知识无用论者，因此这种观点也包含着如同"学而不思则罔"的另一层含义。庄子以庖丁解牛比喻人的养生，庖丁遵循牛的肌体腠理间隙分割牛的骨肉肢体，不以刀与牛骨硬碰硬，说明人生处世也要因循自然规

《饮膳正要》插图

《饮膳正要》是一部古代营养学专著，为我国现存第一部完整的饮食卫生和食疗专书，也是一部颇有价值的古代食谱书。

律，取其中虚，才能做到"游刃有余"，从而趋利避害，摆脱矛盾的纠缠。庄子还认为，人的生老病死皆属自然，对此只须淡然处之。而他听天由命，屈服于自然的态度，则显得过于消极。

庄子思想的核心，一是自由自在，二是顺其自然，这种哲学思想深刻地嵌入到他的生活旨趣中。老庄哲学的养生之道不但对中华民族的民族精神影响深远，也为中国传统医学的发展提供了一定的理论支持。

◈ 反对战争的墨家 ◈

孟子说："杨朱、墨翟之言盈天下。"韩非说："世之显学，儒墨也。儒之所至，孔丘也，墨之所至，墨翟也。"这说明，墨家学派在战国时期曾显赫一时，其反对战争的思想在战乱频繁的当时更属难能可贵。

墨　家

墨家既是一个有指导思想的学派，又是一个由领袖领导的严密的社会组织，他们有强烈的实践精神和社会责任感，以"兴天下之利，除天下之害"为奋斗目标。墨者多来自社会下层，吃苦耐劳、严于律己，"孔席不暖，墨突不黔"，"短褐之衣，藜藿之羹，朝得之，则夕弗得"，"以裘褐为衣，以跂跻为服，日夜不休，以自苦为极"。他们经常像孔子周游列国一样到处奔波，生活相当清苦，朝不保夕。墨者把维护社会公理和道义看作是义不容辞的责任，孟子评价说："摩顶放踵，利天下，为之。"可见，墨家以天下为己任，提倡舍己为人的高尚品质，能够做到"赴火蹈刃，死不旋踵"，而且墨者大多数都是有知识的劳动者。

以谈辩为主的墨者被称作"墨辩"，以行侠仗义为主的墨者被称作"墨侠"，墨家的领袖被称作"巨子"，也作"钜子"，墨者必须服从巨子的领导。墨者组织纪律严明，"墨者之法，杀人者死，伤人者刑"。《吕氏春秋·去私》记载，秦惠文王时期的一位墨家巨子的儿子杀了人，秦惠文王念他年老，打算宽恕他的儿子，但他仍坚持将儿子以"墨者之法"予以惩处。墨家对做官的墨者有两项规定，一是必须推行墨家的政治主张，若推行不下去则宁可辞职也不能妥协；二是要向团体捐献俸禄，做到"有财相分"。以上规定人人都要遵守，领袖更要以身作则。

早期墨家在战国中前期影响很大，韩非将其与儒家并称为"显学"。墨家和儒家在社会伦理方面都主张关爱他人，但墨家反对儒家强调的等级观念。墨家提出"兼相爱，交相利"，即不分等级地爱，并以"尚贤""尚同""节用"作为治国方针。墨家站在下层民众的立场，提出了"非攻"的主张，反对当时的兼并战争。墨家学派还主张"非命""天志""明鬼"，一方面否定天命的决定性意义，同时又承认鬼神的存在。

墨　子

墨子去世以后，墨家逐渐分化成两个分支：一支注重继承早期墨家在认知、逻辑、科技等方面的理论研究，被称作"墨家后学"，即"后期墨家"；另一支则转化为秦汉时期社会上的游侠。墨家学说在我国古代逻辑思想史上占有重要的地位。

战国后期，墨家再也没有出现像墨子那样有影响力的领导人，逐渐走向衰落。西汉时期，汉武帝独尊儒术，再加上墨家提倡的艰苦实践作风、舍己为人的精神和严厉的规章制度并非人人都能做到，因此，这一曾经显赫一时的重要学派，逐渐淡出了历史舞台，在西汉之后基本消失了。

墨　子

墨子，生卒年不详，大约生于春秋战国之际，生活年代早于孟子，战国初期鲁国人，我国古代著名思想家、政治家，墨家学派创始人。墨家学说在战国中前期影响很大，《孟子·滕文公》上说："杨朱、墨翟之言盈天下。天下之言，不归于杨，即归墨。"韩非也将儒家与墨家并称为"显学"。墨子曾经做过宋国的大夫，在鲁、宋两国活动时间较长。《淮南子·要略》上说："墨子学儒者之业，受孔子之术，以为其礼烦扰而不说，厚葬靡财而贫民，久服伤生而害事，故背周道而用夏政。"就是说墨子曾学习儒家思想，由于观点不同，而另辟蹊径，创立墨家学派，授徒讲学，成为儒家的主要反对派。因此孟子发出了"杨墨之道不息，孔子之道不著"的感慨。墨家学派是一个组织严密的社会团体，墨子就

宋囚墨子

　　宋昭公末年，戴欢为宋太宰，司城皇专政。二人争权夺利，互相残杀，子罕击败戴欢后，又追逐宋昭公，篡夺了政权。墨子仗义执言，极力以兼爱相利劝阻，竟被囚禁。

是这个团体的第一任巨子。墨子死后，墨家逐渐衰落，墨家的伦理思想基本被游侠阶层所继承。

春秋战国时期，宗法等级制度瓦解，末等贵族"士"逐渐失去了稳定的生活保障，只能自食其力，墨子就属于这种人。墨子不具备孔子那样的学识，所以只能从事体力劳动，并通过努力成为当时有名的工匠。由于社会地位卑微，墨子常自称"贱人"。也正是因为墨子经常活动于下层社会，因此历史文献对他生平的记载十分有限，以至于他的真实姓名到今天也不能确定。

一般认为，墨子姓墨名翟，《孟子》《吕氏春秋》《淮南子》《史记》都称其为墨翟，《元和姓纂》甚至明确说墨子是商朝时的传说人物孤竹君之后，孤竹君以墨为氏，因此墨子姓墨。南齐孔稚圭所著的《北山移文》则称墨子为"翟子"，故而又产生了墨子姓翟的说法。晚清学者江琼在《读子卮言》中进一步考证，认为古代确实有"翟"这姓氏，而且战国诸子中儒、道、名、法、阴阳、纵横、杂、农、小说等，都没以姓氏作为学派名的，因此墨应该只是学派的名称，而不是姓氏。

近代学者胡怀琛指出，墨翟是"貉狄"或"蛮狄"的谐音，墨子其实是一个不知姓名的外国人。

著名历史学家钱穆认为"墨"是指墨刑，即在犯轻罪的刑徒脸上刺字涂墨的刑罚，而墨家生活清苦，信徒以体力劳动者居多，墨子及其弟子们都"手足胼胝，面目黧黑，役身给使，不敢问欲"，并提倡"赴火蹈刃，死不旋踵"，在当时，只有身份卑贱的人才能做到这一点。西汉淮南王英布因曾遭黥刑而被称为黥布，因此钱穆认为，墨子曾经受过墨刑或是受过墨刑者的后代。

墨子有《墨子》一书传世，其文字质朴，缺乏文学性，但逻辑性极强，主张"兼爱""非攻"，反对儒家的等级观念。

兼 爱

"兼爱"是墨家学派的核心思想。墨子认为社会动乱的根本原因在于人们不能兼爱,儒家所强调的等级观念是实现兼爱的最大障碍。他提出"兼相爱,交相利"的观点,提倡不受等级地位限制的爱,把兼爱与实现人与人之间的平等互利相联系,表现出对功利的重视。墨家的一切主张都以兼爱为出发点,他希望通过兼爱实现社会的和平安定,这种想法过于理想化,在注重等级的我国古代社会,是不可能成为现实的。但他批判了已经濒于崩溃的宗法等级制度,在同时代的思想学说中仍然极具进步性。

反对墨家的人认为,兼爱诚然很好,可惜只是空想,难以实施。墨子对此予以反驳,墨者连"赴火蹈刃"都能做到,没有什么比这更难做到的了,而且"爱人者人恒爱之",兼爱对每个人都有好处,所以是可行的。墨子认为,如果统治者像奖励战死沙场的壮举那样奖励兼爱,像惩罚临阵脱逃的行为那样惩罚不兼爱,那么人民哪有不趋向兼爱的道理呢?

在墨子的政治理想中,圣贤治理着天下,民众"兼相爱,交相利","有余力以相劳,有余财以相分","老而无妻子者有所待养以终其寿,幼弱孤童之无父母者有所放依以长其身",在这样的社会里,没有贫富差异,没有等级尊卑,没有嫉妒,也没有争夺。

墨子对兼爱的解释是:"视人之国,若视其国;视人之家,若视其家;视人之身,若视其身。是故诸侯相爱,则不野战;家主相爱,则不相篡;人与人相爱,则不相贼;君臣相爱,则惠忠;父子相爱,则慈孝;兄弟相爱,则和调。天下之人皆相爱,强不执弱,众不劫寡,富不侮贫,贵不傲贱,诈不欺愚,凡天下祸篡怨恨,可使毋起者,以相爱生也,是以仁者誉之。"很显然,墨子的兼爱思想深受儒家影响,却又远远地超越了儒家的等级界限。墨子指出,先秦社会之所以失范,在于人与人之间不"兼相爱"。同理,自私自利也是世道混乱的重要原因,如"亏父而自利""亏子而自利""亏兄而自

《墨子》内文书影

143

利""亏弟而自利""亏君而自利""亏臣而自利""乱异家以利其家""攻异国以利其国"等损人利己的行为，都是自私自利的重要表现。这些恶行产生的直接后果就是"强必执弱、富必侮贫、贵必傲贱、诈必欺愚"。

墨子的学说虽然有些理想化，但是却带功利性的一面，认为兼爱主要是通过把爱与利加以贯通而实现的，早期儒家也提倡利与义的统一，却不像墨家这样直白地强调利益。

非 攻

"非攻"是墨子的另一重要政治主张。墨子主张"兼爱"，以"兴天下之利，除天下之害"为己任，所以墨者的言论行为，皆以国家、百姓的利益为准绳。春秋战国时期，战乱频繁，在这种情况下，土地荒芜、饿殍遍野是很常见的现象，人民渴望尽早结束战乱局面。墨子站在小生产者及广大百姓的立场上，提出了"非攻"的主张。自古以来，战争的最大受害者始终是民众。墨子为实现"非攻"提出了一系列对策。

墨子指出，进攻区区方圆三里的城，七里的郭，则"杀人多必数于万，寡必数于千"，可见战争是非常残酷的。在《非攻》篇里，墨子连用八个"不可胜数"，揭露了战争的残酷性。他指出，战争除大量残杀生灵之外，还会使百姓贻误农时、受冻挨饿、感染疫病，因此，战争还会间接地杀死更多人。然而，统治者为了自身的利益，根本不顾人民死活，屡屡发动战争。统治者发动战争，不是为了权力，就是为了财富，其掠夺性是显而易见的。发动战争的统治者，首先掠夺的是本国人民，因为要备战，就必须榨取更多的财富，也就是"厚作敛于百姓，暴夺民衣食之财"。因此，孟子说："春秋无义战。"《春秋》所载的二百多年间，弑君三十六，亡国五十二。到战国中期，诸侯国的数量又从春秋时期的一百五十余个锐减到万乘之国七个，千乘之国五个。战争攻战之激烈的程度由此可见一斑。

墨子书院

墨子在《非攻》篇中以统治者的口吻说："我贪伐胜之名，及得之利，故为之。"这种描述彻底地揭露了统治者借战争以利己的嘴脸。墨子认为统治者在战争中得到的东西，反而不如他丧失的东西多。为了侵占多余的土地，而牺牲了众多的生命，消耗了大量的钱财。有些君主常常说，他是想在天下树立"义"的美名，以"德"求得霸业。墨子对此予以深刻的批判，他认为，如果把发动战争的费用和精力用于治国，效果必定更好，军队将成为无敌之师，民心也会自然归附，这才合于"天下

战国时期贵族服装复原图

之利"。墨子用晋国的智伯因骄横而败于比自己弱的赵襄子的事实，驳斥了鼓吹"仁义"和拥有强大兵力就能取胜的论调。墨子指出，当今诸侯大多以"义"为虚名，根本没有体察到其中的真谛，这就像瞎子不能分辨黑白一样。

墨子说："利人乎，即为；不利人乎，即止。"战争对人民是没有任何利益可言，所以应坚决制止。与老子的反战思想不同，墨子反对一切战争，但他主张"诛灭无道之君"，这一点符合"利人"的原则。

崇尚刑名的法家

战国时期，社会发生剧烈变化，各诸侯国纷纷变法图强，法家逐渐成为促进统一的理论支柱，商鞅变法使秦国一跃成为强国，韩非的学说则催生出一个中央集权制的大帝国。

法　家

西周时期，社会秩序的维持主要是通过礼和刑来实现的。礼主要针对贵族而设，违反了礼的贵族，往往要受到贬降爵位、削除封地的惩罚。对于抗拒惩罚的贵族，天子就可以发动诸侯对其予以讨伐。刑主要针对百姓而设。到了春秋战国时期，"礼崩乐坏"，旧的社会格局逐渐被打破，诸侯之间相互征伐、兼并。由于"霸道"备受推崇，建立中央集权统治就越来越适应时代的发展需要。面对这样的形势，众多士人都各自提出了力图解决当前社会问题的主张。统治者并不关心如何谋求民众的安居乐业，而是迫切地想缓解频繁的争霸和兼并战争带来的压力。就这样，主张法治和鼓吹极权政治的法家登上了历史的舞台。

法家的历史观不同于同时代的其他学派，儒、墨、道是春秋战国时期影响力较大的学派，虽然思想主张各有不同，但是都认为历史在逐渐退化，今不如昔，他们的最高理想是回到古时候的圣人时代。法家则

《韩非子》内文书影

认为，每个时代的变化都有其特定原因，因此只能积极地应对当前的社会现实。韩非指出，远古时代"人民少而财有余，故民不争"，这种说法是基本符合历史发展的事实的。他接着说，"今人有五子不为多，子又有五子，大父未死而有二十五孙。是以人民众而货财寡，事力劳而供养薄，故民争"，人口的增长必定导致物资的相对匮乏，从而引起纷争。商鞅、韩非都不主张遵循古法，韩非将法古的做法比作是守株待兔的愚蠢行为。

　　法家的政治主张包括制定法律和加强君权两大部分，在人性方面，持人性好利的性恶论观点。"法者，编著之图籍，设之于官府，而布之于百姓者也"，就是说法律的作用是约束百姓的行为。在阐述加强君权的问题时，法家提出君主需要掌握一套驾驭臣民的权术，"为人臣者陈而言，君以其言授之事，专以其事责其功。功当其事，事当其言，则赏；功不当其事，事不当其言，则罚"，君主要将臣下的生杀大权掌握在自己的手中，只有这样，才能永远居于至尊之位。受性恶论影响，法家否定教化的作用，而是主张从实际出发，制定法律，配以君主的权术与威势，驾驭臣民。

　　法家思想对秦汉政治制度影响深远，但是其迷信法律的作用，认为人性都是追求利益的，没有道德标准可言，强调以威逼利诱的方法治理国家，所以，它也存在一些严重的缺陷。秦国的由弱变强和秦朝的盛极而衰淋漓尽致地反映了法家的优点和不足。

管　仲

　　管仲（约前723—前645），名夷吾，字仲，颍上（今安徽颍上）人，春秋时期齐国著名政治家。管仲年少丧父，为了赡养母亲，不得不外出去谋生计，曾与好友鲍叔牙合伙经商，后来从军，来到齐国。

　　公元前686年，齐襄公去世，他的两个弟弟公子纠和公子小白为争夺君位而大动干戈。此时鲍叔牙辅佐公子小白，管仲辅佐公子纠，在两军交战时，管仲曾一箭射中公子小白的带钩，因此二人有一箭之仇。后来，公子小白战胜弟弟公子纠，即位为国君，是为齐桓公，管仲则成为阶下囚。鲍叔牙向齐桓公力荐管仲，桓公不计前嫌，任命管仲为上卿，使之辅佐自己成就霸业。因此，管仲被誉为"春秋第一相"，备受后世士人推崇。《国语·齐语》中记有管仲的言论，另有《管子》一书传世。

　　管仲提倡法治，注重发展经济，主张通过改革以实现富国强兵，他说："国

管 仲

多财则远者来，地辟举则民留处，仓廪实而知礼节，衣食足而知荣辱，上服度则六亲固，四维张则君令行。"管仲既重视发展社会经济以吸引外来劳动力和人才，又重视经济对道德教化所起到的推动作用。齐桓公十分尊重管仲，称他为"仲父"，授权让他主持一系列政治经济改革。管仲组织军事编制，建立人才选拔制度，按土地分等征税，禁止贵族掠夺私产，发展盐铁业，鼓励商业贸易。管仲改革成效显著，齐国由此国力大振。与此同时，管仲提出"尊王攘夷"的口号，联合中原诸侯，对抗北方的戎狄和南方的楚国。后来孔子感叹说："微管仲，吾其被发左衽矣。"就是说，如果没有管仲，我们就得被蛮夷统治，按照蛮夷的习惯披头散发、前襟向左着装了。

管仲获得辅佐齐桓公的机会，与鲍叔牙的推荐是分不开的。管仲在晚年时曾感慨道："我与鲍叔牙经商而多取财利，他不认为我贪心；与鲍叔牙共同谋划事情，却没处理好，他不认为我愚蠢；我多次临阵逃跑，他不认为我贪生怕死；我做官被驱逐，他不认为我无能；我辅佐公子纠失败而被囚禁，他不以我为耻。生我的是父母，知我的是鲍叔牙啊！"

管仲留有《管子》二十四卷八十五篇，今存七十六篇，内容极丰，饱含早期法家的思想精华，还涉及天文、地理、经济和农业生产等方面的知识。

商 鞅

商鞅（约前390—前338），战国时期卫国（今河南濮阳）人，著名政治家、思想家，早期法家代表人物。商鞅是卫国公室后裔，公孙氏，初名卫鞅或公孙鞅，后至秦国主持变法，使秦国由弱变强，被秦孝公封为商君，所以又被称为商鞅。

史料记载，商鞅"少好刑名之学"，专门研究以法治国，受李悝、吴起等人的影响很大。他曾是魏国大臣公叔痤的家臣，公叔痤病重时对魏惠王说："公孙鞅年少有奇才，可任用为相。"可是魏惠王不喜欢法家，于是公叔痤又说："王既不用公孙鞅，必杀之，勿令出境。"商鞅得知此事后就逃出了魏国。此时秦孝公立志振兴秦国，发布求贤令，商鞅便带着李悝的《法经》到秦国去。他通过结交秦孝公的近臣景监寻求被接见的机会。第一次见秦孝公，商鞅谈论的是类似黄老之术的帝道，没有受到重视。第二次，商鞅又谈论类似儒家思想的王道，也没有引起秦孝公的重视。第三次，商鞅谈论霸道，献变法治国之策，终获秦孝公认可，并被任命为左庶长，开始主持变法，后来升任大良造。

公元前359年，旧贵族甘龙、杜挚公开反对变法，他们认为"法古无过，循礼无邪"。商鞅针锋相对地指出："前世不同教，何古之法？帝王不相复，何礼之循？"他坚决反对遵循古法旧礼，认为社会在发展，制度不能一成不变。他又说："治世不一道，便国不法古，故汤武不循礼而王，夏殷不易礼而亡。反古者不可非，而循礼者不足多。"在秦孝公的支持下，变法顺利地开展起来。

公元前356年和公元前350年，商鞅先后两次实行变法，内容为废井田、开阡陌，推行县制，重农抑商、奖励耕战，实行连坐之法等。商鞅的改革措施触犯了旧贵族的利益，于是有人鼓动太子驷犯法，商鞅说："法之不行，自上犯之。"他惩罚了太傅公子虔与太子的老师公孙贾。公元前346年，公子虔犯法，商鞅对其施以割鼻之刑。

变法以后，秦国国力日益强大。公元前340年，商鞅率秦赵联军击败魏军，迫使魏国割让河西之地与秦国，此时魏惠王愤怒地说："寡人恨不用公叔痤之言也。"而秦孝公则封商鞅为商君，封地包括十五座城邑。然而商鞅的法律太过严苛，主张轻罪重罚，在秦国积怨太深。公元前338年，秦孝公病逝，太子驷即位，公子虔立即告商鞅谋反。商鞅逃亡至边关，想在客栈借宿，结果店家说商君之法规定禁止留宿没有许可证的人，违者处以连坐之刑，可以说是"作茧自缚"。商鞅只能回到封地，发兵抵抗，结果战败，被处以车裂之刑。

商鞅之法由于深入人心，并未被废除，太子驷因此得以成为秦国第一个称王的国君，即惠文王。

吮卒病疽

吴起吮卒病疽

吴起做主将时，常和最下等的士兵穿一样的衣服，亲自背负着捆扎好的粮食和士兵们同甘共苦。有个士兵生了恶性毒疮，吴起替他吸吮脓液。

邹 忌

邹忌（约前385—前319），《史记》作驺忌子，战国时期齐国大臣，深受齐威王宠信，被任命为相国，封为成侯，封地在下邳。他曾劝说齐威王奖励臣民进谏，主张革新政治，修订法律，选拔人才，亲贤远佞，并选荐能臣坚守边境。从此齐国逐渐强盛，成为战国时期继魏国之后的又一强国。

齐威王即位以后，立志改革，求贤若渴。邹忌鼓琴自荐，被任命为相国，主持变法。此时的齐国，内有邹忌、淳于髡，外有孙膑、田忌，人才济济，并在桂陵之战中打败魏国，成为战国时期新的霸主，齐国国君这时开始称王。邹忌很有才干，颇有君子风范，是齐威王的得力助手。

此外，邹忌还以仪容俊美著称。《战国策》记载，一天早晨，邹忌在对着镜子整理衣冠时问妻子："我与城北的徐公相比，谁更漂亮？"妻子说："当然是您了，徐公哪能与您相比呢？"邹忌不太相信，就又问他的妾："我与徐公相比，谁更漂亮？"妾说："徐公怎么能比得上您呢？"第二天，有客人到访，邹忌又问他："我和徐公谁漂亮？"客人也说："徐公不如您漂亮。"后来，邹忌亲眼见到了徐公，觉得自己不如徐公漂亮。他总结道："妻子说我漂亮，是偏爱我；妾说我漂亮，是惧怕我；客人说我漂亮，是有求于我。"邹忌在上朝时，把这件事讲给齐威王听，并进言说："如今齐国地大物博，宫中的嫔妃、朝中的大臣没有不偏爱您、不害怕您的，全国上下更是没有谁不有求于您，可见，大王受到的蒙蔽比我还深啊！"

于是齐威王接受了纳谏的建议，从此广开言路，齐国变得更加富强。

齐国大将田忌与邹忌不和，马陵之战后，田忌如日中天，更是引起邹忌的忌恨。邹忌找了个机会向齐威王诬告田忌谋反，致使田忌出走。

金銮殿孙膑来朝

韩 非

韩非（约前280—前233），韩国贵族，祖上为王室公子，但本人已经降为士，战国末期最有影响力的思想家之一，法家学说的集大成者。《史记》记载，韩非精于"刑名法术之学"，与李斯都曾受业于荀子，后来李斯去了秦国。韩非因为口吃而不善言谈，但文章出众，且著作颇丰，有《韩非子》五十五篇传世。

韩非目睹了战国后期韩国的积贫积弱，多次上书韩王要求改革，但其主张始终得不到采纳，激愤之下写出了《孤愤》《说林》《说难》等著作十万余言。这些书流传到秦国，秦王政读到这些文章时，大为叹服，并将韩非视为知己，竟以发兵攻打韩国的方式，迫使韩王

商鞅舌战

商鞅驳斥了反对变法的旧贵族的观点，为实行变法作了舆论准备。

让韩非为秦国效力。韩非到秦国后很受重用，引起了同学李斯的妒忌，李斯和姚贾居然到秦王面前诬陷他。由于韩非是韩国宗室，本人又不善言谈，终究没有获得信任，最后在狱中自杀。

韩非与商鞅一样，其政治主张并未因为自己的死而被废弃，秦王政实施了韩非的学说，并最终统一六国，建立了秦朝。韩非吸收了各家观点，以法家思想为根本，融合商鞅、申不害和慎到的主要学说，形成了以法、术、势为核心的政治思想体系，集法家之大成。韩非在把商鞅的法、申不害的术和慎到的势融为一体的同时，对这些学说加以批判和改进，他说："申子未尽于术，商君未尽于法。"在术的方面，韩非认为，君主对臣下，不能过于信任，要"审合刑名"。在法的方面，他特别强调了"以刑止刑"思想，强调严刑重罚。

虽然韩非的著作有很大一部分讲的是阴谋权术，但他第一次明确地提出了"法不阿贵"的思想，主张"刑过不避大臣，赏善不遗匹夫"。不过在韩非的法治体系中，君主的行为仍然不受任何法律的制约。韩非继承了商鞅和荀子的"性恶论"，他认为人与人之间的关系都是利益关系，人的心理无不是趋向利益的，君主的职责就在于利用"刑""德"，使民众在符合自己意志的基础上获利。

变法也是韩非思想中的一大重要内容，他继承了商鞅"治世不一道，便国不法古"的思想传统，提出"不期修古，不法常可"，主张"世异则事异""事异则备变"。韩非用进化的历史观点分析人类历史，认为不同时代有不同时代的问题和各自的解决问题的方法，那种想以老套的办法去解决当世问题的做法如同守株待兔。韩非的历史发展观在当时是进步的，他看到了人类历史的发展，并用这种发展的观点去分析人类社会的过去、现在和将来。

韩非的法治思想适应了历史发展的需要，在中央集权制度的确立过程中起到了重要的理论指导作用。

李　斯

李斯（？—前209），楚国上蔡（今河南上蔡）人，秦朝思想家、政治家。

李斯早年曾做过掌管文书的小吏。有一次，他在厕所见到吃人粪便的老鼠非常怯懦，一见到人和狗，就吓跑了。后来，他又在仓库里看到吃粮食的老鼠十分自在，几乎没人去管。于是，他有感而发："人之贤不肖，譬如鼠矣，在所自处耳！"也就是说，人是否贤能，就像老鼠一样，是由社会地位决定的。战国时期，争名逐利的风气盛行，李斯深受影响，也想干出一番事业来。为了远大的理想，李斯辞去小吏的工作，到齐国稷下求学，拜荀子为师。荀子是当时著名的儒学大师，号称是孔子之术的继承者，但他不像孟子那样墨守成规，而是从当时的实际政治形势出发，因而很适合时代发展的需要。荀子的思想有很深的法家印记，探讨的是所谓的"帝王之术"。在此期间，李斯与韩非同学于荀子门下。李斯学成之后，对各国情况进行了分析和比较，认为楚王无所作为，其他各国也在走下坡路，最终决定到秦国去。

李斯一开始受到权臣吕不韦的器重，被任命为郎，秦王政即位后，他提出"灭诸侯，成帝业，为天下一统"的主张，因而升任为长史。秦王十分欣赏李斯，并广招各国贤士担任客卿，为秦国效力。秦王政十年（前237），水工郑国为消耗秦国人力物力而到秦国修建水渠并充当间谍的目的暴露，与此同

秦始皇陵陵园

时，秦国的客卿中也有很多六国间谍，因此，群臣对外来的客卿很反感，于是，秦王下了逐客令，李斯也在被逐之列。

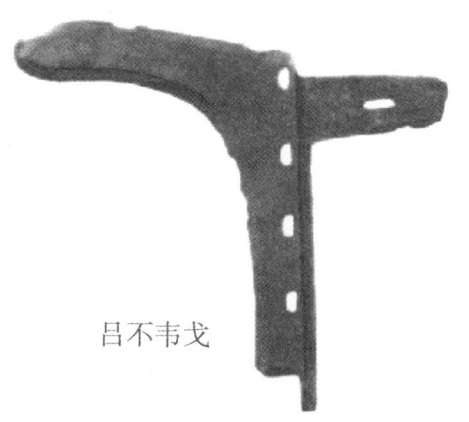

吕不韦戈

李斯给秦王写了一封信，劝其不要驱逐客卿。他说，秦国历史上立过卓越功勋的百里奚、蹇叔、丕豹、公孙支、商鞅、张仪、范雎等人都不是秦国人，客卿哪里对不起秦国了呢？如果秦穆公、秦孝公、秦惠文王和秦昭王也下令逐客，就不可能有秦国今天的强大实力。李斯还举例说，东方六国有珍珠、宝玉、美女、骏马，这些东西大王都想拥有，为什么来自六国的人才就要被驱逐呢？他强调逐客的结果只能是加强六国的力量，而不利于秦国的统一大业。李斯的这封上书就是著名的《谏逐客书》，其言辞恳切，终为秦王政所采纳。不久后，李斯官至廷尉。

韩非来到秦国后，受到秦王的重用，引起李斯的嫉妒。李斯与姚贾诬陷韩非，使其下狱身死。

秦灭六国后，李斯与王绾、冯劫等人议定尊秦王政为始皇帝，并制定有关的礼仪制度。秦始皇任命李斯为丞相，由他主持一系列政令的推行。李斯建议销毁民间的兵器，废分封行郡县，烧《诗》《书》，名法度，统一法律、车轨、文字、度量衡。

秦始皇死后，他与赵高合谋，伪造遗诏，改立胡亥为皇帝，后为赵高所害。

法

"法"这个字最开始写作"灋"，由"水""廌""去"三部分组成。廌，就是獬豸，是神话传说中的一种神兽，能辨别曲直，在断案时，它能用角去撞触理曲的人。《说文解字》上说："灋，刑也。平之如水，从水。廌所以触不直者去之，

纣王无道造炮烙

放鲡知德

孔子去卫国，让巫马期观看宓子贱的政绩。巫马期到了其境内，碰到夜晚打鱼的人放掉小鱼，只取大鱼，问他为什么这样做，渔人说："我们长官想让小鱼长大。"巫马期告诉孔子："宓子贱的道德教化到顶点了，老百姓暗中做事，都像有厉害的刑罚在身旁。"

从去。"由此可知，法的本义就是刑名、法律。

西周以来实行的礼乐制度，是贵族内部的行为准则，刑法是不对百姓公开的。春秋时期，新兴地主逐渐登上历史舞台，他们主张颁布成文法，打破原有的法律的秘密状态，从而打击了旧贵族垄断法律、掌握生杀予夺大权的局面。

在我国历史上，首次公布成文法的是郑国的子产。公元前536年，郑国当权者子产顺应时势，"铸刑书于鼎"，将法律条文公布于众。这样就保证了法律将被贯彻执行，其运作将有高度的可预见性，而不会被官员恣意运用。这种做法虽然合乎时代发展的需要，却触犯了旧贵族的利益。晋国的叔向写信给子产说："弃礼而征于书，锥刀之末，将尽争之。"叔向认为，人们一旦知道了刑书的条文，就不会再看重道德，遵守礼仪，而是会去琢磨如何钻法律条文中的空子。而且法律一旦公布，社会舆论就会对官员产生一股强大的监督力，这是叔向这样的旧贵族所不能容忍的。

但是潮流不可遏止，公元前513年冬，晋国的赵鞅、荀寅将范宣子制定的刑书铸在鼎上。孔子评价说："今弃是度也，而为刑鼎。民在鼎矣！何以尊贵？贵何业之守？贵贱无序，何以为国？"如果说叔向反对的是把法律条文公诸于众，那么孔子则干脆直接反对法治，认为这种做法是一种无视贵贱之分的"礼坏乐崩"的行为。铸刑书，公布成文法，否定了"刑不可知，则威不可测"的旧有制度，为日后各诸侯国开展变法运动奠定了基础。到了战国时期，李悝、吴起、申不害、商鞅在推行变法改革的同时，都相继公布了成文法。

法家重视法治，反对儒家的"礼"。他们认为，土地私有和按功劳与才干授予官职的做法是无可厚非的，而维护贵族特权等级的礼是保守的，也是不公平的。儒家认为，颁布成文法将会导致社会纷争愈演愈烈，但法家却认为这样做反而会"定分止争"，也就是明确物的所有权。韩非说："一兔走，百人追之。积兔于市，过而不顾。非不欲兔，分定不可争也。"意思是说，一个兔子跑，很多的人去追，但对于集市上卖的成批的兔子，却看也不看，这不是说那些人不想要兔子，而是市场上的兔子所有权已经确定，不能再争夺了。

人性好利

法家站在"性恶论"的立场上，认为人的本性是趋向利益的，这对该学派政治主张的形成起着至关重要的作用。

商鞅把人对基本生理需求的追求看作是好利的本性，他说："民之性，饥而求食，劳而求佚，苦而索乐，辱则求荣，此民之情也。"商鞅认为，人追求名利是与生俱来的本性，"民生则计利，死则虑名"，就是说人生下来就会计较利害得失，死时还会考虑名声问题。因此，"民之欲富贵也，其阖棺而后至"，人直到死去才会停止对利益的追逐。可见，商鞅认为，人的一生就是一个追名逐利的过程。

荀子的性恶论对韩非影响巨大，韩非说："夫安利者就之，危害者去之，此人之情也。……人为婴儿也，父母养之简，子长而怨。子盛壮成人，其供养薄，父母怒而诮之。子、父，至亲也，而或谯或怨者，皆挟相为而不周于为己也。……医善吮人之伤，含人之血，非骨肉之亲也，利所加也。故舆人成舆，则欲人之富贵；匠人成棺，则欲人之夭死也。非舆人仁而匠人贼也，人不贵则舆不售，人不死则棺不买。情非憎人也，利在人之死也。"就是说，人们趋利避害，是本性决定的，父母照顾孩子不周，孩子长大后就会有怨气，而子女供养老人做得不到位，老人也会生气，至亲尚且如此，人性好利由此可见一斑。他又举例说，医生为患者吸吮伤口，不是因为他与患者关系密切；工匠制造棺材，也不是盼望人多死一些，他们都是为了利益才这么做的。

韩非还认为，人性是自然形成的，所以统治者制定政策就必须以人的本性

九流图

为依据，要因循它，而不是对它加以否定。这种观点可以总结为"循名责实"，是法家学说中一个重要原则，并一定程度地受到了道家的影响。慎到曾说："因也者，因人之情也。人莫不自为也，化而使之为我，则莫可得而用矣。用人之自为，不用人之为我，则莫不可得而用矣。此之谓因。"道家主张"法自然"，韩非也说："凡治天下必因人情。人情者有好恶，故赏罚可用。赏罚可用则禁令可立，而治道具矣。"法家认为，亲情和恩惠会连带出许多复杂的因素，能够扰乱社会秩序。因此，臣子不可能对君主忠心耿耿，君主也就没必要对臣子仁慈礼让。

既然臣子侍奉君主是为了获利，那么君主就应顺应人情，给他们获利的机会，但获利的方法要由君主来决定，这就是"利出一孔"理论。《管子·国蓄》上说："利出于一孔者，其国无敌。"《商君书·弱民》上说："利出一孔，则国多物。"韩非总结了这些学说，指出君主应该阻塞处于自己控制力之外的臣民的获利渠道，这就要借助"势"的力量。

重农抑商

义　侠

"重农抑商"是我国古代长期实行的一项经济政策，这种政策有利于农业的发展和社会的稳定，同时又将大批劳动力束缚在土地上，限制各地区人员的流动，因此有利于中央集权。

商鞅变法在我国历史上第一次明确地提出了重农抑商的思想，主要内容有允许土地自由买卖，对缴纳农产品和纺织品多的家庭免除徭役，对商人征收重税等。西汉建立以后，统治者以杂糅道法两家学说的黄老之术治理国家，对农业采取休养生息政策，对商业则采取抑制打压的政策，除对经商者征收重税之外，还规定商人不可以穿丝绸衣服，不可以佩剑，不可以乘马车，子孙后代不得为官，这是一种歧视性政策。后来历代也多有这样的举措。

我国古代统治阶级将社会割裂为四个等级，即士、农、工、商，商人为末流。重农抑商政策与我国的封建制度相始终绝不是偶然的，一个国家的经济政策，从根本上来讲，是由其经济基础和统治阶级的利益所决定的。中国古代社会的经济基础是自给自足的自然经济，对于人们来说，土地就意味着财富，而地租是一种比较稳定的收入，是地主阶级聚敛财富的最佳途径。对国家而言，农业的发展可以使人民安居乐业，使国库粮仓充盈，使国家内无动乱之虞、外无侵扰之虑。商人四处流动，买贱卖贵，一方面通过商品交换和高利贷盘剥农民，另一方面又以其丰厚的利益回报吸引了相当一部分农民"舍本趋末"，从而大大削弱了王朝的统治基础，不利于社会稳定。因此，历代统治者都把发展农业当作"立国之本"，而把工商业当作"末业"来加以限制。除此之外，儒家重义轻利的观念对"重农抑商"的长期实行影响也不小。

重农抑商政策出现伊始，对当时的农业以及社会经济的发展，以及新兴地主阶级政权的巩固起到了积极作用。商鞅变法，实行重农抑商政策，稳定了秦国的经济，增强了秦军的战斗力，为后来秦始皇统一六国奠定了物质基础。

但是，重农抑商政策的弊端也是非常明显的，它导致了官僚地主不断兼并土地，迫使农民破产流亡，影响了社会的稳定，历史上多次农民起义的爆发就很说明问题。明清时期，资本主义萌芽已经出现，而统治阶级依然奉行"重农抑商"的政策，违反了经济发展的客观规律，导致了国家的落后，使这一政策失去了最初的积极作用。

轻罪重罚

商鞅主张加强君权，并以严刑酷法统治国家，他在秦国推行变法期间，颁布了什伍连坐法。连坐法是在户籍编制的基础上实行的。商鞅强调"法"的作用，他认为，要使社会达到"至治"，必须使得"夫妻交友不能相为弃恶盖非，而不害于亲，民人不能相为隐"。就是说，法律要使关系最亲密的夫妻和朋友，也不敢互相包庇罪行，使其踊跃向政府检举揭发，不隐匿任何"恶"、"非"。只有这样，"其势难匿者，虽跖不为非焉"。就是说，如果法律严格，即使是盗跖那样的大盗也不敢作恶。实行连坐法的目的，就是要使人民互相保证、互相监视、互相揭发，否则一人获罪，五人连坐。《秦律》中多次提到"伍"的概念："何谓四邻？四邻即伍人谓也。"就是说五人为一"伍"，而且凡大夫以下，"当伍及人"，都应该编入"伍"的户籍，一人犯罪，"当坐伍人"。

连坐法不但实行于乡里之间，也实行于军队的行伍之中。《商君书》上说，

"行间之治连以五"，又说"其战也，五人来簿为伍，一人羽而轻其四人"。就是在作战时，五人编为一"伍"，登记在册，一人逃亡，其他四人就要被杀头。

商鞅认为，立法的目的就是"以杀止杀""以刑去刑"，"故行刑重其轻者，轻者不生，则重者无从至矣。此谓治之于其治也"。意思是说，如果用重刑处罚犯有轻罪的人，犯轻罪者都要被处死，那么人们就不敢犯重罪了。所以在商鞅看来，国家有法但还有人敢犯罪，就说明刑罚太轻，刑罚太轻就等于没有法律。

商鞅还主张"刑于将过"、"刑于未然"，就是在执法的过程中，刑罚可以比规定的程度更重，制定处罚方法可以不以事实为依据，这就使执法过程带有很大的随意性，破坏了法律的权威。我国是世界上较早产生系统的法治理论的国家，但是在漫长的封建社会中，却未建立起真正意义上的法制体系。先秦法家从根本上来讲，还是主张人治的，这与儒家无异。

王权至上

春秋战国时期，周天子的权威日益衰落，"礼乐征伐自天子出"变成了"自诸侯出""自大夫出"，"陪臣执国命"成为普遍现象，有些国家竟"祸起萧墙"，亡于陪臣之手，"田氏代齐"和"三家分晋"就是这一现象的具体体现。对此，众多学派都提出了自己的政治主张。儒家主张通过恢复西周以来的礼制来重新确定尊卑关系，以此杜绝这种以下犯上现象的出现。道家主张"绝圣弃智"，从而回到"小国寡民"的质朴状态中。在那个时代，这些政治主张显然过于消极保守，很难得到各国统治者的认可。而力求解决现实问题、以实现为国强兵为目的法家思想，则逐渐成为时代的主流，因为王权、霸道这些内容很合各国统治者的胃口。

西周分封制为各国留下的最大隐患就是"大臣太重"和"封君太众"，即重臣的权势

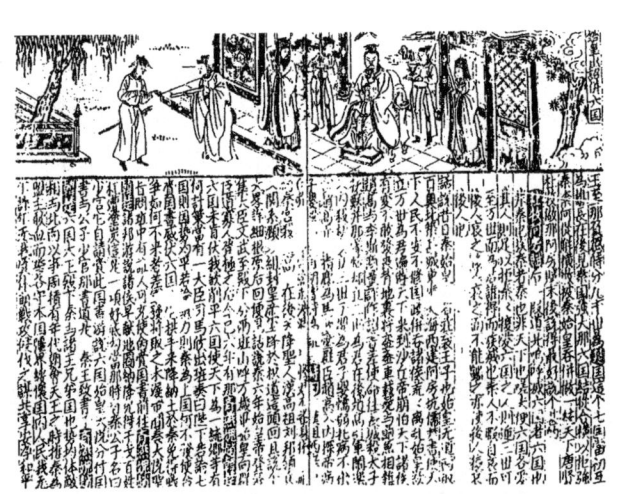

秦始皇出诏灭六国

太大，受分封的人太多，这样国君的权力和领土就被分割得支离破碎。于是，战国初期各诸侯国开展的变法运动都把加强君权、削弱封国作为主要内容。商鞅变法提出了"废封建，行县制"，把地方行政权收归中央，这项改革措施对中国历史的走向意义重大。后来，秦始皇统一全国后，在全国范围内推行郡县制，巩固了国家的统一。郡县制与分封制最本质的区别在于地方官吏任免权的不同。西周以来实行的分封制规定，诸侯由天子的庶子产生，大夫由诸侯的庶子产生，士由大夫的庶子产生，各等级都是世袭的。因此，任人唯亲的现象很普遍，没有才能的人往往身居高位。更重要的是，陪臣们经常在壮大了自身实力后过多地干预朝政，严重威胁国君的地位。在郡县制之下，国君可以严格控制地方官吏，郡县长官由国君亲自任免，加强了中央集权。

战国中期以来，在强调法治的同时，法家更加注重探讨加强君主实力的问题。法律是形象直观的，是公开的，而由君主一人独自掌握的权术和威势则是抽象的，处于暗中的。韩非借用老子的哲学概念指出"道无双，故曰一"，把君主专制的中央集权制度看作是宇宙中的最高真理，他说："知臣主之异利者王，以为同者劫，与共事者杀。"就是说，真正的王者要知道君臣有别，如果搞不清楚这一问题，就不配为君为王。

韩非将"利出一孔"理论和法、术、势相结合，使自己的学说成为绝对的君主专制主义思想，影响了中国两千多年来的政治体制，与真正的法治思想越来越远。

朝秦暮楚的纵横家

有一批能言善辩之士，可以同时挂六国相印，以三寸不烂之舌，陈说利害于诸侯，纵横捭阖于天下，他们往往又不讲原则，朝秦而暮楚。这批人就是纵横家。

纵横家

"纵横"即指合纵连横。战国时以从事政治和外交活动为主的一派称为纵横家，主要人物为鬼谷子。《汉书·艺文志》将其列为"九流"之一。《韩非子》里曾言："纵者，合众弱以攻一强也；横者，事一强以攻众弱也。"他们出谋献策往往从主观的政治要求出发，事无定主，反复无常。苏秦是合纵派的主要代表，张仪是连横派的主要代表。最后苏秦等人的合纵政策失败，张仪等人的连横政策胜利。

纵横家称得上中华五千年中最早也最特殊的外交政治家，大约出现于战国至秦汉之际，大多为善辩之士。他们的出现主要是因为当时王权不能稳固统一，各方割据纷争，所以需要在国力富足的基础上利用联合、离间、威逼、利诱等手段，或用较少的损失获得最大的利益。他们的智谋、手段、思想、策略基本上是当时处理各国问题的最好办法，使战国时期成为世界史上独一无二的历史阶段，在这种历史条件下所创造的智慧后世任何一个朝代都很难超越。纵横家的人物大多出身贫贱，反而在最艰苦的条件下，把人民的智慧超常发挥创造，他们以三寸之舌退百万雄师，以布衣之身廷说诸侯，也以纵横之术解不测之危。苏秦佩六国相印，连六国逼秦废弃帝号；张仪雄才大略，以片言得楚国六百里土地；唐雎勇敢机智，直斥秦王存孟尝君封地；蔺相如虽然不是武将，但浩然正气直逼秦王，不仅完璧归赵，而且不使赵国受辱。纵横之士智能双全，其中不乏仁义之辈。

纵横家之作现在仅存《鬼谷子》十二篇、《战国策》三十三篇、《张子》十篇、《苏子》三十一篇。鬼谷子后附《本经阴符》七篇讲的是修身养性之法，"本经"意为基本纲领，"阴符"意为隐秘的符言，充满神秘主义色彩。读者只可悟但却不能道出精髓，所谓悠然心会妙处难与君说是也。更重要的是这本书重在用，若学而不用，长久必有害，必边学边用边体味方可。《战国策》一书是游说辞总集，几乎所有纵横家谋士的言行都在此书之中。

纵横家首先要对现实有一个较为明确的认识，并确定连横的对象，然后因人而定说辞和游说之法，或抑或扬，或抑扬相合，或先抑后扬，或先扬后抑，常常能够对症下药。其次，在游说的过程中，则先观其反应，见机行事，察其对己关系，是同非，若同则继续，非则当补遗误，而后以飞箝之术或以利诱导，或以害陈说，探其实情，这是游说最主要的方法之一，而后再以揣摩之术深察内心，最后快速而准确地以权谋之术作出决断。

鬼谷子

鬼谷子

鬼谷子，生卒年不详，相传姓王名诩，战国初期卫国人。他曾经入云梦山采药修道，因为隐居在清溪的鬼谷，故自称鬼谷子。鬼谷子隐居的所在地鬼谷，位于云梦山，在今河南省鹤壁市淇县的西部，谷内有鬼谷洞，《淇县志》在介绍此洞时称："世传鬼谷子隐居处。"因为现在所能见到的史料对鬼谷子的记载相当有限，所以到底鬼谷因人而名，或鬼谷子因谷而名，至今尚无明确说法。

鬼谷子的主要著作有《鬼谷子》及《本经阴符》。《鬼谷子》侧重于权谋策略和言谈辩论的技巧，《本经阴符》则主要是讲养精蓄锐之道。

《鬼谷子》共有十四篇，现在只存前十二篇，最后两篇皆已失传。《鬼谷子》的版本，常见者有《道藏》版本及嘉庆十年（1805）江都秦氏刊本。《本经

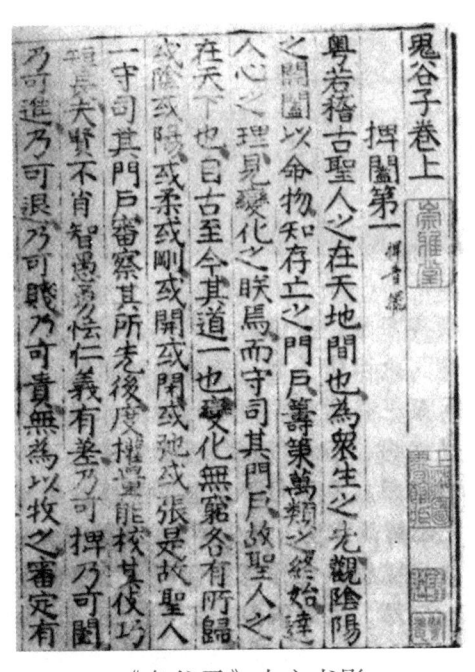

《鬼谷子》内文书影

阴符》之前三篇说明如何充实意志，涵养精神。后四篇则讨论如何将内在的精神运用于外，以及如何以内在的心神去感受、处理外在的事物。

从主要内容来看，《鬼谷子》一书是针对谈判游说活动而言的，但是由于其中涉及大量的谋略问题，此与军事问题也有密切的联系，所以也被称为兵书。《鬼谷子》以功利主义的思想，认为一切合理手段都可以加以运用。它讲述了作为弱者的一无所有的纵横家们，如何利用谋略口才进行游说，进而控制握有一国政治、经济、军事等大权的诸侯国君主。

因此可以说，《鬼谷子》一书是一部研究社会政治斗争谋略权术的书，《鬼谷子》的智慧也就是一部"治人兵法"。

张 仪

张仪（？—前310），魏国人，贵族后裔，曾与苏秦同在鬼谷子门下学习纵横之术，其主要活动年代在苏秦之前，是战国时期著名的政治家、外交家和谋略家。

秦惠文王九年（前329），张仪由赵国西入秦国，并凭借出众的才智被秦惠文王任为客卿，以筹划攻伐之事。次年，秦国仿效三晋的官僚机构开始设置相位，称为相邦，张仪开始出任此职。因此张仪是秦国的第一任相邦，他的政治外交生涯也由此开始。

张仪拜相之后，积极为秦国谋划。他采用连横术迫使韩国和魏国的太子来秦朝拜，并与公子华攻取魏国蒲阳。另一方面，他又游说魏惠王，不用一兵一卒就使得魏国把上郡的十五个县一起献给秦国。秦惠文王十三年（前325），张仪又率军攻取魏国的陕县。这样，黄河天险被秦所占有。随着秦国威势的不断增强，秦国国君于同年称王，秦国国势逐渐强盛。

为了达到兼并魏国国土的目的，在秦惠文王更元二年（前323），张仪运用连横策略，与齐、楚大臣会于啮桑以消除秦国东进的忧虑。张仪从啮桑回到秦国，被免掉相位。后来，魏国由于惠施联齐，不得不改用张仪为相，企图连秦、韩而攻齐楚。由于连横威胁各国，秦惠文王更元六年（前319），魏国人公孙衍受齐、楚、韩、赵、燕等国的支持，出任魏相，张仪被驱逐回秦。两年后，张仪再次出任秦国相邦。后来，秦惠文王接受司马错的建议，遣张仪和司马错等人率兵伐蜀，取得胜利，随即又灭巴、苴两国。这样秦国占据了富饶的天府之国，有了巩固的大后方，这为秦国的经济和军事的发展提供了有利的条件。

秦惠文王更元十二年（前313），秦惠王想要攻伐齐国，但又担心齐、楚结成联盟，于是便派张仪入楚游说楚怀王。张仪利诱楚怀王说："楚诚能绝齐，秦愿献商、於之地六百里。"楚怀王听信此言，于是与齐断绝关系，还派人入秦受地。张仪对楚使说："仪与王约六里，不闻六百里。"楚国的使臣返回楚国，把张仪的话告诉了楚怀王，楚怀王盛怒之下，兴兵开始攻打秦国。第二年，秦国大败楚军于丹阳，虏楚将屈丐等七十多人，攻占了楚的汉中，置汉中郡。这样秦国的巴蜀与汉中连成一片，不仅消除了楚国对秦国本土的威胁，而且使秦国的疆土更加扩大，国力更为强盛。《史记·张仪列传》中说："三晋多权变之士，夫言纵横强秦者大抵皆三晋之人也。"张仪无疑是其中最杰出的一个。

张仪诳楚之后，又于秦惠文王更元十四年（前311）前往楚、韩、齐、赵、燕等国进行游说，使得五国连横事秦。同年里，张仪因功封得五邑，封号为武信君。秦武王元年（前310），张仪去世。

苏 秦

苏秦（？—前284），字季子，战国时期韩国人。他是与张仪齐名的纵横家，出身农家，但胸中素有大志，曾随鬼谷子学习纵横捭阖之术多年。

他曾经去秦国，但未被用。此时正好赶上燕昭王广招贤士，于是苏秦入燕，并深受燕昭王信任。苏秦认为，燕国若要报强齐之仇，则必须先向齐表示屈服和顺从，以便赢得振兴燕国所需的时间。其次，要鼓动齐国不断进攻其他国家，以防止齐国攻燕。为此，他劝说齐王伐宋，合纵攻秦。公元前285年，苏秦到达齐国，挑拨齐赵关系，并取得了齐愍王的信任，被任为齐相，可他暗地却仍在为燕国谋划。齐愍王不清楚真相，依然任命苏秦率兵抗御燕军。齐燕之军交战时，苏秦使齐军失败。他使齐国群臣不和，为乐毅五国联军攻破齐国奠定了基础。之后，苏秦又说服赵国联合韩、魏、齐、楚、燕攻打秦，苏秦得到赵国的帮助，四

苏秦衣锦还乡

处游说。诸侯都欣赏这个计划，于是六国达成联合的盟约，苏秦为纵约长，并任六国相。回到赵国后，赵王封他为武安君。秦国知道这个消息后大吃一惊，此后十五年里，秦兵再也不敢图谋向函谷关内进攻。

在为燕谋划时，为了进一步恶化齐赵邦交，苏秦使齐广树仇敌，再劝齐王攻宋。公元前286年，齐灭宋。齐国的国力也渐渐衰弱。同时由于奉阳君向齐索要封邑，所以齐赵关系又出现裂隙。苏秦频繁的活动，终被齐王和齐大夫发觉。齐王将苏秦车裂于市。苏秦死时，年仅五十余岁。苏秦死后，燕、赵、魏、秦、韩五国联合，在燕将乐毅的带领下大举攻齐，连陷城池七十余座。齐王出逃，后被杀。齐国后来虽然又夺回国土，国力却大衰，从此一蹶不振。而燕、赵、魏、秦四国之所以发动这场战争，几乎都是由于苏秦生前活动所致。

苏秦的两个弟弟苏代和苏厉也是当时著名的纵横家。

甘 茂

甘茂，生卒年不详，秦国名将、谋略家，楚国下蔡（今安徽凤台县）人，是秦惠文王、武王、昭王三朝的重臣。甘茂早年曾事下蔡史举先生，以学习诸子百家的学说。通过张仪、樗里子得以见到秦惠文王，惠文王非常欣赏甘茂，遂任他为将。惠文王死后，武王即位，甘茂平定蜀乱，升任为左丞相。

秦武王三年（前308），武王对甘茂说："若能通三川、窥周室，死而无憾。"甘茂知其意，便请命愿携向寿去魏约定伐韩这一事宜。甘茂到魏之后，对向寿说："你去同武王讲，让武王暂勿伐魏。"向寿回秦，一一报告给武王。武王后来询问其中缘故，甘茂说："宜阳是韩的大县，上党、南阳守备严整，相当于一个郡。现在大王若要攻打它，很难取胜。起初张仪开拓很大面积的边界，天下的人却不推崇他，反而夸奖大王。我只是寄居秦的客卿，樗里子和公孙奭二人若来和我争议，如此一来，我将受到韩相公仲侈的埋怨。"武王说："我不听信他们，和你立约为誓。"最后终于使甘茂率兵攻打宜阳。五个月之后尚未攻下，樗里子与公孙奭提出争议。武王想召回甘茂，罢兵不攻。甘茂说提起当时的息壤之盟。武王只好发动国内军队支援，最后终于把宜阳攻下。

甘罗童年取高位

宜阳的胜利打通了去往周的道路，秦武王在洛阳举鼎绝膑而亡，他的弟弟昭王即位。这时楚怀王因忌恨先前秦败楚而发兵围攻韩，韩国便遣公仲侈向秦国告急，秦国不出兵。于是公仲侈便通过甘茂向昭王游说，甘茂分析了当前形势，使昭王了解到，与其坐而待伐不如先下手为强，于是他接受建议，发兵救韩。这时的秦国虽然已经很强大，但在联韩攻楚或联楚攻韩等问题上犹疑不决。在纷争之中，甘茂渐占上风，这引起了向寿和公孙奭的忌恨，于是他们对秦王进献谗言，甘茂惧怕，便停止攻打魏国，逃离秦国。

甘茂逃离秦国前往齐国后，遇到苏代，苏代这时正为齐国出使秦国。甘茂请苏代帮他说话，想让苏代利用他的影响加以救助。苏代说动秦王后，秦王想要拜甘茂为上卿，并携相印到齐国来迎甘茂，但甘茂拒绝了。苏代对齐湣王说，甘茂是位贤能的人，现在秦国用相印来迎接他，他受了大王的恩惠，愿意做大王的臣子，因此拒绝回去。齐王一听，也立刻安排他做上卿。

齐国派甘茂出使楚国，此时楚怀王刚与秦国联姻，秦国听说甘茂在楚国，就派人表示希望送甘茂回秦国。楚王向范雎请教是否可立甘茂为相，范雎并不赞同此想法，他认为甘茂的确有才能，但万不可用他为相，因为秦国有贤能的丞相并不利于楚国，而向寿倒是一个不错人选。于是楚王派使者请求秦王任用向寿做丞相，而甘茂从此也就没法进入楚国，最后死于魏国。

❨ 嬗变中的其他各家 ❩

朴素唯物主义思想是我国古代思想史上的精华，在科学水平较低的情况下，荀子、王充、范缜等人能够站在反迷信的立场阐述自己的学说，是难能可贵的。黄老之学和玄学，在特定历史时期也曾兴盛一时。农家、小说家和医家在漫长的历史长河中，也经历着变迁。

天行有常

帝尧任贤图治

帝尧是中国上古传说时代一个杰出的领袖人物。在他的众多政绩中，求贤若渴、任贤图治表现得尤为突出。他把自己信得过的得力助手羲仲、羲叔、和仲、和叔等人派到各地指导农业生产，还亲自走访五岳，寻找德才兼备的接班人。经过慎重的考察和试用，把帝位禅让给了虞舜。

"天行有常，不为尧存，不为桀亡。应之以治则吉，应之以乱则凶。"这句话出自《荀子·天论》，意思是说，自然界和人类社会的发展有其特定的规律，不会因为尧的圣明而一直兴盛，也不会因为桀的残暴而衰亡，顺应规律就会收到好的成效，违背规律则后患无穷。

《荀子》一书之中能反映出荀况唯物主义自然观的，主要是《天论》《非相》等篇。在《天论》一篇的开头，荀子便说："天行有常，不为尧存，不为桀亡。应之以治则吉，应之以乱则凶。强本而节用，则天不能贫；养备而动时，则天不能病；循道而不贰，则天不能祸。"这就彻底否定了天有意志的说法，并把人类社会的发展状况和自然界的客观规律区分开来，这也就是荀况"天人相分"的观点。荀子还说："天不为人之恶寒也辍冬，地不为人之恶辽远也辍广，君子不为小人之匈匈也辍行。天有常道矣，地有常数矣，君子有常体矣。"意思是说，上天不会因为人们厌恶寒冷而停止冬天的到来，大地也不会因为人们厌恶辽远而变得不广大，君子也不会因为小人的非议而改变自己的行为。在这里，荀子以唯物的观点来阐述儒家思想，显得格外新颖。

在天人相分的基础之上，荀子还大胆地提出了"制天命而用之"这一闪耀着光辉的思想。荀子认为，与其把天看得非常伟大并且仰慕它，莫不如把天当作一种物来控制和畜养；与其顺从于天并且颂扬它，莫不如通过掌控天的变化规律来利用它；与其仰望天时坐等它的恩赐，莫不如因时制宜使天为生产来服务。

荀况这种"人定胜天"的思想，把先秦的唯物主义思想发展到了最高峰，使之成为中国唯物主义思想史上的一颗璀璨的明珠。

非 相

"非相"是指对传统相学的否定和非议，是荀子反对迷信思想的重要表现之一。在《非相》这一篇之中，荀子针对当时社会上迷信的"相人之形状颜色而言其妖祥"之举，做了大胆的驳斥。荀子结合古代一些名人的长相、品格和功业等各方面情况，理性地指出：人的面相或形体之相，不能决定这个人品德的高下、才干的大小或事业的成败。荀子举例说，叶公子高其貌不扬，身体矮小，而且体态瘦弱不堪，但当白公在楚国谋反并杀死楚国的子西、子期两重臣时，叶公子高却能迅速地挥师入楚，平定叛乱，杀死白公，其德才功业美名传扬后世；桀纣形貌伟岸，却残暴不仁，最终落得个可悲的下场。

荀子《非相》中曾言，"相形不如论心，论心不如择术"。大意是说，观察一个人的外形不如观察人的内心思想，论及人的内心思想又不如看他所采用的为人处世的方式方法。之所以这样说，是因为荀子认为如果处世为人的方式方法正当而合理，又与内在的真实思想统一，就算身材相貌上有一些缺陷，也不会妨碍他成为一个道德高尚、光明正大的君子。相反，如果身材容貌很好，但内在思想和日常行为有问题，他也是一名卑劣无耻、品德低下的小人。接着，荀子又说：

"君子谓吉，小人谓凶。故长短大小，善恶形相，非吉凶也。"也就是说，正是因为思想行为的不同，致使品德高尚的君子往往会得到吉利的结果，而品行低劣的小人则往往落得凶险的结局。所以身材的高矮大小，或容貌的美与丑，都不是导致吉凶祸福的原因。

在先秦诸子的哲学之中，荀子的学说主张重视人的主观能动性，这点具有很高的研究价值。尽管荀子在《非相》一篇中的论述并未尽善，但是对今天的世人仍然具有十分积极的启迪作用。

贾 谊

贾谊（前200—前168），西汉时期洛阳人，汉朝著名的文学家、思想家。由于贾谊当过长沙王太傅，故世称贾太傅、贾长沙、贾生。贾谊的政论文《论积贮疏》《过秦论》《治安策》等，在历史上都有着很高的地位。

贾谊于汉高祖七年（前200）时在洛阳出生，他从小才华横溢，文采过人。十八岁即在郡里闻名，遂被郡守招到门下。汉文帝登基时，郡守升为廷尉，贾谊也因郡守的推荐而当了博士。尽管在当时所有的博士中最为年幼，但是贾谊常常有自己的精辟见解，所以文帝很欣赏他，一年后将其提升为太中大夫。贾谊还设计了一整套汉代的礼仪制度，以取代秦制。汉文帝打算擢升贾谊并采用他的方案，但这一举动遭到了官僚与王族阶层极力反对，只好作罢。公元前177年，贾谊被贬为长沙王太傅。

由于贾谊对这次贬谪很不满，又听说长沙潮湿，阴冷多雨，以为自己余日不多。他的心情极度悲观失望，于是在渡湘江时作了《吊屈原赋》。任长沙王太傅三年时，有鸟飞入房屋中，贾谊有感而作《鵩鸟赋》。《吊屈原赋》和《鵩鸟赋》这两篇是他骚体赋的代表作。长沙因为他和屈原的影响而被称为"屈贾之乡"，至今还有留存下来的贾谊的故居以供后人纪念。

贾 谊

汉文帝七年（前173）时，文帝召贾谊回洛阳，问以鬼神之事，夜半前席。关于此事后世有争论，李商隐颇为贾谊不平，有诗吟"可怜夜半虚前席，不问苍生问鬼神"，为贾生不得重用而感到惋惜。但也有人认为在当时的政治环境下，汉文帝询问鬼神一事实为韬晦之举。

不久之后，汉文帝拜贾谊为自己爱子梁怀王的太傅。贾谊此时期除了太傅的责任以外，主要写政论文来抒发自己的看法，以对汉文帝进行劝谏。《论积贮疏》《治安策》是他这个时期的代表作，其政论文既留存战国纵横家散文的风骨，又受韩非子等人论证风格严谨的影响，洋洋洒洒，文采斐然。汉文帝十一年（前169）时，梁怀王落马而死。贾谊认为这是自己的职责，终日哭泣，并于第二年忧郁而终，年仅三十三岁。贾谊虽然英年早逝，但其文采与见识深受后人的赞叹。

陆 贾

陆贾（约前240—前170），楚人，汉初思想家、政治家。陆贾早年随刘邦平定天下，口才极佳，常出使诸侯，后被任命为太中大夫。汉高祖刘邦刚刚即位之时，重视武力，轻诗书，以"居马上得天下"自矜。于是，陆贾建议重视儒学，提出"行仁义，法先圣""逆取顺守，文武并用"的统治方针，遂受命总结秦朝灭亡的原因和历史上国家成败的经验教训，共著文十二篇，每奏一篇，高祖无不称好，故名其书为《新语》。

陆贾在哲学上提出了宇宙万物都是"天地相承，气感相应而成者"这一观点，以此反对神仙迷信思想，但也有圣人"承天诛恶"和天人感应这样的神秘思想。后人称《新语》开启了贾谊、董仲舒的思想，成为汉代确立儒家思想统治地位的先声。汉高祖死后，吕后大封诸吕为王，于是他称病，免职在家中。

陆 贾

汉殿论功图·刘俊

此图取材于"汉殿论功"的典故。汉高祖刘邦初立，功臣在殿上争功邀赏。

后劝说丞相陈平结交太尉周勃，联络宗室王侯和忠于汉室的大臣，对诛灭诸吕、迎立文帝起了很大作用。

陆贾为收复南越一事也作出了极大的贡献，汉高祖刘邦平定天下之时，赵佗仍在番禺自立为南越武王，但因多年的战乱影响，汉高祖已经不想再出兵，于是派陆贾南下说服赵佗归顺汉朝，还代表朝廷授印玺封赵佗为南越王。陆贾因此有功，遂被封为上大夫。汉高祖死后，吕后视岭南一带为蛮夷之地，赵佗不满，再次自立为南越武帝。后汉孝文帝再次派陆贾南下，又一次说服赵佗归顺汉朝。前后十七年里，陆贾两下番禺，为维护国家统一作出了不可磨灭的贡献。

汉初黄老之学盛行，陆贾也深受影响，他指出："夫道莫大于无为，行莫大于谨敬。"他认为，清静无为是一种极高的境界，君臣应将实现无为而治作为自己的政治理想来追求。

王 充

王充（27—约97），字仲任，会稽上虞人，他的祖先从魏郡元城迁至会稽。王充年少时就成为了孤儿，后来到京城，进入到太学里学习，拜扶风人班彪为师，喜欢博览群书但并不死记章句。由于家境贫寒，他只好长年待在洛阳集市上的书店阅读所卖的书。他天资聪颖，经常看一遍就能够背诵，到了后来，居然精通百家之言。回到乡里之后，便在家乡教书。会稽郡征聘他为功曹，因为多次与上级争论，最终导致辞职离开。

王充最擅长的是辩论，每次开始时，他说的话总会让人感觉诡异，可到了最后，却有实在的正确结论。他认为庸俗的读书人现在基本都丢失了儒家的本质，于是开始闭门思考，窗户、墙壁都放着刀和笔，谢绝了一切庆贺、吊丧等礼节，专心致志写出《论衡》八十五篇、二十多万字，解释万物之间的异同，纠正当时人们疑惑的地方。

《论衡》可以说是一部我国古代的百科全书。就物理学方面来说，王充对运动、声、力、磁、热、雷电、静电等现象都有观察，并把他的观点记录在书中。他还解释了人与自然之间的关系。他把人的发声，形象地比喻为鱼引起水的波动；把声的传播，比喻为水波的传播。他的这个看法与我们今天声学的结论基本一致：声是物体振动产生的，所以一定要靠介质来传播。欧洲人波义耳认知空气是传播声音的媒介已经是17世纪的事，比王充晚了1600年。

王　充

但是由于王充在书中对传统的儒学或者说汉代经学进行发难，有时甚至怀疑古代经典，公然向神圣的权威经典挑战，向孔孟圣贤挑战，这就触犯了天下之大不韪，因而被视为罪人。清乾隆皇帝御批道，王充"刺孟而问孔"，"已有非圣无法之诛"！其他学人虽然不能治其"非圣无法"之罪，但大多也口诛笔伐。平素以危言危行著称的大史学家刘知几，因《论衡》一书中记载了王充父祖横行乡里的低劣行径，此不合乎子为父隐的伦理纲常，甚至说王充"实三千之罪人"！针对王充非难儒学的做法，章学诚甚至对他的儒家身份提出了质疑。

后来，王充被刺史董勤征聘为从事，但却辞职不就。王充不久后又受到谢夷吾的上书推荐，汉章帝特地下诏派遣公车去征聘他，但他因体患重病而没能前往。当时王充已年近七十，体力和脑力都不比当年，写成《养性书》十六篇，倡导克制欲望，以守住原神。永元年间，王充病死于家中。

玄　学

玄学是魏晋时期出现的一种崇尚老庄的思潮，也称为魏晋玄学。"玄"源于《道德经》的一句"玄之又玄，众妙之门"。王弼解释说："玄，谓之深者也。"玄学就是指玄妙深奥的学问。魏晋学者将《道德经》《庄子》和《易经》合称为"三玄"。魏晋玄学的主要代表人物有何晏、王弼、阮籍、嵇康、向秀、郭象等。魏晋玄学的产生有其深刻的社会历史背景和思想文化渊源。汉代儒学因谶纬而走向衰落，为弥补其不足，魏晋学者开始以道家思想、黄老之学来改造儒学，从而演变发展为玄学。所以玄学也可以理解为道家化的儒学。综观魏晋玄学，可以发现以下基本特点：

一、以"三玄"为主要研究对象，并以老、庄思想解释儒家经典《易经》。

二、以"有无"的辩证关系作为讨论的中心问题。

三、以"有无"探究世界的本体起源问题，以此作为其哲学思想的基本内容。

四、以解决名教与自然的关系问题作为其哲学目的。王弼用老、庄思想为《易经》和《论语》作注，把儒道调和起来，郭象也持类似观点。阮籍、嵇康则提出"越名教而任自然"，表现出反纲常名教的倾向。

五、以"得意忘言"作为学术研究的方法。针对汉代经学家支离烦琐的研究方法，王弼、郭象等强调在论证问题时应注意把握义理。

六、以"辨名析理"作为其哲学的思维模式。玄学家重视名理之辨，擅长于概念的分析与推理，"辨名析理"就成为了玄学的基本思维模式之一。

玄学就其哲学范畴来讲，属于"形而上"，是对一些抽象内容以生动的方式进行阐述。

玄学产生于魏晋，隋唐时仍有较大影响，这和当时的社会形势有着密切的联系。魏晋时期战乱频繁，政治斗争激烈残酷，特别是司马氏当权期间，以提倡纲常名教来打压反对派，何晏、嵇康等许多与曹魏皇室关系密切的人都惨遭司马氏的迫害。司马氏当权的正始年间，玄学十分兴盛，因此又称"正始玄风"。当时的知识分子时刻有朝不保夕的感觉，人们不敢轻易谈论现实政治，所以谈玄说易成为当时社会茶余饭后的主要活动，以此来满足精神世界的需求，回避残酷的社会现实。

竹林七贤

魏晋时期，社会处于动荡不安的状态之下，司马氏日益加紧了篡夺曹魏政权的活动，双方斗争异常激烈，连年的战争又导致民不聊生。很多文人学者无法找

竹林七贤图

到施展才华的空间，而且时刻为自己的生命安全担忧，因此崇尚老庄哲学，从虚无缥缈中去寻找精神的慰藉，用清淡、饮酒和佯狂来排解苦闷的心情，"竹林七贤"就是这一时期此类文人的代表。

竹林七贤的作品基本上继承了建安风骨，但迫于当时的高压政治，他们不能直抒胸臆，所以不得不隐晦曲折地表达自己的思想感情。

竹林七贤是指曹魏正始年间（240—249）的七个文人，他们是嵇康（字叔夜）、阮籍（字嗣宗）、山涛（字巨源）、向秀（字子期）、刘伶（字伯伦）、王戎（字浚冲）及阮咸（字仲容）。这七人经常聚集在山阳县（今河南修武）的竹林之中，纵酒狂欢，谈玄论道，所以被称为"竹林七贤"。他们的政治思想和生活态度不同于建安文士，大都"弃经典而尚老庄，蔑礼法而崇放达"。

这七人的政治倾向也不尽相同，因此竹林七贤只是一个临时性的文人沙龙团体。嵇康、阮籍、刘伶对司马氏集团均持不合作态度，嵇康也因此而被司马昭所杀。山涛、王戎等在高平陵之变发生前，看不清政治形势，因此以观望的态度隐居于山林，加入竹林聚会。后来司马氏掌权，他们就先后投靠了司马氏，历任高官。王戎为人鄙吝，功名心最重，入晋后长期为侍中、吏部尚书、司徒等，历仕晋武帝、晋惠帝两朝，八王之乱时期，他仍优游暇豫，不失其位。

在文学创作方面，阮籍、嵇康成就最高。阮籍写下了《咏怀》诗八十二首，多以比兴、寄托、象征等手法，隐晦地揭露统治者的罪恶，讽刺虚伪的礼法之士，表现了诗人在政治恐怖下的苦闷情绪。山涛投奔司马氏之后，嵇康发表了《与山巨源绝交书》，以崇尚自然的观点，公开表明了自己拒绝与司马氏合作的态度。阮籍的《大人先生传》、刘伶的《酒德颂》、向秀的《思旧赋》等，也是比较著名的作品。

竹林七贤的命运虽然以分崩离析而结束，但阮籍、嵇康的文学成就及其崇尚自然、反对名教的态度，在我国文学史和思想史上均占有极高的地位。此外，嵇康的《广陵散》和阮咸的琵琶演奏对后世音乐的发展也产生了重要的影响。

王　弼

王弼（226—249），字辅嗣，山阳高平（今山东邹城、金乡一带）人，出身名门，曾外祖父是东汉末年的荆州牧刘表。据《三国志·魏书·钟会传》注引《博物记》和《博物志·人名考》和《王弼别传》等记载，东汉末年天下大乱中，王弼的祖父王凯与其族弟王粲避乱于荆州，依附刘表。刘表欣赏王粲之才，想把女儿嫁给他，而又嫌他形貌丑陋，就将女儿嫁给了王凯。王凯生子王业，王业生王弼，因此王弼是刘表的曾外孙。王粲于建安二十二年（217）随曹操征孙权，病死于途中，他的两个儿子又都已死去，因此以兄子王业为嗣。这样，王粲又成了王弼的继祖父。王粲是"建安七子"之一，才学出众，使王弼受到良好的家学熏陶，对其成长产生了极其有利的影响。

王弼"幼而察慧，年十余，好老氏，通辩能言"，年少聪颖，喜好老子之术。何晏曾赞叹王弼说："仲尼称后生可畏，若斯人者，可与言天人之际乎！"就是说孔子所说的后生可畏正如王弼，若孔子在世，就可与王弼探讨天人之际的问题了。王弼曾与当时许多名士清谈辩论，以"当其所得，莫能夺也"的论点，深得当时名士的赏识。但是王弼为人高傲，"颇以所长笑人，故时为士君子所疾"，常以自己的长处嘲笑别人，因而被当权者所忌恨。正始十年（249），司马懿发动高平陵之变，曹爽被杀，王弼因受到牵连而丢掉职务。同年秋天，王弼因病身亡，年仅二十四岁。

王弼的一生虽然很短暂，但其学术成就却十分卓著。他兼修儒道，著有《周易注》《周易略例》《老子注》《老子指略》《论语释疑》等。而王弼的最大成就，并不在于著述数量多，而在其书品质量精和见识独到。

曹操兴兵下江南

王弼所注的《易经》具有重要的学术价值，他和郑玄一样，都以古文《易经》为底本，继承了东汉古文经学反谶纬的治学精神。王弼为《易经》作注，尽扫神秘主义的象数之学，从思辨的哲学高度对其加以重新诠释。王弼摒弃象数理论研究《易经》，是易学研究史上的一次重大飞跃。同时，王弼受当时学术风气的影响，把易学玄学化，提倡"以无为本"，并支持"贵无"说。王弼说："道者，无之称也，无不通也，无不由也，况之曰道。寂然无体，不可为象。"王弼就是用道家的本体论来解释《易经》的。

总之，王弼以言简意赅的论证代替了汉儒的烦琐注释，以抽象的哲学思维摒弃象数之学与谶纬思想，在经学上开创了一代新风。对此，《四库全书总目》评论说："《易》本卜筮之书，故末派浸流于谶纬。王弼乘其极敝而攻之，遂能排击汉儒，自标新学。"

范　缜

范缜（约450—约515），字子真，南阳舞阴人，中国南朝齐、梁时期的思想家，无神论者，曾任宁蛮主簿、尚书殿中郎、宜都太守、晋安太守等职，著有《神灭论》《答曹思文难神灭神》。他曾与佛教的有神论者进行过两次激烈的公开论战，范缜很反对佛教因果报应一说，他认为人生就像一棵树上的花朵，被吹到厅堂或者飘落进粪坑之中，都是自然现象，并无因果可言。对于形神之辩，他认为，形神是统一的，不能分离，精神不能离开形体而单独存在。

天监六年（507），范缜任中书郎时正式发表了《神灭论》，断言人不可能成佛，人的富贵贫贱并非定数，因果报应纯属无稽之谈。范缜的《神灭论》一出，"朝野喧哗"。统治者为了肃清其影响，曾下过一道《答臣下神灭论》的敕书，企图用权势来压迫范缜，又动员了王公、贵族、僧侣六十多人，发表了七十多篇文章对范缜口诛笔伐。竟陵王萧子良对范缜施以威逼利诱，但范缜一直坚守自己的理论，从未屈服。

关于形神之间的关系问题，是当时哲学上一个关键的理论问题，

梁武帝舍身佛寺

也是唯物主义与唯心主义的一道分水岭。当时论敌提出：木与人既然都是质，但是"木之质无知也，人之质有知也。人既有如木之质，而有异木之知，岂非木有其一，人有其二邪？活人和死人都有形骸，岂不是死人与活人都有知？"也就是说，精神可以脱离形体单独存在。范缜回应道，人与木、活人与死人虽然同是质体，但是其本质属性并不相同，觉是人生的属性，非木和死人的属性，这两者无法相提并论。

论敌接着又提出，既然生人之形有知，那么，"死者之形骸，非生者之形骸邪"？如此，死人也应有知，有灵魂。范缜回答说："生形之非死形，死形之非生形。区已革矣，安有生人之形骸，而有死人之骨骼哉？"这就好像"荣木变枯木，枯木之质，宁是荣木之体"，也就是说，由生人变成死人，荣木变为枯木，是一种质变，是自然界一定变化的规律，两者不能等同。生与死、荣与枯，两者既不同质，也不能反变或相互循环。这些有关物质属性和事物发展规律的阐释，进一步促进了当时的唯物主义基本原理的发展。

我国古代哲学中的"气"

"气"是我国古代哲学体系中的一个重要概念，人们对这一概念有着各不相同的解释，唯物主义思想家认为宇宙是由阴阳二气生成，唯心主义者则认为万物由精神性的"道"或"理"生成。不管怎么说，"气"都是指构成天地万物的物质，只是不同的思想家对"气"是否是第一性这一问题看法不同罢了。

《淮南子·天文训》上说："气有涯垠，清阳者薄靡而为天，重浊者凝滞而为地。"这是我国古代对天地形成原因的一种比较普遍的解释，即阳气上升化为天，阴气下沉化为地。王充在《论衡·谈天》中说："元气未分，浑沌为一。"描述了天地未成之时的景象，浑沌未开，阴阳二气未分。《论衡·自然》上又说："天覆于上，地偃于下，下气蒸上，上气降下，万物自生其中间矣。"就是说，天地生成后就有了万物，"万物之生，皆禀元气"。这种说法与"天地万物生于有，有生于无"截然相反。"气"不是虚无的，而是物质实体，"天地不生故不死，阴阳不生故不死"，也就是说，天地尚且永恒，构成天地的阴阳二气就更是不生不灭的，后来发现的质量守恒定律与能量守恒定律足以证明这种观点。

北宋思想家张载提出了"气一元论"，对老子的"有生于无"提出了深刻的批判，对后世影响很大。朱熹提出"理""气"的概念，并认为"理在气先"，这是一种客观唯心主义的观点。后来的王夫之评论道："理不先而气不后。"王夫之还指出，"理便在气里面"，认为事物的规律存在于事物本身的内部。清朝初期的思想家颜元认为，"生成万物者，气也"，戴震也持类似观点。这些学说对我国古代朴素唯物主义思想的发展起到了积极的推动作用，丰富了我国古代的哲学体系，"气"还被广泛运用于中医理论，这一概念在我国的哲学思想史上占有重要地位。

李　贽

李贽（1527—1602），原姓林，名载贽，原籍河南，祖上在元朝之后迁至福建泉州晋江。李贽幼年丧母，随父读书，由于他天资聪颖，所以学业进步飞速。李贽性格倔强，喜欢独立思考，不受宗教或儒学传统观念的束缚，具有很强的反传统理念。李贽在十二岁时即开始作文，二十六岁高中举人，三十岁入仕，先后曾任河南辉县教谕、南京国子监博士、北京国子监博士、北京礼部司务、南京刑部员外郎和郎中、云南姚安知府等多个职位。

万历九年（1581）时，李贽辞官回到湖北黄安，住在朋友耿定理的家中，这时，他开始撰写一些读史的文章。第二年，李贽独自一人住在麻城龙芝佛院，专心致力于讲学、著述等工作，历经十多年，最后终于完成《焚书》《初潭集》等多部著作，揭露道学家们的虚伪面目，反对孔子的是非对错标准，其批判的方向直指宋代的理学家周敦颐、程颢、朱熹、张载等人。

李贽在麻城讲学时，所讲内容大多抨击时政，场面异常火爆，受到极其热烈的欢迎，各界男女均前往听讲。万历十六年（1588）夏，他剃头以示与世俗断绝关系。这对当时的传统思想造成了很强烈的冲击，他的理论也被当地的保守势力视为异端邪说，保守势力群起攻之，要将他驱逐出境。李贽旗帜鲜明地表示自己的著作是"离经叛道之作"，他曾言，"我可杀不可去，头可断面身不可辱"，大义凛然，毫不畏惧。

明神宗

万历二十五年（1597）时，李贽应巡抚梅国桢邀请去山西大同修订《藏书》，编著《孙子参同》。这年秋，他又撰成《净土诀》，次年春天到南京，他将自己的零星著作汇成《老人行》一集，并再度开始研究《易》，撰成《易因》一书，最后编订其巨著《藏书》。纪传体史论《藏书》共计六十八卷，论述了战国到元亡时的历史人物共约八百人，对各个历史人物作出了与传统说法不同的评价，主旨在于反对儒学。万历二十八年（1600），李贽又在山东济宁编成《阳明先生年谱》《阳明先生道学抄》等。

万历三十年（1602），首辅沈一贯教唆礼部给事中张问达，令其上奏神宗，攻讦李贽，最终以"敢倡乱道，惑世诬民"的罪名在通州将李贽逮捕，并销毁他的著作。李贽入狱后，听说朝廷要把他送回福建，不禁感慨道："我年七十有六，死以归为？"于是用剃刀自刎而死。他去世之后，马经纶将其收葬在北京通州北门外马寺庄迎福寺，此今墓地仍在，并被列为北京市保护文物。

李贽的一生充满了对传统和历史的重新思考，这也是明朝后期社会思想变革的一个缩影。他批判重农抑商，扬商贾功绩，倡导功利价值，这点很符合明朝中后期资本主义萌芽的发展要求。

小说家

小说家是先秦时期专门记述民间街谈巷语的一类人，为"九流十家"之一。西汉学者刘歆在《七略》中将先秦和汉初诸子归纳为儒、道、法、名、墨、纵横、阴阳、杂、农、小说等十家，并分别指出其学术渊源及主要特点。儒、道、法、名、墨、纵横、阴阳、杂、农等九家有一定理论深度，每一家的各代表人物的指导思想也有共通之处，因此被合称为"九流"。十家中小说家属于艺文，不属于学术，所以不被列入"九流"，于是有了"九流十家"的说法。《汉书·艺文志》上说："小说家者流，盖出于稗官；街谈巷语，道听涂说者之所造也。"意思是说小说家所做的事以将记录的民间街谈巷语呈报上级为主。然而小说家虽然居于诸子百家之列，但却因所写文字缺乏理论深度和事实依据而被视为不入流者，所以刘歆列九流十家，只有小说家不在九流之列，说明当时这一学派在社会上的影响非常有限。不过小说家之作多反映了古代平民思想的侧面，这是其他九流学派所不能代替的。子夏说："虽小道，必有可观者焉，致远恐泥，是以君子弗为也。"这里的"小道"可以引申为"小说"的本义。《论语》将这句话收入其中，说明儒家也承认有时"小"的作用是"大"所不及的。

"小说"含义的演变

"小说"一词最早见于《庄子·外物》，文中说："饰小说以干县令，其于大达亦远矣。"这里的"小说"是指不值一提的"琐屑之言"，与今天所说的小说意义截然不同。东汉学者桓谭在《新论》中，对小说是这样解释的："若其小说家，合丛残小语，近取譬论，以作短书，治身理家有可观之辞。"这里的"小说"与子夏所说的"小道"意思相近。《汉书·艺文志》中的"小说"与今天的含义就比较相似了。明朝学者胡应麟将当时的"小说"类书籍分为志怪、传奇、杂录、丛谈、辩订、箴规六类，可见当时的"小说"一词，涵盖了今天神话、散文、小说、纪实文学等多种文体的含义。清末，随着西方文化的大量传入，英语中的novel和fiction被译为"小说"，意义与现在完全相同。

小说家著作有《伊尹说》《鬻子说》《周考》《青史子》《师旷》《务成子》《天乙》《黄帝说》《虞初周说》《百家》等，但大多已散佚。后来"小说"的概念发生变化，传奇、杂录、野史、稗史、丛谈、平话、演义都被归为小说之列。在今天，小说家通常是指专门从事小说创作的作家。

医家和我国古代名医

中国医学理论最早是在公元前5世纪后半期形成，到公元3世纪中期基本奠定。从公元前5世纪下半叶开始，我国逐渐进入封建社会，开始了从奴隶社会向封建社会的过渡，这是一个大动荡的时期，社会制度的变革不仅促进了经济、科学、文化等方面的发展，我国传统医学也有了很大的进步。在这个阶段里，我国涌现出了无数出色医学名家，现简单介绍。

扁鹊（约前407—前310），原姓秦氏，名越人，齐国卢邑人，也有人说他是渤海郡人。扁鹊是中国历史上一位著名的医学家，也是历史上第一个有正式传记的医学家。他研究医学采取实事求是的态度，并能吸取民间的医疗经验，因此在医学上取得了很大的成就。因为扁鹊长期在民间行医，走遍郑、齐、卫、赵、秦等国，所以在人民群众中享有很高的声望。

华佗（约145—208），字元化，东汉末年医学家，沛国谯人。在华佗生活的时代里，各路诸侯混战，灾疫横行，人民处于水深火热之中。当时一位著名诗人王粲在其《七哀诗》里曾写过这样两句："出门无所见，白骨蔽平原。"这就是当时社会状况的真实写照。目睹这种情况，华佗性格耿直，痛恨作恶多端的封建豪强，同情受剥削受压迫的劳动人民。也正因此，他不愿入仕做官，甘愿四处奔波，为人民解脱疾苦。因此，他得罪了曹操，最终被杀。

张仲景（约150～154—约215～219），名机，字仲景，南阳郡涅阳人，世人称他为"医圣"。张仲景从小嗜好医学，"博通群书，潜乐道术"。当他十岁时，就已经阅读过许多书籍，特别是与医学相关的书。后来，他跟同郡的张伯祖学医，经过多年的刻苦钻研和临床实践，声名大震，成为中国医学史上一位杰出的医学家，被人称为"医中之圣，方中之祖"。能取得如此成绩，主要是他热爱医药专业，善于"勤求古训，博采众方"的结果。他任太守期间，亲自在大堂上为人治病，所以后世称药店为"堂"，称医生在店里为病人治病为"坐堂"。

李时珍（1518—1593），字东璧，号濒湖，湖北蕲州人。李时珍的父亲李言闻也是当地名医，李时珍自幼继承家学，尤其重视本草，并富有实践精神，肯于向劳动人民询问学习。当李时珍三十八岁时，曾被武昌的楚王召去任王府"奉祠正"。三年之后，又被推荐上京任太医院判。由于当时的太医院风气极坏，李时珍在此只任职一年，便辞官回乡。李时珍曾参考历代相关医药和学术书籍八百多种，并结合自身经验和调查研究，历时二十七年著成《本草纲目》一书。该书是我国明代以前药物学的总结性巨著，在国内外的评价都很高，已有多种文字的译本。

文学　史学

　　文学是用语言塑造形象，反映社会生活的一种语言艺术。古典文学是文学的重要组成部分，是现代文学的发展基础，是文学发展史上不可缺少的部分，起着承上启下的作用。中国古典文学则是中国文学最根本的东西。

　　狭义上的史学即历史学。历史学是一门整合型的社会科学，它通过对历史客体的分析研究，以理解其特有的发展规律和特点。历史学在它的发展过程中经历了政治性的记事活动、附属于政治而以文化积累为主的综合活动、学问或学术、知识体系、哲学、科学等多种表现形式和发展环节，在认识方式上经历了价值的、考实的、艺术的、科学的、哲学的等不同形式的认识方式。

文学大家

在中国文学的发展长河里，古典文学家是极其重要的一笔。他们不断扩张文学的疆界，创作出多种文学体裁。并且，在贡献出优秀文学作品的同时，他们中的大多数也兼具社会责任感，令人敬佩。

屈　原

屈原（约前349—约前278），汉族，芈姓屈氏，名平，字原。又自云名正则，字灵均，战国末期楚国丹阳人，楚武王熊通之子屈瑕的后代，中国最伟大的浪漫主义诗人之一，也是我国已知最早的著名诗人、政治家。文学方面，他创立了"楚辞"这种文体，开创了后继的"香草美人"传统。《离骚》《九章》《九歌》《天问》都是他的代表作，其中《离骚》是我国最长的抒情诗。现在所见到的屈原作品，出自西汉刘向整理的《楚辞》。屈原一生历经三个时期，主要活动于楚怀王时期。这个时期正是中国即将实现统一的前夕。屈原因出身贵族，又善于治乱和辞令，所以早年深得楚怀王的宠信，一度司职左徒、三闾大夫。为了实

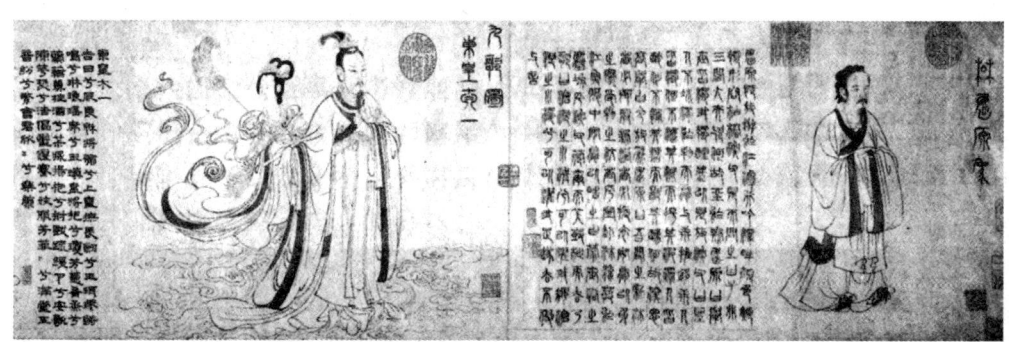

九歌图之国殇

现楚国的统一大业，他对内积极实施变法，对外则主张联齐抗秦，使楚国一度国富兵强、威震诸侯。但由于在外交的政策上屈原与其他楚国贵族发生了尖锐的矛盾，再加上他人的嫉妒，致使屈原后来遭到不少诬陷，楚怀王就逐渐疏远了他。

屈　原

怀王十五年（前314）时，张仪由秦至楚，以重金收买若干人充当内奸，同时以"献商於之地六百里"来诱骗楚怀王，造成齐楚断交。怀王受骗后恼羞成怒，两度向秦出兵，均失利。于是屈原奉命出使齐国，试图让齐楚重修旧好。这时候，张仪又一次进行瓦解齐楚联盟的活动，使其未能成功。怀王二十四年（前305），秦楚结黄棘之盟，楚国彻底投入了秦的怀抱，屈原从郢都被逐到汉北。怀王三十年（前299），屈原重回郢都。同年，秦约怀王武关相会，怀王被秦扣留，客死秦国。顷襄王即位后继续实施投降政策，毫无改变。屈原则再次被逐出郢都，流放江南，辗转流离。顷襄王二十一年（前278），秦攻破郢都，屈原悲愤难以抑制，于是自投汨罗江，以殉自己的政治理想。1953年，为屈原逝世2230周年，世界和平理事会通过决议，确定屈原为当年悼念的世界四位文化名人之一。

司马相如

司马相如（约前179—前117），字长卿，汉代文学家。《汉书·艺文志》著录司马相如赋二十九篇，现存《子虚赋》《大人赋》《上林赋》《长门赋》《美人赋》《哀秦二世赋》等六篇。司马迁在《史记·司马相如列传》中概括说他的主旨是讽谏。司马相如文采极好，赋重铺排，重夸饰，同时也有音韵之美，为汉代散体大赋确立了一个比较成熟的形式，为汉赋的发展作出不少贡献。此外，司马相如在音乐上也颇有造诣，善鼓琴，其所用琴名为"绿绮"，是传说中最优秀的古琴之一。

司马相如年少时喜好读书和击剑，曾被汉景帝封为"武骑常侍"，但这并不是他的意愿，所以借病辞官，投奔临邛县令王吉。临邛县有一富贾，名为卓王

卓文君

孙，他的女儿卓文君，天生丽质，钟爱音乐，善于抚琴，而且文采也不错，但不幸一直未嫁。司马相如早就听说这位卓王孙有位才貌双全的女儿，于是趁着拜访卓家的机会，借琴表达自己对卓文君的倾慕之情，他边弹边唱道："凤兮凤兮归故乡，游遨四海求其凰，有一艳女在此堂，室迩人遐毒我肠，何由交接为鸳鸯。"这种热烈而大胆的措辞，使得在帘后默默倾听着的卓文君怦然心动。在与司马相如相会之后，更是一见倾心，遂约定私奔。当夜，卓文君收拾行李走出家门与早在门外的司马相如会合，从而完成了两人生命中最辉煌的事件。卓文君也不愧是一个奇女子，与司马相如回成都之后，面对家徒四壁的境地，毫无怨言地开酒肆，自己当垆卖酒，终于使顽固的父亲认同了他们的爱情，他们的这段爱情故事也被世人传为佳话。

"三曹"

"三曹"指的是汉魏间曹操与其子曹丕、曹植。他们政治上的地位和文学上的成就在当时都不容小觑，所以后人合称之为"三曹"。

曹操不但是中国历史上一位杰出的政治家、军事家，还是一位杰出的文学家，后人辑有《曹操集》留世。他的诗歌受乐府影响很深，虽然用的都是乐府旧题，但却没有承袭古人的诗意，而是自辟新蹊，独具一格，不受束缚。曹操的诗歌形式也很有创新意识，尤其擅长五言体和四言体。他的这些富有创新的诗歌，开启了建安文学的新风，影响了不少后人。他的诗大致有反映汉末动乱的现实、抒发统一天下的理想和进取精神以及表达忧思难忘的消极情绪三个内容。

曹操的儿子曹丕也是当时著名的文学家。他在年少时就表现出非凡的才华，广泛阅读古今经传、诸子百家之书，八岁就能为文，又善骑射、好击剑。建安二十二年（217），曹丕运用各种计谋，在继承权的争夺中战胜了弟弟曹植。曹丕爱好文学，并有相当成就，曾写下《燕歌行》等中国较早的优秀七言诗。所著《典论·论文》，也是中国文学批评史上的经典。陈寿评曰："文帝天资文藻，下笔成章，博闻强识，才艺兼该；若加之旷大之度，励以公平之诚，迈志存道，克广德心，则古之贤主，何远之有哉！"

曹丕的弟弟曹植也是一个著名诗人，曹植自幼颖慧，是建安文学的集大成者，对于后世的影响也非常大。在两晋南北朝时期，他被推尊到文章典范的地位。曹植生前自编过作品选集《前录》七十八篇，现存南宋嘉定六年（1213）刻本《曹子建集》十卷，收录诗、赋、文等各种文体作品二百余篇。

曹氏父子三人为中国文学史留下了许多不朽篇章，曹植那"七步诗"的故事更是妇孺皆知，其意义已不仅在于该诗本身的价值，其中也包含了深邃的政治内涵，成了久远的历史长河中政治斗争的真实写照。

曹操汉中破张鲁

建安七子

"建安七子"是建安年间孔融、陈琳、王粲、徐干、阮瑀、应玚、刘桢七位文学家的合称。

他们以写五言诗为主，"七子"的优秀五言之作，写得神采飞扬，变化多致，使五言诗在艺术上更趋于精致、完美。同时，"七子"也写过大量的小赋，他们在先人的基础之上，为小赋的进一步繁荣作出了贡献。"七子"的赋有三大特点：第一是取材的范围更加扩大，题材普通化、日常化；第二是反映社会现实的功能也愈发加强，直接描写政治事件的作品有所增多；第三是抒发个人感情的色彩也更为浓厚。对于"七子"的赋，曹丕和刘勰都给予相当高的评价。至于散文方面，无论是孔融的章表，陈琳、阮瑀的书记，还是徐干、王粲的论说文，在当时都是独树一帜的。它们的共同

孔融让梨

建安七子塑像

优点就是作品里都融入了作者独特的气质。"七子"的散文名篇有孔融的《荐祢衡疏》和《与曹公论盛孝章书》、陈琳的《移豫州檄》、阮瑀的《为曹公作书与孙权》、王粲的《务本论》等。他们在散文形式上有逐步骈化的趋向，尤以孔融、陈琳这二人比较显著。

建安七子的生活，基本上可分为两个时期。前期他们生活在汉末的社会战乱中，尽管社会地位和生活经历都各不相同，但都逃不掉颠沛流离的境况。后期他们都先后依附于曹操，孔融任过少府，王粲任过侍中，其余人也都是曹氏父子的近臣。不过，孔融后来与曹操发生冲突，进而被害。与他们的生活道路相对应，他们的创作风格大体上也可以分为前后两个阶段。前期作品多反映社会现实，抒发自身忧国忧民的情怀，比较出名的有王粲的《七哀诗》、陈琳的《饮马长城窟行》、阮瑀的《驾出北郭门行》、刘桢的《赠从弟》等，都具有相当的思想深度。后期作品则大多反映他们对曹氏政权的拥护和自己建立功业的抱负。无论前期或者后期，建安七子的作品都是积极健康的精神占着主导地位。

"七子"的创作各有特色。孔融擅长奏议散文，作品体气高妙，很有意境。王粲诗、赋、散文都有所精通，其作品抒情意识很强。刘桢擅长诗歌，作品气势高峻，格调苍凉。同时，他们的创作风格也具有一些共同的特点，也就是建安文学的时代风格。若要探究这种时代风格的具体内容和形成原因，便如刘勰所言："观其时文，雅好慷慨，良由世积乱离，风衰俗怨，并志深而笔长，故梗概而多气也。"

总之，建安七子在中国文学史上具有相当重要的地位。他们与"三曹"一并构成了建安作家的主力军，为诗、赋、散文的发展都作出了相当大的贡献。

陶渊明

陶渊明（约365—427），浔阳柴桑人，东晋诗人、辞赋家、散文家。一名潜，字元亮，一字渊明。自号五柳先生，卒后亲友私谥靖节。陶渊明出身于没落的官宦家庭，曾祖父陶侃是东晋开国元勋，军功显著，官至大司马，祖父陶茂、父亲陶逸都曾任太守。

陶渊明是汉魏南北朝八百年间最杰出的诗人之一，从内容上分，他的诗歌可分为饮酒诗、咏怀诗和田园诗三大类。他的文章现存辞赋三篇、韵文五篇、散文四篇，共计十二篇。文章绝大部分都在写他脱离官场后的无限喜悦以及归隐田园后的无限乐趣，表现了作者对归隐生活的向往和热爱。陶渊明将叙事、议论、抒情等多种手法巧妙地融为一体，给人以生动自然之感。

陶渊明年幼时，家庭衰微，八岁丧父，孤儿寡母，多在外祖父孟嘉家里生活。外祖父家里的藏书，给他提供了方便的条件，他不仅像一般的士大夫那样学了《老子》《庄子》，而且还读了一些神话之类的异书。时代思潮和家庭环

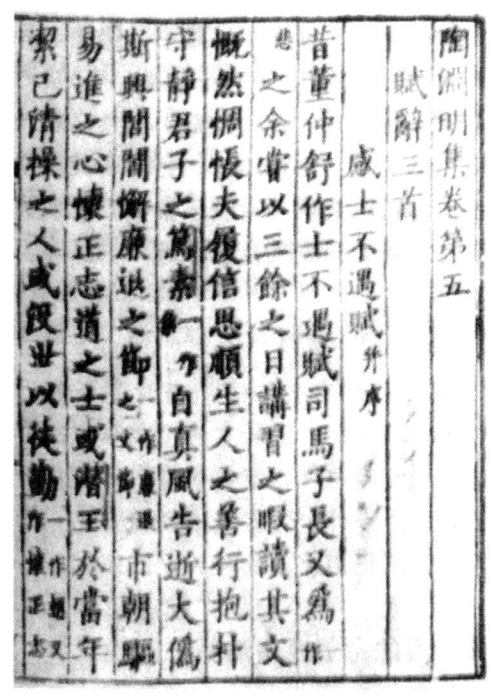

《陶渊明集》内文书影

境的熏陶使他接受了儒家和道家两种不同的思想，以至于之后培养出了"猛志逸四海"和"性本爱丘山"两种截然不同的志趣。

陶渊明少有大志，孝武帝太元十八年（393）时，他任江州祭酒。当时门阀制度森严，他出身庶族，受人轻视，感到不能胜任吏职，便解甲归田。之后也曾再度出山，不过最后陶渊明还是选择辞官归乡，过起了躬耕自资的生活。他的夫人翟氏，与他志同道合，两人共同劳作维持生活。陶渊明生性嗜酒，每饮必醉，只要有朋友来访，无论是谁，只要家中有酒，一定同饮。若他先醉，便对客人说："我醉欲眠卿可去。"义熙四年（408），他的生活更为困难。如逢丰收，还可以"欢会酌春酒，摘我园中蔬"。如遇灾年，则"夏日抱长饥，寒夜列被眠"。义熙末年，有人劝他出仕，他却回答："深感老父言，禀气寡所谐。纡辔诚可学，违己讵非迷？且共欢此饮，吾驾不可回。"从而谢绝了他人的劝告。他晚年的生活愈发贫困，除了朋友主动送钱周济他，偶尔他也免不了上门请求借贷。他的老友颜延之经过浔阳时，每天都去他家痛饮。临走时留下两万钱，他则全部送到酒家。不过，他的求贷或接受周济，也都是有原则的。他辞官回乡二十二年一直过着清贫的田园生活，而固穷守节的志趣，老而弥坚。元嘉四年（427）九月中旬，他趁自己神志还清醒，给自己写了《挽歌诗》三首，在第三首诗中末两句说："死去何所道，托体同山阿。"

谢灵运

谢灵运（385—433），南朝诗人，陈郡阳夏人，出生于会稽始宁。因他是谢玄之孙，晋时袭封康乐公，故又称谢康乐。又因从小寄养在钱塘杜家，故乳名为客儿，世称谢客。晋末期，他曾出任琅琊王德文的大司马行参军、豫州刺史刘毅的记室参军、北府兵将领刘裕的太尉参军等职位。入宋之后，因刘裕采取压抑士族政策，谢灵运被降为康乐侯，出任永嘉太守、临川内史等职。元嘉十年（433）被宋文帝以"叛逆"罪名杀害。

谢灵运出身名门，才华横溢，但仕途坎坷。为了摆脱自己的抑郁之情，谢灵运常常寄情山水，探奇览胜。他的诗歌大部分描绘了他所到之处的自然风光，其中有不少清新的佳句，如写春天"池塘生春草，园柳变鸣禽"；写秋色"野旷沙岸净，天高秋月明"；写冬景"明月照积雪，朔风劲且哀"等，从不同方面入手，刻画自然景物，给人以美的享受。谢灵运的诗歌虽不乏名句，但通篇好的比较少。他的诗文大都是一半写景，一半谈玄，所以仍带有玄言诗的遗毒。尽管如此，谢灵运却以他独有的创作风格极大地开拓了诗的境界，使山水诗从玄言诗中独立了出来，从而扭转了东晋以来盛行的玄言诗风，确立了山水诗的地位。从此，山水诗成为中国诗歌发展史上的一个不可或缺的流派。

谢灵运还著赋十余篇，其中《山居赋》《岭表赋》《江妃赋》这几篇比较出名，虽然成就远不及诗歌，但景物的刻画却颇具匠心。谢灵运早年信奉佛道，曾注释过《金刚般若经》，润饰过《大般涅槃经》。谢灵运还于元嘉间奉诏撰《晋书》。《隋书·经籍志》著录有《谢灵运集》十九卷，已佚。明代张溥辑有《谢康公集》两卷，收入《汉魏六朝百三家集》。另有明代李献吉、焦竑辑刻的《谢康乐集》。近人黄节也作有《谢康乐诗注》等。

谢灵运

初唐四杰

　　"初唐四杰"是初唐时期王勃、杨炯、卢照邻、骆宾王四位文学家的合称。《旧唐书·杨炯传》曾言："炯与王勃、卢照邻、骆宾王以文诗齐名，海内称为王杨卢骆，亦号为'四杰'。"

　　王勃，字子安，"初唐四杰"之首。他的诗歌风格清新、意境隽永，其赋更使他成为初唐一大名家。王勃二十七岁就写下经典名篇《滕王阁诗序》，序末所附的《滕王阁诗》则更是唐诗中的经典。此诗中的手法对后世诗人也产生了很大影响。至于他的《送杜少府之任蜀州》一诗，更是唐诗中的极品，其中"海内存知己，天涯若比邻"两句广泛流传，可谓妇孺皆知。

　　杨炯，弘农华阴人。杨炯以边塞诗著名，所作如《从军行》《紫骝马》《出塞》《战城南》等，表现了他为国立功的战斗精神，气势轩昂，风格豪迈。其他唱和、纪游的诗篇则无甚特色，尚未脱去绮艳浮华的外壳。

　　卢照邻，字升之，自号幽忧子，幽州范阳人。曾被嫁祸入狱，因友人相助才得以幸免。后居住在长安附近太白山，买园数十亩，疏凿颍水，使其环绕住宅。

　　骆宾王，字观光，婺州义乌人，又与富嘉谟并称"富骆"。"初唐四杰"中，以他的诗歌最为丰富，尤擅七言歌行，名作《帝京篇》为初唐罕有的长篇。骆宾王经历坎坷，曾戍守过边城，写有不少边塞诗，豪情壮志，意气风发。唐中宗复位后，诏求骆文，得数百篇。后人收集的骆宾王诗文集版本颇多，以清陈熙晋的《骆临海集笔注》最为完整。

　　初唐四杰是那个时期文坛上新旧过渡的人物，他们的诗文作品虽未脱尽齐梁以来绮丽余习，但已初步扭转了当时的文学风气。王勃明确反对当时的"上官体"，此举得到了卢照邻等人的支持。他们的诗歌，从宫廷走向人生，题材更为广泛，风格也更为

王勃《早春野望》意境图

清俊。卢照邻、骆宾王的七言歌行趋向辞赋化，气势豪迈。王、杨的五言律绝开始规范化，音韵铿锵，骈文也在词采赡富中寓有灵活生动之气。陆时雍《诗镜总论》曾评价道："王勃高华，杨炯雄厚，照邻清藻，宾王坦易，子安其最杰乎？调入初唐，时带六朝锦色。"

王　维

王维（701—761），字摩诘，盛唐时期的著名诗人，原籍祁，后迁至蒲州，晚年居于蓝田辋川别墅。开元进士科第一，任过大乐丞、右拾遗等官。安禄山叛乱时，曾被迫出任伪职。王维的诗画成就都很高，苏东坡赞他"味摩诘之诗，诗中有画；观摩诘之画，画中有诗"。他尤以山水诗成就为最，与孟浩然被后人合称"王孟"。晚年无心仕途，专心奉佛，故后世人称其为"诗佛"。著有《王右丞集》，现存诗四百首。

王维青少年时期即显露出非凡的文学才华。开元九年（721），他中进士，即为大乐丞。后因故谪济州司仓参军，归至长安。开元二十二年（734），张九龄为中书令，王维被升至右拾遗。在这一时期，他作有《献始兴公》诗，称颂张九龄反对植党营私的政治主张，体现了他当时要求有所作为、不甘庸碌的心情。开元二十四年（736），张九龄罢相，次年被贬至荆州，这个时期可以说是玄宗的政治由较为清明转向黑暗的过渡时期。王维对张九龄被贬一事感到非常沮丧，但他并未就此退出官场。天宝年间，王维的官职逐渐升迁。安史之乱前夕，官至给事中。他一方面对当时的官场感到厌倦，但另一方面却又贪图官禄，不愿决然离去。于是只好随俗浮沉，长期过着半官半隐的生活。

王维原本信奉佛教，随着思想的日益消极，情绪日趋低落，他的佛教信仰也日益发展。王维青年时曾隐居

王维画迹

山林，中年之后又曾住过终南山，后来与好友裴迪畅游其中，赋诗相酬为乐。天宝十五（756），安史乱军陷长安，玄宗入蜀，王维为叛军所捕，于是服药装病，但仍被送至洛阳，被迫担任伪职。两京收复后，任伪职者皆分等定罪，王维因所作怀念唐室的《凝碧池》而特为肃宗赦免。

王维的大多数山水田园作品，在描绘自然美景的同时，也流露出生活中闲逸逍散的情趣。他特别喜欢表现静谧恬淡的境界，有的作品气象萧索，幽寂冷清，表现了对现实漠不关心甚至禅学寂灭的思想情绪。

李 白

李白（701—762），字太白，号青莲居士，生于安西都护府碎叶城，幼年迁居四川绵州昌隆县，唐代伟大的浪漫主义诗人。李白诗歌的风格豪放洒脱，想象力极为丰富，语言婉转自然，音律和谐唯美。他善于从民歌和经典神话中汲取素材，构成其特有的绚烂色彩，是屈原以来浪漫主义诗歌的新高峰。他与杜甫并称"大李杜"，又称为"诗仙"。

李白祖籍陇西成纪，隋朝末年，举家迁徙到中亚碎叶城，李白即生于此。他的一生，绝大部分在四处旅行中度过。五岁时，李白迁入绵州昌隆县，二十岁时只身出川，从此开始了广泛漫游，南到洞庭湘江，东至吴、越，寓居在安陆。他到处游历，渴望结交朋友，特别是一些社会名流，从而得到引荐，一举登上高位，去实现他的政治理想和抱负。可是，十年漫游，一事无成。于是，他又继续北上太原、长安，东到齐、鲁各地，并寓居山东任城。这时他已结交了不少名流，创作了大量优秀诗篇，名满天下。天宝初年，由道士吴人筠推荐，唐玄宗召他进京，命他供奉翰林。但是不久之后，就因权贵的谗言而被排挤出京。此后，他在江、淮一带盘桓，情绪一直很消沉。

天宝十四年（755）冬，安禄山叛乱，李白这时隐居庐山，正逢永王李遴的大军东下，邀李白下山入幕府。后来李

李 白

李白《望庐山瀑布》诗意图·谢时臣

遴反叛肃宗，被消灭，李白受到牵连，被判流放夜郎，但中途遇赦放还，往来于浔阳、宣城等地。代宗宝应元年（762），病死于安徽当涂县。

李白生活在盛唐时期，因此胸中有着"济苍生"、"安黎元"的思想，他也为实现这一理想而奋斗终生。李白的很多诗篇都是既反映了那个年代的繁荣气象，也揭露批判了统治集团的荒淫和腐朽，表现出蔑视权贵、反抗传统束缚、追求自由和理想的精神。在艺术上，他的诗意象新奇，构思与众不同，而且还带有强烈的感情，形成一种豪放、超迈的艺术风格，达到了我国古代积极浪漫主义诗歌艺术的巅峰。李白现存诗九百余首，有《李太白集》留存，代表作品有《将进酒》《梦游天姥吟留别》《蜀道难》《静夜思》等。

杜 甫

杜甫（712—770），字子美，河南巩县人，自号少陵野老，是我国唐代伟大的现实主义诗人，与李白并称"李杜"。杜甫曾任左拾遗、检校工部员外郎等职位，因此后世称其为杜拾遗、杜工部。杜甫生活在唐朝由盛转衰的历史时期，其诗多表达的是社会动荡、政治黑暗及人民疾苦等元素。他忧国忧民，不仅人格高尚，而且诗艺精湛，被后世尊为"诗圣"。杜甫一生写诗一千四百多首，其中很多是传颂千古的名篇，比如"三吏"和"三别"等，有《杜工部集》一书传世。其中"三吏"为《石壕吏》《新安吏》和《潼关吏》，"三别"为《新婚别》《无家别》和《垂老别》，都为人广泛传诵，对后世影响深远。

杜甫善于运用古典诗歌的许多体裁并加以创造和发展，可以说他是新乐府诗体的开路人。他的乐府诗，促进了中唐时期新乐府运动的发展。他的五七古长篇，亦诗亦史，铺叙得当，而又着力于全篇的结构，荡气回肠，标志着我国诗歌艺术的非凡成就。杜甫在五七律上也表现出显著的创造性，积累了关于声律、对仗、炼字炼句等完整的艺术经验，使这一体裁臻于成熟。

杜甫的思想主要是儒家的仁政思想，他有着"致君尧舜上，再使风俗淳"的宏伟抱负。他性格耿直，疾恶如仇，对朝廷的昏庸无能、社会中的黑暗现象都给予辛辣的批评和揭露。他同情人民，甚至幻想着为解救人民甘愿牺牲自我。所以我们可以看到，他的诗歌创作里始终贯穿着忧国忧民这条主线，始终以最普通的庶民为主角。杜甫的诗具有丰富的社会内容、鲜明的政治倾向和浓烈的时代色彩，比较真实地反映了安史之乱前后一个历史时代政治时事和广阔的社会生活画面。杜甫诗作的风格基本上是"沉郁顿挫"，语言和篇章结构富于变化，讲求揣摩字句。同时，他的诗作兼备众体，除五古、七古、五律、七律几个形式外，还写过不少排律、拗体。艺术手法也各不相同，是唐诗思想艺术的集大成者。除此之外，杜甫还继承了汉魏乐府"感于哀乐，缘事而发"的精神，摆脱乐府古题的束缚，创作了不少新题乐府，死后受到韩愈、元稹、白居易等人的大力赞扬。杜诗对元白的"新乐府运动"的文艺思想及李商隐的近体讽喻时事诗影响甚深。杜诗受到广泛重视，普遍认为是在宋以后。王安石、苏轼、黄庭坚、陆游等人都对杜甫推崇备至，文天祥则更以杜诗为坚守民族气节的精神力量。杜诗的影响，从古到今，早已超出文艺的范围。

"三吏"和"三别"是杜甫现实主义诗歌的杰作。它真实地描写了特定时代环境下的县吏、关吏、老妇、老翁、新娘、征夫等人的思想、行动、感情、语言，生动地反映了那个时期的现实和普通百姓深重的苦难，展示给人们一幕幕凄惨的人间悲剧。在这些人生苦难之中，一方面，诗人对官吏给予人民的奴役和迫害深恶痛绝，对饱受苦难的人民寄予深深的同情；另一方面，他又拥护王朝平息战乱，希望人民忍受苦难。这种复杂而矛盾的思想很符合诗人忧国忧民的高尚情操。

杜甫草堂

杜甫草堂位于四川省成都市西门外的浣花溪畔，是杜甫流寓成都时的故居。公元759年冬天，杜甫为避"安史之乱"，携家入蜀，在成都营建茅屋而居，称"成都草堂"。

唐宋八大家

"唐宋八大家"具体指的是韩愈、柳宗元、欧阳修、王安石、苏轼、苏洵、苏辙、曾巩。

韩愈,字退之,世称韩昌黎,河阳人,祖籍河北昌黎。唐代杰出的文学家、思想家,古文运动的领袖,"唐宋八大家"之首,在中国散文发展史上占有极高的地位。他在科举和仕途上屡受挫折,思想偏向复古。他在政治上维护唐王朝统一,反对藩镇割据。在思想上则为儒家正名,批判佛老思想,排斥华而不实的形式主义文风。他提出的文道合一、气盛言宜、文从字顺、务去陈言等写作理论,对后世影响很大。

柳宗元,字子厚,祖籍河东,生于长安,世称柳河东。柳宗元是唐代古文运动倡导者和唐宋八大家之一,他反对六朝以来笼罩文坛的绮靡浮艳文风,提倡质朴流畅的散文。

欧阳修,北宋时期的政治家、文学家、诗人,字永叔,号醉翁、六一居士,吉安永丰人。欧阳修在政治和文学方面都主张革新,既是范仲淹新政的支持者,也是北宋诗文运动的领导者。其散文说理畅达,抒情委婉,诗风与散文近似,但更有气势;他的词作深婉清丽,承袭了南唐遗风。

苏洵,北宋散文家,字明允,号老泉,眉州眉山人。苏洵长于散文,尤擅政论,议论明畅,笔势雄健。

苏轼,宋朝人,字子瞻,又字和仲,号东坡居士。南宋高宗朝赠太师,追谥号"文忠",北宋著名文学家、散文家、诗人、词人、书画家。苏轼的文学观点和欧阳修相似,但更强调文学的独创性和其艺术价值。苏轼散文著述宏富,文章风格平易流畅、豪放自如。现存三百四十多篇,内容广阔,风格多样,以豪放为主,笔法纵横,变幻莫测,具有浪漫主义

韩愈《北楼》诗意图

色彩，为宋诗的发展开辟了新道路。

　　苏辙，字子由，与其父苏洵、兄苏轼合称"三苏"。仁宗嘉祐二年（1057）时，曾与苏轼一起中进士，不久因母丧，返里服孝。嘉祐六年（1061），又与苏轼同中举科，但未能任职。苏辙的学问深受其父兄影响，以儒学为主，遍观百家，倾慕孟子。他擅长作论，特别是政论和史论。

　　王安石，字介甫，晚号半山，小字獾郎，封荆国公，世人又称王荆公、临川先生，北宋杰出的政治家、思想家、文学家、改革家。王安石出生在一个小官吏家庭，他少年就好读书，记忆力强，受到过良好教育。他强调文学的作用应该首先在于为社会服务，其作品多数揭露现实、反映社会矛盾，有着浓厚的政治色彩。

　　曾巩，字子固，南丰人，北宋著名文学家。曾巩在政治舞台上并无太多表现，他更大的贡献在于学术思想和文学事业上。曾巩受儒学思想影响颇深，赞同孔孟的哲学观点，强调"仁"，认为只要按照"中庸之道"虚心自省就能认识世界和改变世界。

刘禹锡

　　刘禹锡（772—842），字梦得，晚年自号庐山人，唐代中晚期哲学家、诗人，彭城人，匈奴人的后裔，他的家庭是一个世代以儒学相传的书香门第。刘禹锡在政治上主张革新，是王叔文派政治革新活动的中心人物之一。

　　刘禹锡的诗现存八百余首，题材宽广，大多反映了民众的生活和风土人情，风格上有着巴蜀民歌朴素优美的特色，健康隽永、清新自然，充满了生活情趣。另有部分讽刺诗歌，往往借托物手法，抨击权贵，涉及不少社会现象。晚年的作品，风格则渐趋含蓄，讽刺而不露痕迹。

　　刘禹锡天资很高，敏而好学，从小

《陋室铭》文意图

就才学过人，气度非凡。他十九岁游学长安，上书朝廷。二十一岁，与柳宗元同榜考中进士。同年又考中了博学宏词科。后来在政治上并不得意，被贬为朗州司马。但他没有因此而自甘沉沦，而是以乐观向上的精神写作，继而创作了《采菱行》等不少仿民歌体诗歌。

刘禹锡晚年回到洛阳，任太子宾客，与朋友赋诗为乐，生活闲适。死后被追赠为户部尚书。刘禹锡的众多作品里，最著名的作品当数《陋室铭》，全文仅八十一字，却字字珠玑，令人叫绝。人世沧桑，岁月如流，势利小人早已作古，而刘禹锡的《陋室铭》，却光照历史，留传千古。

白居易

白居易（772—846），字乐天，号香山居士，唐代河南新郑人，中国文学史上负有盛名的文学家，有"诗王"和"诗魔"之称。他的诗在中国、朝鲜和日本等国都产生了广泛影响，著有《白氏长庆集》一书，共七十一卷。白居易祖籍山西太原，其曾祖父迁居下邽，祖父白湟又迁居河南新郑。唐代宗大历七年（772），白居易出生于新郑城西的东郭宅村。白居易于武宗会昌六年（846）八月去世，享年七十五岁。他去世后，唐宣宗曾作诗悼念："缀玉连珠六十年，谁教冥路作诗仙？浮云不系名居易，造化无为字乐天。童子解吟长恨曲，胡儿能唱琵琶篇。文章已满行人耳，一度思卿一怆然。"

白居易

白居易晚年担任太子少傅，谥号"文"，世称白傅、白文公。他在文学上积极倡导新乐府运动，写下了不少感叹时世、反映人民疾苦的诗篇，对后世影响很大，是我国文学史上非常重要的诗人。白居易一生作诗很多，其中的讽喻诗最为著名，语言通俗易懂，号称"老妪能解"。叙事诗中《琵琶行》《长恨歌》等最为出色。

白居易的诗在当时流传非常广泛，从宫廷到民间，处处皆是，其声名还远播其他各国。白诗对后世文学影响巨大，晚唐皮日休、南宋陆游及清代吴伟业、黄邁宪等，都受到白居易诗歌的启示。白居易的诗歌在日本的影响最大，他是日本人最喜欢的唐代诗人，在日本的古典小说中常常可以见到引用他的诗文。白居易的主要作品有《长恨歌》《琵琶行》《暮江吟》《观刈麦》《题岳阳楼》《宫词》等。早年的白居易热心济世救国，强调诗歌的政治功能，并力求通俗易懂，所作《新乐府》《秦中吟》共六十首，确实做到了"唯歌生民病"、"句句必尽规"。长篇叙事诗《长恨歌》和《琵琶行》则代表他艺术上的最高成就。中年时虽在官场中受了挫折，但仍写了许多好诗，为百姓做过许多善事，杭州西湖地区至今留有纪念白居易的白堤。

杜　牧

杜牧（803—852），晚唐杰出诗人，字牧之，号樊川居士，京兆万年人，宰相杜佑之孙。唐文宗大和二年（828）进士，授宏文馆校书郎。后赴江西观察使幕，转淮南节度使幕，又入观察使幕、史馆修撰，膳部、比部、司勋员外郎，黄州、池州、睦州刺史等职，最终官至中书舍人。杜牧尤以七言绝句著称，擅长作赋，其作品《阿房宫赋》经久不衰。不仅如此，他还注重军事，写过不少军事论文，曾为《孙子》作过注释。现有杜牧外甥编著的《樊川文集》二十卷传世，又有宋人补编的《樊川外集》和《樊川别集》各一卷。《全唐诗》也收杜牧诗八卷。

杜　牧

杜牧的文学创作层面不单一，诗、赋、古文都相当出色。他主张文章应该以意为主，以气为辅，以辞采章句为之兵卫，作品内容与形式的关系应该互相统一，并且应该汲取前人的长处，以形成自己的独特风格。在诗歌创作上，杜牧与同时期另一位杰出诗人李商隐齐名，后人合称"小李杜"。他的古体诗受杜甫和韩愈等人的影响，题材不单一，文笔矫健。近体诗则以文词清丽见长。其《早雁》用比兴托物的手法，对流离失所的北方边塞人民表示怀念和同情，意蕴深远。另一个名篇《九日齐山登高》则不仅以豪放的笔调抒发自己的胸怀，并且带有深沉的慨叹之情。晚唐时期的诗歌总体趋向是文辞华丽，杜牧受该时代风气的影响，也很注重辞采。但这种重视辞采的倾向和他个人的特色结合得很恰当，精致婉约、神韵疏朗。

李商隐

李商隐（约812或813—约858），字义山，号玉谿生、樊南生，晚唐著名诗人。祖籍怀州河内，生于河南荥阳。李商隐的诗作文学价值很高，他和杜牧合称"小李杜"，与温庭筠合称为"温李"。《唐诗三百首》中，李商隐的诗作有二十二首被收录。他的诗构思新奇，风格绮丽，尤其是一些爱情诗写得缠绵悱恻，感人至深，为世人所传诵。但过于隐晦迷离，难于理解，致有"诗家都爱西昆好，只恨无人作郑笺"之诮。李商隐的诗继承了中国古典诗歌的艺术技巧，成就很高。就内容而言，有政治诗、写景咏物诗、咏史诗和爱情诗这几个方面。李商隐的政治诗中《行次西郊作一百韵》《安定城楼》较为出色，表达了奋发进取的精神；他的咏史诗《贾生》《隋宫》构思新巧、措词委婉、意蕴深长；咏物写景诗也有惊人之笔，如《登乐游原》，描写的情景荒凉，意蕴含蓄。

李商隐

李商隐的诗作广纳前人长处，继承了杜甫七律的沉郁顿挫，融合了齐梁诗的华丽浓艳，再加上李贺诗里面的奇异幻想，从而形成了他深情、绮丽、缠绵、精巧的风格。不仅如此，他还善于引用典故，借助恰当的历史进行类比。他的诗具有鲜明独特的艺术特征，文字清丽，意韵深远。他的诗现存约六百首，其中的无题诗堪称一绝。李商隐擅作七律和五言诗。清朝诗人叶燮在《原诗》中曾评李商隐的七绝道："寄托深而措辞婉，实可空百代无其匹也。"

李商隐的诗经常引典，而且比杜甫用得更深更难懂，常常每句都用典故。他在用典上有所新意，善用各种象征、比兴手法，有时读罢整诗也不清楚所指为何。而典故本身的意义，却不是李商隐在诗中所要表达的意义。例如《嫦娥》，有人直观认为是咏嫦娥之作，纪昀认为是悼亡之作，有人认为是描写女道士，甚至认为是诗人自述，说法不一。也正是由于他好用典故，才形成了他作诗的独特风格。据说，李商隐每作诗时，一定要查阅很多书籍。

柳 永

柳永（约987—约1053），原名三变，字景庄，后改名永，字耆卿，排行第七，又称柳七，崇安人，北宋词人，婉约派的代表人物。由于仕途坎坷、穷困潦倒，他逐渐由追求功名转而厌倦官场，厌倦繁华的都市生活。作为北宋第一个专力作词的词人，他不仅开拓了词的题材和内容，而且创作了大量的慢词，发展了铺叙手法，对词的通俗化、口语化起了很大作用，在词史上产生了较大的影响。由于他一生贫穷，所以死时只能靠妓女捐钱安葬。他的词多描绘城市风光或歌妓生活，尤长于抒写行旅之情。

柳永早年不得志，只好混迹于烟花巷陌中。到了五十一岁时，柳永才终于及第。短短两年仕途，他的名姓就载入了《海内名宦录中》，足可看出他在经纶事物上的天赋。可惜由于性格的原因，他横遭排贬，只好又堕入了四处漂泊的生活，并养成了一种对萧索景物和离别情景的偏好。

柳永在词史上有着重要的地位，不仅扩大了词境，而且献出佳作很多，道出了盛世里部分落魄文人内心的痛苦，真实而感人。柳永现存二百多首词，所用词调竟有一百五十个之多，并大部分为之前所未见的、以旧腔改造或自制的新调，对词的解放与进步发展作出了巨大的贡献。柳永还丰富了词的表现形式，他的作品很讲究章法和结构，风格清新明朗，语言流畅，是为上品。他上承敦煌曲，用民间口语写作大量俚词，下启金元曲，又多用新腔、美腔，旖旎华丽，富于音律美，这使他的词不仅在当时传播广泛，对后世影响也很深远。

范仲淹

范仲淹（989—1052），字希文，汉族，吴县人，北宋著名的治家、文学家。他少年时家贫但好读书，敢于言说，常以天下为己任。曾多次上书批评

范仲淹

当时的宰相，因此三次被贬。宋仁宗时，他官至参知政事。宋仁宗庆历三年（1043），由于范仲淹对当时的朝廷的弊病极为痛心，于是提出"十事疏"，主张重新建立严密的仕官制度，注意农桑和武备，推行法制，减轻徭役。宋仁宗采纳他的建议并陆续推行，史称"庆历新政"。可惜不久就因为保守派的反对而没能实现，范仲淹也因此被贬至陕西任宣抚使。他在赶赴颍州的途中病死，卒谥文正。有《范文正公文集》一书传世。

范仲淹喜好弹琴，然平日只弹《履霜》一曲，所以常被人称作范履霜。他长于诗词散文，所作的文章不仅富含政治内容，意蕴深远，且文辞秀美，气度豁达。如《岳阳楼记》一文中，不仅千古佳句层出不穷，而且也从侧面反映了他一生爱国、忧国忧民的高尚情操。

范仲淹不仅在政治上颇有作为，同时，他也是一位卓越的教育家和文学家。由他领导的庆历革新运动，为后来王安石的变法作了充足的铺垫；对于某些军事制度和战略措施的改良，使西线边防稳固了相当长的时期；经他荐拔的一大批学者，为宋代学术奠定了深厚的人才基础；他倡导的仁人志士节操和先忧后乐的思想，是中华文明史上不可磨灭的精神财富。朱熹称他为"有史以来天地间第一流人物"！千载至今，各地有关范仲淹的遗迹始终备受人们的崇敬。

李清照

李清照（1084—约1155），号易安居士，山东济南人，南宋杰出女文学家，婉约词大家。历史上李清照与济南历城人辛弃疾并称"济南二安"。其父李格非是齐鲁著名学者、散文家。母王氏，知书善文。丈夫是赵明诚，吏部侍郎赵挺之之子，著名的金石考据家。

李清照自幼继承家学，以词最为著名，兼工诗文，并著有《词论》，在中国文学史上享有极高的声誉，现存诗文及词为后人所整理，有《漱玉词》等作品。

李清照出生于一个爱好文学艺术的士大夫家庭，父兄皆是当时的礼部员外郎，母亲也是当时能诗能文的才女。李清照与赵明诚结婚后一同研究金石书画，幸福美满。1127年的靖康之变过后，夫妻不得不避乱江南，并丧失了珍藏的大部分文物、藏书。后来赵明诚病故，她独自在杭州、越州、金华一带生活，在凄苦和孤寂中度过了晚年。著名的《声声慢》就是在此时创作的，所以，从开头的几对

李清照

复词里，就可以看出她悲伤的情绪。李清照的作品始终跟"愁"字分不开，从一开始的情愁，到家破人亡的家愁，再到江山沦陷的国愁，这纷繁的愁绪令她一步步地迈上了文学的圣殿。她的文词绝妙，鬼斧神工，前无古人，后无来者，被尊为婉约宗主，是中华精神文明史上的一座丰碑。

陆　游

陆游（1125—1210），南宋诗人，字务观，号放翁，浙江绍兴人。十二岁即能诗文，一生著作丰富，有《剑南诗稿》《渭南文集》等数十个文集存世，存诗九千余首，是我国现有存诗最多的诗人。他的许多诗篇都抒写了抗金杀敌的豪情和对敌人、卖国贼的仇恨，痛快淋漓，风格雄奇奔放、沉郁悲壮，洋溢着强烈的爱国主义激情，无论在思想上还是艺术上都取得了不俗的成就，在生前有"小李白"之称。他不仅是南宋诗坛的领袖，而且在中国文学史上也享有崇高地位，是我国伟大的爱国主义诗人。他的名句"山重水复疑无路，柳暗花明又一村"、"小楼一夜听春雨，深巷明朝卖杏花"等一直被

陆　游

陆游《村居初夏》诗意图

人们广为传诵。

尽管在仕途上并不顺利，一直受到当权派的排斥打击，但陆游的抗金精神却从未改变。他中年入蜀抗金，长年的军旅生涯充实了他作品的内容，作品展露出万丈光芒。他的词作量不如诗篇巨大，但同样贯穿了爱国主义精神。陆游生于北宋灭亡之际，所以少年时即深受爱国思想的熏陶。在政治上，他主张坚决抗战，并要求"赋税之事宜先富室，征税事宜覆大商"，但这种思想一直受到投降集团的压制。他晚年虽退居家乡，但收复中原的信念始终没有消失过。作品表达出的思想也是如此，比如《关山月》《书愤》《农家叹》《示儿》等篇均为后世所传诵。他书写日常生活时，也多为清新之作，但有些诗词流露出消极情绪。

陆游不仅精通诗词，而且也爱好书法，尤其擅长行草和楷书。他自称"草书学张颠，行书学杨风"。他的书法简札，信手拈来，秀润挺拔，飘逸潇洒，晚年笔力遒健有力。朱熹称其笔札精妙飘逸，意致高远。陆游遗留下来的书法作品也不多，书论有《论学二王书》。传世之作有《苦寒帖》《怀成都诗帖》等。

辛弃疾

辛弃疾（1140—1207），南宋词人，原字坦夫，改字幼安，号稼轩，历城人，我国历史上伟大的爱国词人，与苏轼齐名，并称"苏辛"，与李清照并称"济南二安"。有人这样赞美过他："稼轩者，人中之杰，词中之龙。"辛弃疾有《稼轩长短句》传世。

辛弃疾出生前十三年，山东一带即被金兵侵占，他二十一岁参加抗金义军，不久归南宋。绍兴三十一年（1161），他率两千民众参加北方抗金义军，次年奉表归南宋。一生坚决主张抗击金兵，收复南宋失地。他曾进奏《美芹十论》，分析敌我形势，提出强兵复国的具体规划。后又上宰相《九议》，进一步阐发《十论》的思想。但遗憾的是，这些都未得到采纳和实行。他认真积极整军备战，但数次遭投降派掣肘，甚至受到革职的处分，光复故国的志向一直得不到施展，一腔忠愤只好宣泄于笔上，由此成就了南宋词坛一代大家。

辛弃疾的作品里，抗金复国是其作品的主旋律，其中不乏英雄失路的悲叹与壮士闲置的愤懑，具有鲜明的时代特色。除此之外，他还以生动而细腻的笔触描绘江南农村的田园风光和世情民俗。辛弃疾词的题材范围广阔，也善引用前人典故。风格不仅沉雄豪迈，也有温柔细腻的一面。他在苏轼的基础上，大大开拓了词的思想意境，提高了词的文学地位。

他曾为南宋朝廷大臣作过一篇《议练民兵守淮疏》，对战争形势作了精辟入里的深刻分析，也提出了鲜明具体的对策。这篇应用散文感情炽热，构思缜密，层层深入，理据皆全，语言精确、简洁。文章虽仅六百余字，从提出问题、分析问题到解决问题，十分流畅，一气贯通，字字落到实处，质朴无华，明晓畅达。根据不同的文体的需要，他能写出如此严谨、朴实的应用文，足见他功底之深厚。辛弃疾就是用了这样两种截然不同的文体，从不同方面表达了他慷慨激昂的爱国之情，反映出他忧国忧民的壮志豪情和以身报国的高尚理想。

另外，在《贺新郎》《摸鱼儿》等词中，他用"剩水残山""斜阳正在，烟柳断肠处"等词句辛辣地讽刺了苟安残喘的南宋朝廷，反衬出他对朝廷偏安一隅、不思北上的不满。胸怀壮志无处可用，体现在词里就是难以掩饰的不平之情。怀古之作《水龙吟》里，面对如画江山和英雄人物，在豪情壮志陡升的同时，也抒发了英雄无用武之地的感慨。理想与现实的激烈冲突，为他的词作构成悲壮的基调。

辛弃疾

文天祥

文天祥（1236—1283），庐陵人，原名云孙，字宋瑞，又字履善，自号文

关汉卿

山、浮休道人，南宋杰出的爱国英雄和爱国诗人。与陆秀夫、张世杰被称为"宋末三杰"。他晚年的诗词，反映了他坚贞不屈的民族气节和顽强的战斗精神，风格慷慨激昂、苍凉悲壮，具有强烈的感染力。文天祥著有《文山先生全集》，名篇有《正气歌》《过零丁洋》等。

文天祥十九岁时获庐陵乡校考试第一名，翌年入吉州白鹭洲书院读书，同年中选吉州贡士，并随父前往南宋首都临安应试。在殿试中，他的改革方案切中时弊，表述了政治抱负，宋理宗亲拔为第一。但四天后父亲不幸病故，文天祥归家守丧三年。后历任签书宁海军节度判官厅公事、刑部郎官、江西提刑、尚书左司郎官、湖南提刑等职。文天祥创作了大量的诗、词和散文作品。其中诗作达百余首，成就很高，有《文山先生全集》。文天祥也擅长书法，行草流畅俊朗，颇有韵度，但传世作品极少，仅有《自书木鸡集序》《谢昌元座右自警辞》《遗像家书》几部。

文天祥一生坎坷，数次被俘，但从不屈服。被害之前，监斩官问他："丞相还有什么话要说？回奏还能免死。"文天祥喝道："死就死，还有什么可说的？"他问监斩官："哪边是南方？"有人给他指了方向，文天祥向南方跪拜，说："我的事情完结了，心中无愧了！"于是从容就义。死后在他身上发现一首诗："孔曰成仁，孟曰取义，唯其义尽，所以仁至。读圣贤书，所学何事？而今而后，庶几无愧。"

关汉卿

关汉卿（1229—1241），生于金代末年，大都人，卒于元成宗大德初年，元代杂剧作家，与马致远、郑光祖、白朴并称为"元曲四大家"，号已斋叟。贾仲明《录鬼簿》吊词称他为"驱梨园领袖，总编修师首，捻杂剧班头"，由此可以推断他在元代剧坛上的地位。关汉卿曾写有《南吕一枝花》赠给女演员珠帘秀，说明他与演员关系密切。他曾自豪地称道："我是个普天下的郎君领袖，盖世界浪子班头。"在《南吕一枝花·不伏老》结尾一段，更是狂傲地表示："我是个蒸不烂、煮不熟、捶不匾、炒不爆、响当当一粒铜豌豆。"据文献资料记载，关汉卿编有杂剧六十七部，现存十八部，其中"旦本"戏占十二个，代表作有《窦娥冤》《望江亭》《救风尘》《鲁斋郎》《拜月亭》《单刀会》等。

关汉卿的杂剧内容具有强烈的现实主义倾向，在他生活的时代里，政治黑暗腐败，社会动荡不安，阶级矛盾和民族矛盾尖锐，人民生活于水深火热之中。他的剧作深刻地再现了当时的场景，充满了浓郁的时代气息。既有皇亲国戚、土豪权势的凶横残暴，又有童养媳窦娥、婢女燕燕的悲剧遭遇，既有对官场黑暗的无情揭露，也有对人民反抗斗争精神的歌颂，反映的层面很广阔。慷慨悲壮、乐观奋进，构成关汉卿剧作的基调。在他的笔下，写得最为淋漓尽致的是一些普通妇女形象，窦娥、赵盼儿、杜蕊娘、少女王瑞兰、寡妇谭记儿、婢女燕燕等，性格各具特色。她们大多出身卑贱，忍受统治阶级的种种迫害和屈辱。关汉卿描写了她们的悲惨遭遇，刻画了她们正直善良的性格，同时又肯定了她们的反抗精神，歌颂了她们敢于与黑暗势力展开搏斗的英勇行为，在那个特定的历史时代，起了鼓舞人民斗争的作用。由于不满于黑暗社会的压抑与摧残，关汉卿长期混迹于勾栏妓院之间，用玩世不恭的表面来隐藏自己内心世界的痛苦和无助，用他那贴切现实、充满血肉之感的笔触，代替人民诉说着社会民众的困苦与无奈。他的剧作被译为英文、德文、法文、日文等，在世界各地广泛传播。

感天动地窦娥冤

施耐庵

施耐庵（1296—1371），中国元末明初作家，名子安，一说名耳，兴化人，原籍苏州。相传施耐庵是《水浒传》的作者。明嘉靖十九年（1540），高儒

《百川书志》载："《忠义水浒传》一百卷。钱塘施耐庵的本。罗贯中编次。"据嘉靖四十五年（1566）郎瑛在《七修类稿》中记载说，此书为"钱塘施耐庵的本"。万历年间，胡应麟在《少室山房笔丛》中指出："武林施某所编水浒传，特为盛行。"今人一致认为施耐庵是《水浒传》作者。

施耐庵生平事迹材料极少，搜集到的一些记载亦颇多矛盾。自20世纪20年代，江苏兴化地区陆续发现了一些有关施耐庵的材料，有《施氏长门谱》《施氏族谱》和《兴化县续志》卷十三补遗载有《施耐庵传》一篇、卷十四补遗载有明初王道生撰《施耐庵墓志》一篇。据这些材料分析，施耐庵于元明宗至顺二年（1331）中进士，曾官钱塘二年，因与当权者政见不和，随即弃职还乡，回到苏州开始闭门著述，撰写《水浒传》，追溯旧闻，悒悒不得行其志。

罗贯中

罗贯中（约1330—约1400），名本，字贯中，号湖海散人，元末明初著名小说家、戏曲家，是中国章回小说的鼻祖。一生著作颇丰，主要作品有《赵太祖龙虎风云会》《忠正孝子连环谏》《三平章死哭蜚虎子》等剧本，以及《残唐五代史演义》《隋唐两朝志传》《三遂平妖传》和施耐庵合著的《水浒传》、代表作《三国演义》等。

罗贯中生于元末明初的封建王朝时代，作为一名常年混迹于勾栏瓦舍的戏曲平话作家，在当时被视为下九流，正史不可能为他写经作传。现今唯一可看到的是一位明代无名氏编著的一本小册子《录鬼簿续编》，上写："罗贯中，太原人，号湖海散人。与人寡合，乐府隐语，极为清新。与余为忘年交，遭时多故，天各一方。至正甲辰复会，别来又六十余年，竟不知其所终。"

从罗贯中的传世之作《三国演义》中，我们不难看出罗贯中的经天纬地之气、博大精深之才。他精通军事学、心理学、智谋学、人才学等。如果没有超人的智慧、丰富的实践、执着的追求，根本不可能成就这部巨著。他主张国家统一，热爱中华民

年画《空城计》

族，痛恨奸佞小人。在《残唐五代史演义》中，我们也可看出罗贯中忧国忧民、依恋故土的高尚品德。

吴承恩

　　吴承恩（1500—1582），汉族，字汝忠，号射阳山人，明代小说家，淮安府山阳县人。吴承恩大约四十岁才补得一个岁贡生，待到北京分配官职时，却没有被选上，由于母老家贫，只好去做了长兴县丞，最终因受人诬告，两年后拂袖而去，晚年一直以卖文为生。《天启淮安府志》评价他"性敏而多慧，博极群书，为诗文下笔立成，清雅流丽，有秦少游之风。复善谐谑，所著杂记几种，名震一时"。吴承恩的一生创作很丰富，但是由于家境贫困，膝下又没有子女，所以作品多数都已散佚，志怪小说集《禹鼎记》已失传，目前只遗留后人整理的《射阳先生存稿》四卷。

　　吴承恩勤奋好学，小时候便能过目成诵，记忆力极佳，又精于绘画，擅长书法，爱好填词度曲，所以少年时代他就因为文才出众而在故乡出了名，很受人们的赏识。他除了勤奋好学之外，特别喜欢搜奇猎怪，爱看狐妖猴精、神仙鬼怪之类的故事，并且随着年龄的增大，这种爱好只增不减，这对他创作《西游记》有着重大的影响。三十岁后，他搜求的奇闻已"贮满胸中"了，并且有了创作的打算。五十岁左右，他开始创作《西游记》，后来因故中断了很多年，直到晚年辞官离任回到故里后才得以最后完成这部《西游记》，历时长达七年之久。

　　吴承恩一生不合流俗，刚正不阿，他之所以才高而屡试不中，后

《西游记》中"五庄观行者窃人参"插图

人分析很可能与他不愿作违心之论讨好权贵有关。他对黑暗的现实持否定态度，厌恶腐败的官场。比如，他在《二郎搜山图歌》中表达的理念，认为"民灾"的形成和社会现实的黑暗，主要在于统治者用人不善，他想扭转乾坤，但是始终怀才不遇，壮志未酬，只能临风叹息，空怀慷慨。

同时，生活的困顿给吴承恩带来了不小的压力。父亲去世以后，他需要操持全家的所有开支，但他自身却没有养家糊口的手段。家中生活来源就是每月从学府里领回六斗米，除此之外，就只能坐食父亲的遗产了。尝遍了人生酸甜苦辣之后的吴承恩，开始更加清醒地考虑人生的问题，并且用自己的诗文向不合理的社会进行对抗。

曹雪芹

曹雪芹（1715/1724—1763/1764/ 1765），字梦阮，雪芹是其号，又号芹圃、芹溪，清代小说家。

曹雪芹的曾祖曹玺原任江宁织造，曾祖母孙氏做过康熙帝玄烨的保姆。祖父曹寅做过玄烨的伴读和御前侍卫，后任江宁织造，兼任两淮巡盐监察御使，很受玄烨的宠信。曹寅病故后，其子曹颙、继子曹頫先后继任江宁织造，他们祖孙三代四人担任此职长达六十年之久，曹雪芹自幼就是在这种情况下长大。雍正初年时，由于受到封建统治阶级内部政治斗争的牵连，曹家遭受一系列的打击。曹頫被以"骚扰驿站""行为不端"和"亏空"罪名革职，家产被抄没，曹頫也被治罪，曹雪芹只好随着全家迁回北京居住。曹家从此一蹶不振，日渐没落。经历了生活中的重大转折之后，曹雪芹深觉世态炎凉，对封建社会有了更为清醒、更为深刻的认识。他远离官

《红楼梦》中的黛玉

场，蔑视权贵，过着一贫如洗的艰难日子。晚年，曹雪芹移居北京西郊，生活更加艰难，"满径蓬蒿""举家食粥"。但他始终以坚韧的毅力专心地从事《红楼梦》的写作和修订工作。

乾隆二十七年（1762），曹雪芹幼子夭亡，他陷于过度的忧伤和悲痛之中，从此便卧床不起，到了这一年的除夕，因贫病无医逝世。曹雪芹嗜酒，善谈吐，才华横溢，性格高傲，愤世嫉俗，豪放不羁。曹雪芹也是一位诗人，他的诗立意新奇，风格很像唐代诗人李贺。他的友人敦诚曾称赞说："知君诗胆昔如铁，堪与刀颖交寒光。"但他的诗仅存题敦诚《琵琶行传奇》中的两句："白傅诗灵应喜甚，定教蛮素鬼排场。"曹雪芹也擅长绘画，喜绘突兀奇峭的石头。敦敏《题芹圃画石》说："傲骨如君世已奇，嶙峋更见此支离。醉余奋扫如椽笔，写出胸中块磊时。"可见他画石头时寄托了胸中的不平之气。

曹雪芹的最大贡献还在于小说的创作，他的作品《红楼梦》思想深刻，内容丰富，技巧精湛，把中国古典小说创作推向最高峰，在世界文学发展史上也占有很重要的地位。《红楼梦》是他"披阅十载，增删五次"之作，"字字看来皆是血，十年辛苦不寻常"的产物。《红楼梦》全本由于种种原因而没有流传下来。今流行本一百二十回，后四十回一般认为是由高鹗（或只是修订者）所续。

史学大家

史学家是指以撰写历史著作为职业或对历史学的创立、发展与应用付出努力的人。历史学家会研究过去所发生的事件和这些事件的准确性，其研究对象可以是某人的经历，也可以是某地或某国家的发展。

左丘明

左丘明

左丘明，姓左丘，名明，史学家，春秋末期鲁国人。春秋时有称为瞽矇的盲史官，记诵、讲述有关古代历史和传说，口耳相传，以补充和丰富文字的记载，左丘明即为瞽矇之一。左丘明知识渊博，品德出众，孔子言与其同耻。"巧言、令色、足恭，左丘明耻之，丘亦耻之；匿怨而友其人，左丘明耻之，丘亦耻之。"太史司马迁称左丘明为"鲁之君子"。左丘明世代为史官，并与孔子一起"乘如周，观书于周史"，所以有鲁国以及其他封侯各国大量的史料，并依照《春秋》著成了中国古代第一部叙事详细的编年体史书《左传》，和现存最早的一部国别体史书《国语》，成为史家的开山鼻祖。《左传》重记事，《国语》则重记言，这两本著作都具有很高的史料价值。

左丘明的思想主要受儒家思想影响，儒家思想不仅影响广泛，而且反映了大多数人的利益和要求。左丘明在叙述历史事实时，对于那些历史事件鲜明地表现出了他或肯定或批判的态度。他肯定的是那些符合于他的儒家的观点的东西，肯定"君义、臣行、父慈、子孝、兄爱、弟敬"一类的伦理道德，从那些伦理道德的观点出发肯定了"利民"和"卫社稷"等一类对人民有利的东西，批判了那些破坏和违反伦理道德的不良思想，也批判了统治阶级骄奢淫逸等不良行径。

司马谈

司马谈，西汉夏阳人，其父司马喜在汉初为五大夫，司马谈本人在汉武帝时任太史令。他对其子司马迁的影响很深。汉武帝在元封元年（前110）曾东巡至泰山，并举行"封禅"大典，即在山上举行祭祀天地的典礼。司马谈当时因病留在洛阳，未能前行，深觉遗憾，郁郁而终。他所要论著历史的理想和计划，便留给伟大的司马迁去实现。

司马谈受教育于汉王朝的文景时代，据司马迁所言，司马谈的学问大概有三个方面：第一是"学天官于唐都"，唐都本是汉代著名观测天象的专家，所谓学天官，就是学观测日月星辰的天文之学；第二是"受《易》于杨河"，杨河是汉初名传《易》者之一，《易》说的是阴阳吉凶；第三是"习道论于黄子"，黄子便是黄生，擅长黄老之术，黄生的议论正是代表了当时统治阶层的思想。司马谈对于这些的学习，为他以后做太史令打下了深厚的基础。太史令是武帝新设的官职，掌管天时星历。临终之前，他倍感惋惜，希望在死之后，司马迁能继承他的事业，尤其是撰写史书。他认为一个人事亲、事君的最终目的在于扬名后世，以显父母，此乃是最大的孝道。他看到自孔子死后，至今四百多年，诸侯兼并，史记断绝，当今海内外统一，明主贤君、忠臣义士都有很多事迹，作为一名太史而不能尽到写作的职责，很不应该，所以热切地希望司马迁完成他未竟的大业。

司马谈流传下来的文章是《论六家要旨》，在这篇论文里，他概括出了阴阳、儒、墨、名、法、道六家，并加以论述，第一次分析春秋战国以来的重要学术流派，也反映出汉武时代以儒家思想为主，兼用阴阳家、法家和道家"黄老"等学说，即所谓"汉家自有制度，本以霸王道杂之"，而并不"纯任德教"的思想，从而折射了汉武时代社会和统治思想复杂化的情况。司马谈的六家之说，不仅为后来司马迁给先秦诸子作传以重要的启示，也为西汉末期名儒刘向、刘歆父子给先秦诸子分类奠定了基础。

司马迁

司马迁（约前145—前90），字子长，我国西汉伟大的史学家、文学家、思想家。他所著的《史记》是中国第一部纪传体通史，被鲁迅称为"史家之绝唱，无韵之离骚"。司马迁是西汉夏阳龙门人，所以司马迁自称"迁生龙门"。

司马迁的少年时代，"耕牧河山之阳"。司马迁在美好的自然环境里成长，既被山川的隽秀之气所陶冶，又对民间生活有很多感触。十岁时，司马迁随父亲至京师长安，得向老博士伏生和大儒孔安国学习，受业于名师的启发和诱导，获益匪浅。这个时期，正值汉王朝国势强大，经济繁荣，文化兴盛，使得司马迁在京城里得到了极其丰富的见闻。

大约二十岁时，司马迁开始外出游历，回到长安以后，做了皇帝的近侍郎中，并随汉武帝到过平凉、崆峒，又奉使巴蜀。元封三年时（前108），司马迁正式做了太史令，有机会阅读汉朝宫廷所藏的一切图书、档案以及各种史料。他一边整理史料，一边参加改历，等到太初元年（前104），我国第一部历书《太初历》完成，他就动手开始编写《史记》。

天汉二年（前99），李陵带着五千名步兵跟匈奴作战，后来战败投降。司马迁为其辩护，汉武帝勃然大怒，遂将司马迁下了监狱，交给廷尉审问。司马迁被关进监狱以后，忍受了肉体和精神上的各种残酷折磨，面对酷吏，他始终不屈服，也不认罪。第二年汉武帝杀了李陵全家，处司马迁以宫刑，他本想一死，但不舍自己多年来搜集的资料，便忍辱负重，苟且偷生。

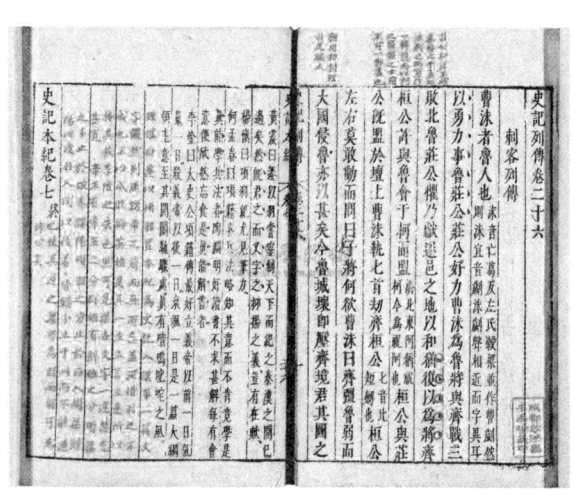

《史记》明崇祯刻本内文书影

太始元年（前96），汉武帝改元大赦天下，这时司马迁已经五十岁，出狱后当了中书令，他继续专心致志写他的书，直到征和二年（前91）全书完成。

《史记》是中国的第一部纪传体通史，全书包括十二本纪，三十世家，七十列传，十表，八书，共分为五个部分，一百三十篇，约五十二万六千多字。记述了从传说中的黄帝至汉武帝太初四年（前101）上下三千年的历

司马迁遭宫刑缘由

天汉二年（前99），汉武帝派将军李广利攻打匈奴，结果吃了个大败仗，几乎全军覆没。他的孙子李陵担任骑都尉，带着五千名步兵跟匈奴作战，单于的三万骑兵把李陵团团围住，尽管李陵的身手较好，但仍然无法与其对抗，最后被匈奴逮住，不得已只好投降。大臣们都责怪李陵不该向匈奴投降，汉武帝向司马迁咨询意见。司马迁认为，李陵带的步兵很少，但仍狠狠地打击了敌人，李陵投降，一定还想将功赎罪来报答皇上。汉武帝认为司马迁这样为李陵辩护，是有意贬低李广利，于是把他交给廷尉审问。司马迁被关进监狱之后不久，就有传闻说李陵曾带匈奴兵攻打汉朝，汉武帝信以为真，便轻率处理此事。第二年，汉武帝杀了李陵全家，司马迁被处以宫刑。

史。同时，它也是一部文学名著，是中国传记文学的开创性著作。它的主体部分是本纪、世家和列传，其中列传堪称全书的精华。

班 固

班固（32—92），东汉史学家，字孟坚，扶风安陵人。九岁即能诵读诗赋，十三岁时得到当时学者王充的赏识，建武二十三年（47）前后入洛阳太学，博览九流百家之言。

班固自幼聪慧，十六岁入太学就读，所学无长师，不死守章句，只求通晓大义。长大之后，贯通群书和诸子百家之言，在父亲的影响下研究史学。居丧在家时，着手整理父亲的《史记后传》，并开始撰写《汉书》。

明帝时，班固曾任兰台令史，与尹敏、陈宗、孟异共同撰成《世祖本纪》，升迁为郎，负责校定秘书。又与人共同记述功臣、新市、平林、公孙述事迹，作列传、载记二十八篇奏上。到了章帝时，班固职位很

班 固

《汉书》开正史地理志先例

在诸多正史之中，专列《地理志》是从班固的《汉书·地理志》开始的。班固生活的时代空前统一和繁盛，版图辽阔，经济发达，社会生活和管理对地理知识的需要非常迫切，地理撰述不再近凭证实，远凭传闻，而是依靠国家掌握的各地方的直接见闻和准确的测绘和统计。记录大量实际地理资料的地理著作虽是那个时代的要求，但是，在正史中专门列出《地理志》则是班固对后世的重大贡献。这个做法，被后世大部分正史及地方志所遵循，为我们今天保留了丰富的地理资料，也为研究中国古代地理学提供了重要依据。所以说，班固的《汉书》开了中国正史地理志之先例。

低，先任郎官，建初三年时（78）升为玄武司马。由于章帝喜好儒术文学，所以很赏识班固的才能，因此多次召他入宫廷侍读。章帝出巡，班固常随侍左右，对于朝廷大事，也常与公卿大臣讨论，发表意见。

建初四年（79）时，章帝曾效法西汉宣帝石渠阁的故事，在白虎观召集当代名儒共同讨论五经同异，并亲自进行裁决，目的是动员古文学派的力量，促进儒家思想与谶纬神学两者的紧密结合，加强儒家思想在思想领域的统治地位。这次，班固以史官兼任记录，奉命把讨论结果整理成了《白虎通德论》，也称《白虎通义》。

汉和帝永元元年（89），大将军窦宪奉旨远征匈奴，班固参预谋议，班固与窦宪本有世交之谊，被任命为中护军随行。窦宪大败北单于，登上燕然山，让班固撰写了著名的燕然山铭文。永元四年（92），窦宪在政争中失败自杀，洛阳令和班固有宿怨，便借机强加罪名，把班固逮捕入狱，班固后死于狱中。

班固还很擅长作赋，留有《两都赋》《汉书·苏武传》《幽通赋》等作品。

沈 约

沈约（441—513），字休文，南朝吴兴武康人，先后在宋、齐、梁三朝做官，旧史一般称他是梁朝人。沈约本身也是出身于门阀士族家庭，历史上曾有所谓"江东之豪，莫强周沈"的说法，足见其家族显赫的社会地位。青年时期的沈约，已经"博通群籍"，写得一手好文章，并且对史学产生了浓厚的兴趣。从二十几岁开始，他用了整整二十年时间，终于写成一部《晋史》，只可惜这部

《晋史》并没有流传下来。

在沈约之前，已经有人开始撰写南朝刘宋皇朝时期的历史了。最早撰写刘宋国史的是科学家何承天，他在宋文帝时以著作郎的身份起草了宋史的纪、传和《律历》《天文》《五行》等志，其中人物列传只写到宋武帝时期的一些功臣。后来，又有苏宝生、山谦之等相继续作宋史，但都中途而废。宋孝武帝大明六年（462），徐爰负责修撰宋史。写成"国史"六十五卷，上起东晋末年，下迄大明时期。所有这些，都成为沈约《宋书》的文献资料。

沈约接受撰写宋史的任务，是在南齐永明五年（487）的春天，他只

竟陵八友

竟陵王萧子良，齐武帝之第二子，性嗜文学，好纳名士，一时天下才学皆游集焉。其文风之炽，足以追踪建安，号永明体，其中萧衍、沈约、谢朓、王融、萧琛、范云、任昉、陆倕声誉最隆，人称"竟陵八友"。

用了不到一年的时间，即在第二年二月，就撰成《宋书》纪、传七十卷。在第二个阶段里，他又完成了《宋书》八志三十卷的撰写工作。从《宋书》志避梁武帝父亲和梁武帝本人的讳来看，它的撰成应该是在梁武帝时期。沈约撰《宋书》的经过大致如此。在沈约之后，其实还有一些人曾撰写过刘宋皇朝时期的历史，但都已失传。因此，《宋书》的价值就更显弥足珍贵了。

司马光

司马光（1019—1086），北宋陕州夏县（今属山西）人，享年六十八岁。他的远祖可追溯到西晋皇族安平献王司马孚，到北魏时传至司马阳，为征东大将军。隋唐五代之后，司马氏家族政治地位日渐下降。北宋初年，其家世又有转机，祖父司马炫考中进士，官至耀州富平县令。到了司马光的父亲司马池这一代，一度官至兵部郎中、天章阁待制，位居四品。

司马光自幼热爱史学，认真攻读，悉心研究之后，司马光便产生了网罗众家之说、成一家之书的念头，想编一本简明扼要的通史，以便于人们用较短的时间就能掌握中国历史发展的概要。司马光立志"成一家之书"，而且行动重于

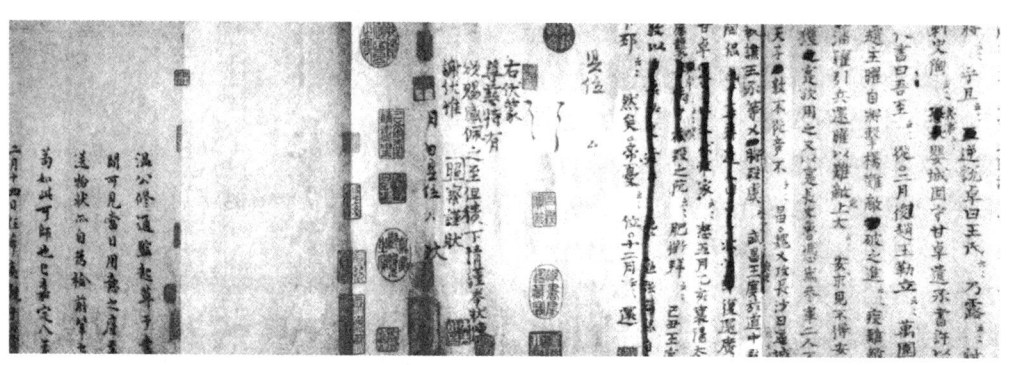

《资治通鉴》残稿

说教，他先是参考各类书籍，而后，司马光又用两年时间，以《史记》为主，编成《周纪》五卷，《秦纪》三卷，共八卷，取名《通志》，并于英宗治平三年（1067）进呈英宗。

随后，他成立了专门编写《资治通鉴》的书局，组织好编修的队伍，接着就是具体的实施阶段了。为了保证效率，司马光确定了共同遵守的原则和具体方案。首先是做索引，按时间顺序把全部资料排出来，做到时间清楚、史料完备；其次在索引的基础上进一步作出草稿，把史料进行初步分析鉴别，去伪存真，考证异同，最后就勘定成书。

司马光的成功，使《资治通鉴》成为后人编写史书的典范。此书的修成，使古老的衰微不振的史书编写体裁重新复苏，成为焕然一新的史书编修形式。全书所记考异近三千条，征引了三百多种文献资料。除正史以外，还有奏议文集、杂史小说。甚至还采用了当时兴起不久的金石资料来判断一些问题，这充分说明了司马光编写《资治通鉴》的慎重态度和科学方法。尤其司马光在编写《资治通鉴》过程中，采用了丛目、长编、定稿成书环环紧扣的编写方法，这样不仅保证《资治通鉴》的顺利完成，而且创造了一种优良的修史方法。

司马光不仅是一位伟大的史学家、卓有建树的政治家，同时也是位著名的思想家。他在北宋开创"涑水之学"的思想流派，影响很大。他在哲学方面所做的研究，也给后人留下了宝贵的思想资源。

刘知几

刘知几（661—721），字子玄，彭城人。唐高宗永隆元年（680）举进士。武则天长安二年（702）他开始担任史官，撰起居注，历任著作佐郎、左史、秘书少监、著作郎、太子左庶子、左散骑常侍等职，兼修国史。长安三年（703）与朱敬则等撰《唐书》八十卷，神龙时曾与徐坚等撰《武后实录》。玄宗先天元年（712），与谱学家柳冲等改修《氏族志》，至开元二年（714）撰成《姓族系录》二百卷，四年（716）与吴兢撰成《睿宗实录》二十卷，重修《中宗实录》二十卷、《则天实录》三十卷。刘知几不满于当时制度的混乱以及监修贵臣对修史工作的横加干涉，于景龙二年（708）辞去史职，私撰《史通》，足可见其志。

《史通》包括外篇十三篇，内篇三十九篇。其中内篇中的《体统》《纰缪》《弛张》三篇在北宋欧阳

《史通》内文书影

修、宋祁撰《新唐书》前已佚，全书今存四十九篇。外篇论述史官制度、史籍源流并杂评史家得失；内篇为全书的主体，着重讲史书的体裁体例、史料采集、表述要点和作史原则，而以评论史书体裁为主。《史通》总结了唐初之前编年体史书和纪传体史书在编纂上的特点和得失，认为这两种体裁不可偏废，而在此基础上的断代为史则是今后史书编纂的主要形式。它对纪传体史书的各部分体例都作了全面而详尽的分析，对编写史书的方法和技巧也多有不少论述，这在中国史学史上还是第一次。

章学诚

章学诚（1738—1801），字实斋，会稽（今浙江绍兴）人，清代史学家、思想家、方志学家。乾隆四十三年（1778）进士。曾授国子监典籍，入湖广总督毕沅幕府，协助编纂《续资治通鉴》等书。

章学诚早年博涉史书，中年入京，遍览名著。乾隆四十三年进士，官国子监典籍，后去职，历主保定莲池、归德文正等书院讲习，五十三岁时入湖广总督毕

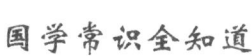

沅幕府，主修湖北通志。晚年目盲，著述不辍，身处嘉乾汉学鼎盛之世，提倡史学，独树一帜。以"六经皆史"说纠正重经轻史的偏失，反对"舍今而求古，舍人事而言性天"的学风。主张"史学所以经世"，"作史贵知其意"等观点。阐发史学义理，表彰通史撰述，重视方志，提出"辨章学术，考镜源流"的目录学思想，建立了较为系统的目录学和历史学理论。因其学说与当时学术界不合，所以直至晚清才开始传播。章学诚把一生的精力都用于著述、讲学和编修方志上。所编永清、和州、亳州诸志，深受后世推崇。代表作品为《文史通义》和《校雠通义》，学术价值非常高，《文史通义》与唐刘知几的《史通》并称史学理论名著。另有《方志略例》《实斋文集》等作流世，后人辑为《章士遗书刊行》。曾辑《史籍考》，拟尽收古今史部书叙目凡例，总目达三百二十五卷，志愿宏大，惜未成书，稿也散失。

梁启超

梁启超（1873—1929），字卓如，号任公，又号饮冰室主人、中国之新民、饮冰子、哀时客、自由斋主人等，广东新会人，中国近代史上著名的维新派代表人物，政治活动家、资产阶级宣传家、启蒙思想家、教育家、史学家和文学家，戊戌维新运动领袖之一。

梁启超自幼在家中接受传统教育，在赴京会试归来的路上，看到介绍世界地理的《瀛环志略》和上海机器局所译的西书，眼界大开。同年结识康有为，并投其门下，由此走上改良维新的道路，时人合称"康梁"。1895年春再度赴京会试，协助康有为，发动在京应试举人联名请愿的"公车上书"。维新运动期间，梁启超表现活跃，他的许多政论在社会上有很大影响。1898年，回京参加"百日维新"。7月，受光绪帝召见，奉命进呈所著《变法通议》，赏六品衔，负责办理京师大学堂译书局事务。同年9月，政变发生，梁启超逃亡日本，与孙中山为首的革命派有

武昌起义旧址

过接触。在日期间，他先后创办《清议报》和《新民丛报》来鼓吹改良。同时也大量介绍西方社会政治学说，这在当时的知识分子中造成很大影响。武昌起义爆发后，他企图使革命派与清政府妥协。1913年，进步党"人才内阁"成立，梁启超出任司法总长。这时，袁世凯称帝的野心日益显露，梁启超反对袁氏称帝，与蔡锷策划武力反袁。1915年年底，护国战争在云南爆发。1916年，梁启超赴两广地区参加反袁斗争。袁世凯死后，梁启超出任段祺瑞北洋政府财政总长兼盐务总署督办。9月，孙中山发动护法战争。后来，梁启超辞职，退出政坛。1918年底，梁启超赴欧，了解到西方社会的许多问题和弊端。回国之后即宣扬西方文明已经破产，主张发扬传统文化，用东方的"固有文明"来"拯救世界"。1922年起在清华学校兼课，1925年应聘任清华国学研究院导师。1927年，他离开清华研究院，1929年病逝。

梁启超学术研究涉猎广泛，在文学、史学、哲学、法学、经学、伦理学、宗教学等多个领域均有建树，以史学研究成绩最为著名。1901年至1902年，他曾先后撰写了《中国史叙论》和《新史学》两书，批判封建史学，发动"史学革命"。欧游归来之后，他主要的精力放在从事文化教育和学术研究活动上，研究重点为先秦诸子、清代学术、史学及佛学，后又著有《清代学术概论》《先秦政治思想史》《墨子学案》《中国近三百年学术史》《中国历史研究法》《屈原研究》《情圣杜甫》《中国文化史》等，一生著述丰富，有多种作品集行世。

罗振玉

罗振玉（1866—1940），祖籍浙江省上虞县，客籍为江苏省淮安县，初字坚白，后改字叔蕴、式如、叔言，号松翁、雪堂、贞松老人，又称永丰乡人、仇亭老民。

罗振玉自幼聪颖，十五岁即举秀才。清光绪十六年（1890）在乡间为塾师并著书。光绪二十二年（1896）与蒋斧等在上海创立农学社，开办农报馆。光绪二十四年

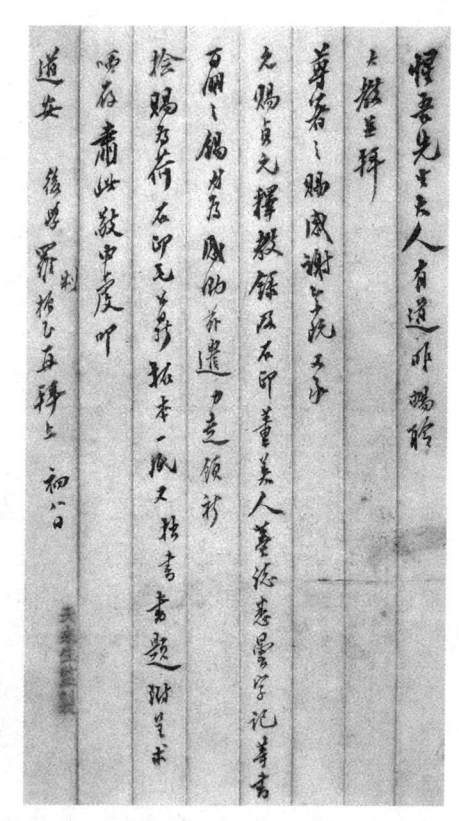

罗振玉手札

（1898）创办东文学社。二十六年（1900）应鄂督张之洞之邀，任湖北农务局总监兼农务学堂监督。光绪二十八年（1902）时，他曾任南洋公学虹口分校监督。次年入两广总办岑春煊幕参议学务。光绪三十年（1904）受江苏巡抚端方委任，创办江苏师范学堂，任监督。宣统元年（1909）补参事官兼京师大学堂农科监督。

罗振玉与王国维将斯坦因在敦煌、罗布泊等地发现的汉晋木简照片汇为《流沙坠简》。罗振玉是最早在甲骨学研究方面取得进展的学者，他从1906年起收集甲骨，总数近两万片，是早期收藏最多的藏家之一。

罗振玉在1910年著有《殷商贞卜文字考》，首先考定安阳小屯为殷墟，并正确地判明甲骨是"殷室王朝的遗物"，以后陆续编著《殷虚书契前编》《殷虚书契后编》《殷虚书契菁华》《殷虚书契续编》四书。所著《殷虚书契考释》，释甲骨文字达五百六十一个，并提出"由许书以上溯古金文，由古金文以上窥卜辞"的释字原则，主张考释文字应注意卜辞辞句的分类和通读，这是初期甲骨学研究中的一大进步。

王国维

王国维（1877—1927），字伯隅、静安，号观堂、永观，浙江海宁人，古文字学家、金石学家、历史学家，我国近代最有影响力的国学大师之一。

王国维世代清寒，幼年为考秀才而苦读，无奈屡试不中，遂于戊戌风气变化之时放弃科举。二十二岁起，他至上海《时务报》馆充书记校对。公务之余，他到罗振玉办的"东文学社"研习外交与西方近代科学，并结识了罗振玉，在罗振玉资助下，于1901年赴日本留学。

1902年，王国维因病从日本归国，后又在罗振玉的推荐下执教于南通、江苏师范学校，讲授哲学、伦理学、心理学等，同时埋头研究文学，开始其"独学"的阶段。1906年，他随罗振玉入京，任清政府学部总务司行走、名词馆协韵、图书馆编译等。其间，著有《人间词话》等著作。1911年辛亥革命后，王国维携生平著述三种，随儿女亲家罗振玉逃居日本京都，从此只以前清遗民处世。在学术上，他则开始对甲骨文、金文、汉简的研究。1924年，冯玉祥发动"北京政变"，驱逐溥仪出宫。王国维引为奇耻大辱，愤而与罗振玉等前清遗老相约投金水河殉清，因被家人阻止而未果。1925年，王国维受聘任清华研究院导师，教授古史新证、说文、尚书等，与陈寅恪、梁启超、赵元任、李济被称为"五星聚奎"的清华五大导师，桃李门生、私淑弟子遍布中国几代史学界。1927年6月，国民革命军北上时，王国维留下"经此世变，义无再辱"的遗书，投颐和园昆明湖自尽。

作为中国近代著名学者，王国维从事文史哲学数十年，是近代中国运用西方哲学、美学、文学观点和方法剖析评论中国古典文学的第一人，又是中国史学史上将历史学与考古学相结合的开创者，确立了比较系统的方法。这位集史学家、词学家、文学家、考古学家、美学家、金石学家

昆明湖

和翻译理论家于一身的学者，生平著述六十二种，批校的古籍逾二百种，被誉为"中国近三百年来学术的结束人，最近八十年来学术的开创者"。

章太炎

章太炎（1869—1936），本名章炳麟，初名学乘，字枚叔，后改名绛，号太炎，浙江余杭人，清末时期的民主革命家、著名学者、思想家，研究范围涉及历史、哲学、政治等。

章太炎1897年任《时务报》撰述，因参加维新运动而被通缉，流亡日本。1900年剪辫发，立志革命。1903年因发表《驳康有为论革命书》并为邹容《革命军》作序，进而触怒清廷，被捕入狱。1904年与蔡元培等人合作，共同发起光复会。1906年出狱后，孙中山迎其至日本，参加同盟会并主编同盟会机关报《民报》，与改良派展开一番论战。1911年，上海光复之后回国，主编《大共和日报》，并任孙中山总统府枢密顾问。1935

章太炎

年，在苏州主持章氏国学讲习会，章太炎主编《制言》杂志，晚年曾赞助抗日救亡运动。

章太炎早年曾接受西方近代机械唯物主义和生物进化论，在他的著作中阐述了不少西方哲学、自然科学和社会科学等方面的新思想、新内容，这主要表现在《訄书》中，认为"精气为物"，"其智虑非气"；宣称"若夫天与上帝，则未尝有矣"，否定天命论说教。其思想又受西方近代主观唯心主义和佛教唯识宗影响。随着旧民主主义革命失败，他在思想上也渐趋颓废。

在历史学、文学、语言学等方面，章太炎均取得不小成就。他宣扬革命的诗文，影响很大，但文字比较难以理解。所著《文始》《新方言》《小学答问》，上探语源，下明流变，颇多创获。一生著作颇多，约有四百余万字，著述除刊入《章氏丛书》《续编》之外，遗稿又刊入《章氏丛书三编》。

典　籍

　　文学是用语言塑造形象反映社会生活的一种语言艺术，是文化中极具强烈感染力的重要组成部分。中华典籍是我国文学史上闪烁着灿烂光辉的经典性作品或优秀作品，同时，它也是世界文学宝库中令人瞩目的瑰宝。我国传统典籍可按经、史、子、集四类划分，在这之中，又有多种多样的艺术表现手法，从而使中国古典文学呈现出多姿多彩、壮丽辉煌的图景。几千年来，中国传统典籍大大地丰富了中国传统文化，使传统文化具有更深刻的影响力。

《 经 》

"经"指的是我国古代社会中的政教、行为纲常、伦理道德的规范教条，主要是儒家的典籍。儒家经书最早有诗、书、易、礼、春秋五部，从唐代到宋代，又形成"十三经"。

《论语》

《论语》是儒家学派的经典著作之一，由孔子的弟子及其再传弟子共同编纂整理而成。以语录体和对话文体为主，记录了孔子及其弟子的言行，集中体现了孔子在政治、思想、道德观念等各方面的主张。儒家创始人孔子的政治思想核心是"仁"、"礼"。《论语》以记言为主，"论"是论纂的意思，"语"是话语，经典语句、箴言，"论语"即是论纂语言。通行本的《论语》共二十篇，其语言简洁精练，寓意深刻，其中的许多言论至今仍被世人视为真理。《论语》中记录了孔子循循善诱的教诲之言，或简单应答，点到为止；或以启发式的思想侃侃而谈，富于变化，娓娓动人。

《论语》又善于以神情语态的描写来展示人物形象，孔子是《论语》

农山言志

孔子游于农山，让弟子们谈自己的志向，子路志在开拓疆土，孔子说是勇敢。子贡志在游说，孔子说是雄辩。颜渊志在推行儒家教化，孔子特别赞赏颜渊，认为他不伤害人民，不多说话。

描述的中心人物，书中不仅有关于他仪态举止的静态描写，而且有关于他个性的传神刻画。另外，围绕孔子这个中心形象，该书还成功地刻画了一些孔门弟子的形象。如率真鲁莽的子路，聪颖善辩的子贡，温雅贤良的颜渊，潇洒脱俗的曾皙等，他们都有着鲜明的个性，给人留下深刻印象。孔子擅长因材施教，对于不同的对象，考虑其不同的性格、素质和修业的具体情况，给予不同的教诲，从而表现了他诲人不倦的可贵精神。据《颜渊》记载，同是弟子问仁，孔子有不同的回答，答颜渊"克己复礼为仁"，答仲弓"己所不欲，勿施于人；己所欲，甚施与人"；答司马中"仁者，其言也讱"。颜渊学问高深，故答以"仁"学纲领，对仲弓和司马中则答以细目。这不仅体现了孔子科学的教育方法，其中还饱含了孔子对弟子高度的责任心。

　　《论语》是两千多年前的社会人生精论，那些富有哲理的名句箴言，是中华民族文明程度的历史展现，即便在当下，其中的许多思想仍具有一定的时代价值和借鉴意义，为后人所称道。

《孟子》

　　《孟子》，是记载孟子及其学生言行的一部书，儒家经典之一，为孟轲与其弟子万章等著。全书七篇，《汉书·艺文志》著录十一篇。《孟子》为儒家的重要著作，对后世在思想上、文学上均有重大影响。此外，书中还蕴藏着不少养生思想，尤其是他所倡导的"善养吾浩然之气"对后世影响很大。

　　到了南宋孝宗时，朱熹编《四书》列入了《孟子》，这样就把《孟子》提到了非常高的地位。元、明以后此书又成为科举考试的内容，更是读书人的必读之书了。和孔子一样，孟子也曾带领学生游历魏、齐、滕、宋、鲁、薛等国，并一度担任过齐宣王的客卿。但是，他的政治主张也没

猎较从鲁

孔子在鲁国做官，鲁人争夺猎物，孔子也去争夺猎物供祭祀。孟子说：孔子先用文书规定祭祀所用的器物和祭品，不用别处的食物来供祭祀。

受到重用，所以便回到家乡聚徒讲学，并与学生万章等人著书立说，"序《诗》《书》，述仲尼之意，作《孟子》七篇"。赵岐在《孟子题辞》中把《孟子》与《论语》相比，认为《孟子》是"拟圣而作"。所以，尽管《汉书·艺文志》仅仅把《孟子》放在诸子略中，视为子书，但实际上在汉代人的心目中，大家已经把它看作辅助经书的传书了。汉文帝把《论语》《孟子》《孝经》《尔雅》各置博士，名为"传记博士"。到五代后蜀时，后蜀主孟昶令人楷书十一经刻石，其中包括了《孟子》，这可能是《孟子》最早被列入经书的行列。

《大学》

《大学》原为《礼记》第四十二篇。宋朝程颢、程颐兄弟把它从《礼记》中抽出，编次章句。朱熹将《大学》《中庸》《论语》《孟子》合编注释，统称"四书"，从此《大学》成为了儒家经典。至于《大学》的作者，程颢、程颐认为是"孔氏之遗言也"。朱熹把《大学》重新编排整理，分为"经"一章、"传"十章。他认为，"经一章盖孔子之言，而曾子述之；其传十章，则曾子之意而门人记之也。"也就是说，"经"是孔子的话，曾子记录下来；"传"是曾子解释"经"的话，由曾子的学生负责记录。《大学》的版本主要有两个：一是后来由朱熹编排整理，划分为经、传两个方面的《大学章句》；一是按原有次序排列的古本，即《礼记》中的《大学》原文。现以朱熹《大学章句》本流传得最为广泛，影响也很大。

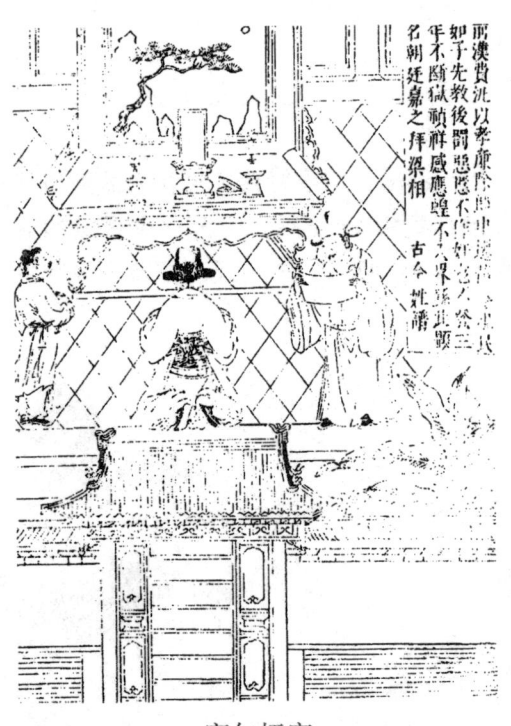

宽仁抚字

西汉费汜因孝廉闻名，由郎中官迁萧令，因亲民如子，先教后罚，恶虐不作，奸宄不登，三年不断狱，祯祥感应，蝗不入界，由此显名，朝廷嘉之拜梁相。

在《大学》里，经一章提出了明明德、亲民、止于至善三条纲领，又提出了格物、致知、诚意、正心、修身、治国、齐家、平天下八个子项。这八个条目是实现三条纲领的途径。在八个条目中，修身是基本的一条，书中言"自天子以至于庶人，壹是皆以修身为本"。十章分别将子项和纲领作以详细解释，明明德是说弘扬光明正大的品德；亲民是指让人们革旧图新；止于至善是指要达到最好的境界；格物、致知是指穷究事物的原理来获得知识；诚意就是"勿自欺"，不要"掩其不善而著其善"；正心就是端正自己的心思；修身就是加强自身修养，提高自身素质；齐家就是管理好自己的家庭、家族；治国平天下是谈治理国家方面的事。

　　《大学》的文辞并不复杂，但内涵深刻。两千年来，无数仁人志士都皆由此登入儒家的殿堂。该文从实用主义角度出发，对现代人如何做人做事，以及成家立业等均有深刻的启迪意义。

《中庸》

　　《中庸》一书是儒家在阐述其"中庸之道"，并提出关于人性修养的教育理论著作。《中庸》里强调了"中庸之道"是人们片刻也离不开的，但要实行"中庸之道"，必须尊重天赋的本性，还有依靠后天的学习，这正是《中庸》所说的"天命之谓性，率性之谓道，修道之谓教"。

　　中庸之道，其实就是忠恕之道。"天命之谓性"，是说人性是由上天赋予的。"率性之谓道"，是说循着这种天性而行就合于道，认为人性是善的，教育的作用就在于治儒家之道，所以说"修道之谓教"。实行"中庸之道"既是率性问题，也是修道的问题，继而发展了孔子"内省"和曾子"自省"的教育思想。《中庸》要人们贯彻孔子传下来的"忠恕之道"："忠恕违道不远，施诸己而不愿，亦勿施于人。"正是孔丘"己所不欲，勿施于人"思想的发挥，要求在处理人与人的关系上合于此道。

化行中都

　　孔子做中都宰，制定养生送死的办法，按长幼分配食物，依强弱分配工作。男女有别，路不拾遗，贸易没有虚价，丧礼用四寸棺、五寸椁，依丘陵为坟。实行了一年，各国诸侯都效法了。

不仅如此，《中庸》还提出了有德之人必须好"三达德"，实行"五达道"，才能达到"中庸"的境界。所谓"五达道"即"君臣也，父子也，夫妇也，昆弟也，朋友之交也"。处理这五方面关系的准则是："君惠臣忠""兄友弟恭""父慈子孝""夫义妇顺""朋友有信"。"五达道"的实行，要靠"三达德"：智、仁、勇。而要做好"三达德"，达到中庸的境界，就要靠"诚"。而教育的目的，恰恰就是要人们努力进行主观自我心性的养成，以达到"至诚"的境界。

《中庸》阐述了学习的程序，并强调"择善而固执之"的勤奋不懈精神。它说："博学之，审问之，慎思之，明辨之，笃行之。"这是为学必有的过程。它又说："有弗学，学之弗能弗措也；有弗问，问之弗知弗措也；有弗思，思之弗得弗措也；有弗辨，辨之弗明弗措也；有弗行，行之弗笃弗措也。人一能之，己百之；人十能之，己千之。果能此道矣，虽愚必明，虽柔必强。"在教育上，它所提出的学习程序和刻苦的学习精神，至今仍有相当重要的借鉴意义。

《诗经》

《诗经》是我国最早的诗歌总集，它收集了从西周初期至春秋中叶间大约五百年间的诗歌，共三百零五篇。在先秦称为《诗》，或称作《诗三百》，西汉时则被尊为儒家经典，被称为《诗经》，沿用至今。

关于《诗经》的编集，现在有两种说法：一是行人采诗说，《汉书·艺文志》曾言："古有采诗之官，王者所以观风俗，知得失，自考正也。"《诗经》里三百零五篇诗歌的韵部系统和用韵规律及形式基本上是一致的，它包括的时间、地域都极为广泛，在古代交通不便、语言互异的情况下，如果不是经过有目的地采集整理，很难产生这样一部诗歌总集，因此采诗说是可信的；第二是孔子删诗说，不过许多近代学者一般认为删诗说不可信。但根据《论语》中孔子所说："吾

《诗经·国风·燕燕》诗意图

采薇图·李唐

自卫返鲁，然后乐正，雅颂各得其所，"可知孔子确曾为《诗》做过修正。

《诗经》的体例是按照音乐性质的不同来划分的，分为风、雅、颂三类。风指的是不同地区的地方音乐，《风》诗是从各地采集的土风歌谣，共计一百六十篇，大部分是民歌；雅指的是周王朝直辖地区的音乐，即所谓正声雅乐，《雅》诗是宫廷宴享或朝会时的乐歌，按音乐的不同可分为《大雅》三十一篇、《小雅》七十四篇，共一百零五篇，大部分是贵族文人的作品；颂指的是宗庙祭祀的舞曲歌辞，内容多是在歌颂祖先的功业，《颂》诗又分为《周颂》三十一篇、《商颂》五篇、《鲁颂》四篇，共四十篇，几乎全部是贵族文人的作品。从时间上看，《周颂》和《大雅》产生在西周的初期，《大雅》的小部分和《小雅》的大部分产生于西周后期至东迁时，而《国风》的大部分应当产生于春秋时期。

《诗经》全面地展示了中国周代时期的社会生活和风俗，从一个侧面反映了中国奴隶社会从兴盛到衰败时期的历史风貌。其中有些诗，如《魏风·硕鼠》《魏风·伐檀》等几首，以冷嘲热讽的笔锋揭示出奴隶主贪婪成性、不劳而获的可恶本性，反映了人民对理想生活的向往。再如《小雅·何草不黄》《小雅·采薇》，则主要描写了征夫思念家乡的情感和对战争的哀怨；《王风·君子于役》《卫风·伯兮》等表现了思妇对征人的怀念之情，从不同的角度反映了西周时期不合理的兵役制度以及战争给人民带来的苦难。

《诗经》是中国现实主义文学的光辉起点。由于其内容丰富、思想和艺术上的成就较高，所以在中国乃至世界文化史上都占有重要的地位。它开创了中国诗歌的优秀传统，对后世的文学产生了不可磨灭的影响。《诗经》的影响还走出中国走向全世界，日本、朝鲜、越南等国很早就引入了汉文版《诗经》。

《尚书》

《尚书》是我国第一部上古历史文献和部分追述古代事迹著作的总汇，它保存了商周时期，特别是西周初期的一些重要史料，是儒家经典著作之一。《尚书》原称《书》，到汉代改称《尚书》，意为上代之书。《尚书》不仅是历史典籍，它也被文学史家称为我国最早的散文总集，地位甚至可与《诗经》并列。但这类散文之中，绝大部分应属于当时官府处理国家大事时的公务文书，或者说，它是一部体例比较完整的公文总集。

《尚书》相传由孔子编撰，但有些篇目是儒家学者后来补充进去的。《尚书》的真伪考证极其复杂，汉人传说先秦时《书》有一百篇，其中《虞夏书》二十篇，《商书》《周书》各四十篇，每篇有序，为孔子所编，《史记·孔子世家》也说到孔子修《书》。但近代学者多认为《尚书》编定于战国时期。秦始皇焚书之后，《尚书》多残缺。今存《书序》，为《史记》所引，出于战国儒生之手。汉初，《尚书》存二十九篇，用汉时隶书抄写，被称为《今文尚书》。西汉前期，相传鲁恭王拆孔子故宅一段墙壁，发现另一部《尚书》，是用先秦六国时字体书写的，所以称《古文尚书》，它比《今文尚书》多十六篇，孔安国读后献于皇家。因未列于学宫，所以《古文尚书》未能流布。东晋元帝时，梅颐献伪《古文尚书》及孔安国《尚书传》。这部《古文尚书》比《今文尚书》多出二十五篇，又从《今文尚书》中多分出五篇，而当时今文本中的《秦誓》篇已遗失，所以伪古文与今文合共五十八篇。唐太宗时，孔颖达曾奉诏撰《尚书正义》，就是用古今文真伪混合的本子。明代梅作《尚书考异》，清代阎若璩著《古文尚书疏证》等，才将《古文尚书》和孔安国的《尚书传》属于伪造的性质断实。

《尚书》所记载的，为虞、夏、商、周各代的典、谟、训、诰、誓、命等文献。其中虞、夏及商代部分文献是据传闻而写成，不尽可靠。"典"是重要史实或专题史实的记载，"谟"是记君臣谋略的，"训"是臣开导君主的话，"诰"是勉励的文告，"誓"是君主训诫士众的誓词，"命"是君主的命令。还有以事为标题的，如《西伯戡黎》；更多的是以人名为标题的，如《盘庚》《微子》；也有一些以内容为标题，如《洪范》《无逸》；还有叙事较多的，如《顾命》《尧典》等篇目。

伏生授经

该图描绘的是汉初的儒者伏生向汉朝宫廷派来的学者讲述《尚书》经文的情景。

自汉以来，《尚书》一直被视为中国封建社会的政治哲学经典，既是帝王的教科书，又是贵族子弟和士大夫的必读之物，在历史上很有影响。就文学上来看，《尚书》是我国古代散文已经形成的标志。

《仪礼》

《仪礼》是我国古代记载典礼仪节的书，简称《礼》，亦称《礼经》《士礼》。主要记载的是古代礼仪制度，与《周礼》《礼记》合称"三礼"。

《仪礼》文字艰深晦涩，内容也十分枯燥，治史者对它望而生畏。根据考古材料及古文献的记载可知，商、周统治者都有着名目繁多的典礼，其礼仪日益繁杂，并且有专门职业训练并经常排练演习的人员。儒生们掌握的是创于西周并在春秋以后更加通用的各种仪节单，经不断编排整理，成为一本职业手册。他们要为天子、诸侯、士大夫等人举行各种不同的礼，史书曾有"礼仪三百，威仪三千"的记载。但这部著作传到了汉代只剩了十七篇，包括冠、婚、朝聘、丧祭、射乡五项典礼仪节，称作《礼经》，为"五经"之一。汉宣帝时，以戴德、戴圣、庆普三家所传习的《礼经》被学宫通用，当时属今文经。不久在鲁境又出现《礼古经》，除有十七篇外，多"逸礼"三十九篇，但并未传下。今文经传至西汉末，有戴德、戴圣、刘向三个篇次不同的版本。汉末郑玄则用刘向按尊卑吉凶次序编排之本作注，并记明今古文的不同之处，此书流传于世。该书至晋代始称《仪礼》，当时因门阀为宗法需要，所以特别重视其中详定血统亲疏的《丧服》诸篇，出现了不少相关著作。唐贾公彦撰《仪礼疏》十七卷，南宋时与郑注合刊为《仪礼注疏》。北宋熙宁中一度废《仪礼》不为经，元祐间又恢复。宋、元、明时，陆续出现不少研究著作，清代研究者有十余家，以胡培翚《仪礼正义》为世所称。

《周礼》

《周礼》是儒家的经典之作，为西周时期的著名思想家、政治家、文学家、军事家周公旦所著。从《周礼》的思想内容分析，不难看出儒家思想发展到战国后期，已经开始融合道、法、阴阳等各家思想，跟春秋时期孔子的思想相比，发

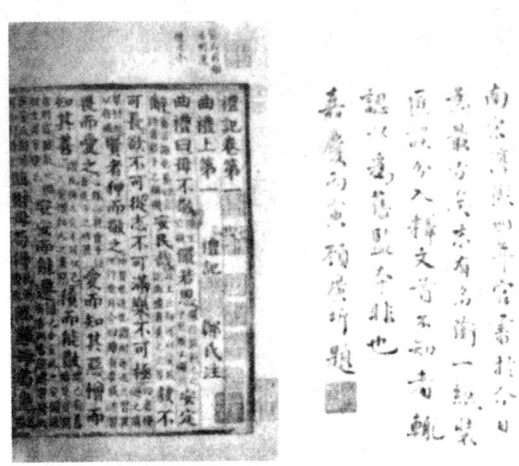

《周礼》内文书影

周公旦

生了不小的变化。《周礼》所涉及之内容极为丰富。大至天下九州，小至草木虫鱼、国家制度、政法文教、礼乐兵刑、赋税度支、膳食衣饰、农商医卜、寝庙车马、工艺制作，各种名物、典章、制度，无所不包，一应俱全，可以说是上古文化的宝库。

《周礼》一书的立意，并非是要记录某个朝代的典章制度，而是要为千秋万世立下一套规矩的法则。周公旦希望透过此书表达自己对社会和天人关系的哲学思考，全书的谋篇布局技巧高超。战国时期，阴阳五行思想盛行，讲求人与自然的联系，主张社会仿效自然法则，因而有"人法地，地法天，天法道，道法自然"之说。《周礼》的作者正是"以人法天"思想的奉行者。

《周礼》以天官、地官、春官、夏官、秋官、冬官为间架。天、地、春、夏、秋、冬即天地四方六合，就是古人所说的宇宙。《周礼》六官即六卿，根据作者的安排，每卿统领六十官职，所以，六卿的职官总数为三百六十。在儒家的传统理念中，阴阳是一对基本的哲学范畴，天下万物，非阴即阳。《周礼》作者将这一

本属于思想领域的概念，充分运用在政治机制的层面。《周礼》中的阴阳，几乎无处不在，比如《天官·内小臣》中的阳令、阴令；《天官·内宰》中的阳礼、阴礼；《地官·牧人》中的阳祀、阴祀等。王城中"左祖右社""面朝后市"的布局，也是其阴阳思想的一种表现，南为阳，故天子南面听朝；北为阴，故王后北面治市。战国又是五行思想盛行的时代。阴、阳二气相互摩荡，产生金、木、水、火、土五行。世间万事万物，都可纳入以五行作为框架的体系，如东南西北中等五方，青赤白黑黄等五色，宫商角徵羽等五声，酸苦辛咸甘五味等。五行思

想在《周礼》中也得到了重要的体现。

综上所述，《周礼》是一部以人法天的理想国的蓝图，但这并不意味着《周礼》中没有先秦礼制的影响。恰恰相反，作者对前代的史料作了很多吸收，但不是简单移用，而是照其哲学理念进行改造，然后与作者创新的材料糅合，从而构成新的体系。

《礼记》

《礼记》是中国古代一部重要的典章制度书籍。该书由西汉礼学家戴德和他的侄子戴圣两人编订。戴德选编的八十五篇本叫《大戴礼记》，在后来的流传过程中不幸遗失，到唐代只剩下了三十九篇。戴圣选编的四十九篇本叫《小戴礼记》，即我们今天见到的《礼记》。这两种书各有侧重，各有其特色。东汉末年，著名学者郑玄为《小戴礼记》作了出色的注解，后来这个本子便一直盛行不衰，并逐渐由解说经文的著作变成了经典，直到唐代被列为"九经"之一，到宋代被列入"十三经"之中，成为士人的必读之书。

《礼记》主要是记载和论述先秦的礼制、礼意，解释仪礼，并记录孔子和弟子等的问答，记述修身做人的准则。实际上，这部九万字左右的著作内容宽泛，门类庞杂，涉及政治、法律、道德、历法、哲学、文艺、历史、地理、祭祀、日常生活等诸多方面，几乎包罗万象，集中体现了先秦儒家的政治思想和哲学思想，是研究先秦社会的宝贵资料。

《礼记》全书用散文写成，其中一些篇章相当具有文学价值。有的用短小生动的故事阐明某一道理，有的则气势磅礴、结构谨严，有的言语简洁、意味隽永，有的擅长心理活动描写和刻画，书中还收有大量富有哲理的格言警句，精辟深刻，发人深省。

《礼记》与《仪礼》《周礼》合称"三礼"，对中国传统文化产生了

四子侍坐

孔子让子路、曾皙、冉有、公西华谈谈自己的志向，子路、冉有、公西华分别以民富国强和做个司仪对答。唯有曾皙有沐浴春风游沂水的乐趣，孔子感叹地说：我赞同曾皙的志向啊！

深远的影响，各个时代的人都从中寻找思想源泉。因而，历代为《礼记》作注释的书很多，当代学者在这方面也有一些新的研究成果。

《周易》

《周易》又称《易经》，是秦汉后直至今日无人真正知晓的上古典籍，在我国和世界范围内的影响都极为深远。《周易》分为经部和传部两个部分，经部的原名就为《周易》，是对四百五十卦易卦典型的揭示和相应吉凶的判断，而传部含《文言》《象传》上下、《象传》上下、《系辞传》上下、《说卦传》《序卦传》《杂卦传》，共计七种十篇，被称之为"十翼"，是孔门弟子对《周易》经文的注解和对筮占原理、功用等多方面的阐释。

易卦系统最基本的要素为阴阳概念，而阴阳概念包括阴阳的性质和状态两层意义。如果抛开阴阳的状态，只论其性质，则可以用阳爻（—）和阴爻（— —）表示阴阳。将上述阴阳爻按照由下往上重叠三次，就形成了八卦，即"乾，坤，震，巽，坎，离，艮，兑"八个基本卦，称为八经卦。再将八经卦两两重叠，就可以得到六个位次的易卦，共有六十四卦，这六十四卦称为六十四别卦，每一卦都有特定的名称。《周易》的经部文字说明的内容就是对六十四卦系中易卦的象征意义以及相应的人事吉凶判定。其中每一卦系的第一条内容都是相应的全静卦的占断，其后的六条内容是顺次排列的对相应卦系一爻动的卦的占断。

《周易》中运用八卦预测信息的方法的发明，正是我国人民具有唯物主义世界观的真实写照，他们在实践中很好地认识社会、改造社会，并不断推动社会向前发展。所

卜周易管辂知机

以，易卦及《周易》，是个储存量很大的信息库。

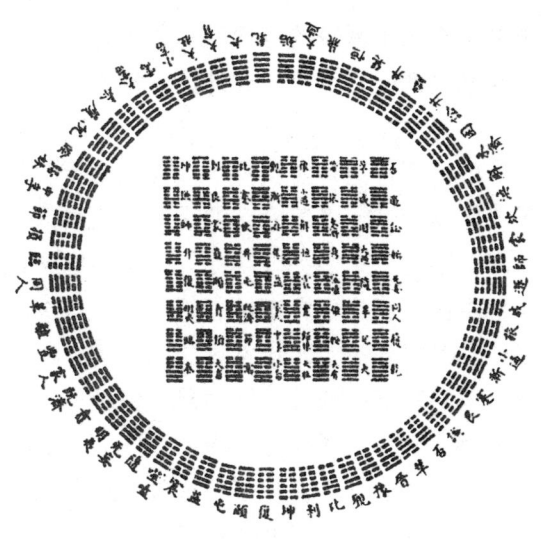

伏羲八卦图

《周易》历经数千年之沧桑，已成为中华文化之根。易道要求阴阳互应、刚柔相济，提倡厚德载物、自强不息。在五千年的文明发展史上，中华民族之所以能够历劫不覆，是与我们民族对《周易》精神的时代把握息息相关，他们并不是求助于偶像，而是运用八卦今昔信息预测的科学方法，预测自然和人事吉凶方面的有关信息，做到对一切心中有数，有备无患。

《周易》是一部古老灿烂的文化瑰宝，古人用它来预测未来、反映当前现象、决策国家大事。然而这只是古人在没能掌握科学方法之前所依托的一种手段，并不是真正的科学。目前，我国对易学的研究在原理探索上仍无重大进展，实际应用时容易趋向神秘主义，从而阻碍了中华易学良性发展的步伐，蒙蔽了易学真正的内在价值。

《易传》

《易传》是一部战国时期解说《易经》的论文全集，其学说本始于孔子，成于孔子之后。《易传》共七种十篇，分别为《彖传》上下篇、《象传》上下篇、《文言传》《系辞传》上下篇、《说卦传》《序卦传》和《杂卦传》。从汉代开始，它们又被称为"十翼"。

《系辞》是今本《易传》的第四种，它总论《易经》大义，是今本《易传》七种中思想水平最高的作品。《系辞》解释了卦爻辞的意义及卦象爻位，所用的方法有取义说、取象说、爻位说几个；继而又论述了揲蓍求卦的过程，用数学方法解释了《周易》筮法和卦画的产生和形成。

对《易经》的基本原理，《系辞》进行了创造性的解释和发挥，认为"一阴一阳之谓道"，奇偶二数、阴阳二爻、乾坤两卦、八经卦、六十四卦，都由一阴一阳构成，没有阴阳对立，就没有《周易》。因为它早已把古代的阴阳观念发展成了一个系统的世界观，用阴阳、乾坤、刚柔的对立统一来解释宇宙万物和人类社会的一切变化，此外，《易传》还特别强调了宇宙变化生生不已的本质，说"天地之大德曰生"，"生生之谓易"；又提出了"穷则变，变则通，通则久"的道理，进一步发挥了"物极必反"的思想，强调了"居安思危"的忧患意识。它认为"汤武革命，顺乎天而应乎人"，肯定了变革的重要意义，主张自强不息，通过变革以完成功业。同时，它又以"保合太和"为最高的理想目标，继承了中国传统重视和谐的思想。《系辞》肯定了"《易》与天地准"，以为《周易》及其筮法出于对自然现象的摹写，其根源在于自然界；同时也含有夸大《周易》筮法功能的成分，认为易卦包罗万象，其中囊括了一切自然界的变化法则。《易传》说"《易》有太极，是生两仪，两仪生四象，四象生八卦，八卦定吉凶，吉凶生大业"，将以著求卦的过程理论化，实际上这含着宇宙生成论，对后来的思想家产生了不小的影响。

《春秋》

　　《春秋》是鲁国的编年史，孔子曾经为其做过修订，也是儒家经典之一。它记载了从鲁隐公元年（前722）到鲁哀公十四年（前481）之间的历史，是中国现存最早的一部编年体断代史书。《春秋》一书的史料价值很高，但遗憾的是它不够完备。

　　在中国上古时期，春季和秋季是诸侯朝觐王室的时节。另外，春秋在古代也代表一年四季。而史书记载的都是一年四季中发生的大事，因此"春秋"是史书的统称。而鲁国史书的正式名称就是《春秋》。

　　《春秋》中的文字非常简练，事件的记载很简略，但这两百多年间诸侯攻伐、

西狩获麟

　　鲁哀公十四年（前481），鲁人在西郊打猎获得一只麒麟，孔子感念于此，停止了写《春秋》。叔孙氏猎获麒麟，因不认识扔在五父之街。冉有告诉了孔子，孔子前去观看，哭泣着说：这是麒麟啊，麒麟是仁义之兽，一出现就死了，我的道也要完了。

盟会、篡弑及祭祀礼俗等，都有记载。它所记鲁国十二代的世次年代，完全正确，所载日食与西方学者所著《蚀经》比较，互相符合的大约有三十多次，足以证明《春秋》并非古人凭空虚撰，可以定为信史。

《春秋》最初原文有一万八千多字，现存版本则只有一万六千多字。语言精练，遣词造句井然有序。只是文字过于简质，使得后人不易理解，所以诠释之作相继出现，对书中的记载进行解释和说明，称之为"传"。其中左丘明《春秋左氏传》、公羊高《春秋公羊传》、穀梁喜《春秋穀梁传》合称"春秋三传"列入儒家经典。现《春秋》原文一般合编入《左传》作为"经"，《左传》新增的内容作为"传"。据《汉书·艺文志》记载，为春秋作传者共五家。

《左传》

《左传》是《春秋左氏传》的简称，又名《春秋左氏》，是一部史学名著和文学名著，是我国现存第一部叙事详细的编年体史书。《左传》后人将它配合《春秋》作为解经之书，与《春秋公羊传》《春秋穀梁传》合称"春秋三传"。实质上，《左传》是一部独立撰写的史书。

旧时相传《左传》是春秋末年左丘明为注解孔子的《春秋》而作，它起自鲁隐公元年（前722），止于鲁哀公十四年（前481），以《春秋》为本，通过记述春秋时期的历史来说明《春秋》的纲目，是儒家重要经典之一。

《左传》是一部记录春秋时期社会状况的重要典籍，记录了包括王室档案、诸侯国史、鲁史策书等许多题材。记事基本以《春秋》鲁十二公为次序，内容包括诸侯国之间的聘问、婚丧、征伐、会盟、篡弑等，对后世史学、文学都有重要影响。它主要记录了周王室的衰微，诸侯争霸的历史，同时，对各类礼仪规范、典章制度、道德观

舍肉遗母

周朝颖考叔听说郑庄公曾立下誓言说，此生除非到了黄泉地下，才会和母亲相见。考叔借舍肉给母亲吃讽喻庄公在地下挖个地道和母亲相见。郑庄公听从了考叔的计策，最终和母亲和好如初。出自《左传》。

念、社会风俗、民族关系、天文地理、歌谣谚语、历法时令、古代文献、神话传说，均有记述和评论。

商周时期战争出征的情景图

《左传》对后世的影响也首先体现在历史学方面。它不仅进一步发展了《春秋》的编年体类型，并保存了当时流行的一部分应用文，为后世应用写作的发展提供了一份借鉴。《左传》有鲜明的政治和道德倾向，其观念较接近于儒家，强调宗法伦理与等级秩序，同时也表现出"民本"思想，可以看出这是春秋战国时期思想上的一种重要进步。《左传》虽不是文学著作，但从广义上看，仍可说是中国第一部大规模的叙事性作品，比较之前的任何一种著作，它的叙事能力有了惊人的提升，许多头绪纷杂的历史大事件都能处理得有条不紊。其中关于战争的描写尤其出色，作者善于将每一次战役都放在大国争霸的背景下展开，对于战争的远因近因、各国关系的组合变化、战前策划、战争影响，以简练的文笔写出，且行文紧密有力。这种叙事能力，无论对后来的历史著作还是文学著作，都具有极为重要的意义。而且其中的故事生动有趣，常常以勾画极为细致的情节表现人物的形象。《左传》对后世《战国策》《史记》等作品的写作风格影响都很大，形成文史相结合的传统。

《左传》是研究先秦历史和春秋时期历史的重要文献，它不仅代表了先秦史学的最高成就，而且对后世的史学产生了很大影响，特别是对确立编年体史书的地位起了很大作用。它补充并丰富了《春秋》的内容，不但记鲁国一国的史实，而且还兼记各国史实；不但记政治大事，还广泛涉及社会各个领域的琐事。一改《春秋》流水账式的记史方法。它那有系统、有组织的史书编纂方法，不仅仅记录春秋史实，而且引征了许多古代史实，这就大大提高了《左传》的史料价值。

《公羊传》

《公羊传》也被称为《春秋公羊传》《公羊春秋》，是专门解释《春秋》的一部典籍，其起迄年代与《春秋》大约一致，即公元前722年至前481年，其释史很简略，而着重阐释《春秋》所谓的"微言大义"，用问答这种方式来解经。书的作者是战国时齐人公羊高，他曾受学于孔子弟子子夏，后来成为传《春秋》的三大家之一。

《公羊春秋》作为家学，最初只是口口相传，到了公羊高的玄孙公羊寿这时，方才和齐人胡毋生合作，将《春秋公羊传》定稿"著于竹帛"。该书的体裁特点是经传合并，传文逐句传述《春秋》经文的大义，与《左传》以记载史实为主不同。《公羊传》是今文经学的重要经籍，历代今文经学家时常用它作为议论政治的一个工具。同时，它还是研究秦汉间儒家思想的重要资料。

后世注释《公羊传》的书籍主要有东汉何休撰《春秋公羊解诂》、唐朝徐彦作《公羊传疏》、清朝陈立撰《公羊义疏》几部著作。

《孝经》

《孝经》是中国古代儒家的伦理学著作，有人说是孔子自作，但南宋时已有人怀疑是出于后人附会。清代的纪昀曾在《四库全书总目》认为该书是孔子"七十子之徒之遗言"，大约成书于秦汉之际。自西汉至魏晋南北朝，注解者近百家。现在传世的版本是唐玄宗李隆基注，全书共分十八章。

《孝经》以孝为中心，较为集中地解释了儒家的伦理思想。它肯定了"孝"是上天所定的规范，"夫孝，天之经也，地之义也，人之行也。"书中还指出，孝是诸德之本，国君可以用孝治理国家，臣民能够以孝立身理家。《孝经》首次将孝亲与忠君联系起来，这在中国思想史中尚属首次，它认为"忠"是"孝"的发展和扩大，并把"孝"的社会作用绝对化，认为只要做到了孝悌的极致，就能够"通于神明，光于四海，无所不通"。

女孝经图

《孝经》对实行"孝"的要求和方法也作了比较系统的规定。书中主张把"孝"贯穿于人日常生活的一切行为之中。不仅如此，《孝经》还把封建法律与道德规范联系起来，认为"五刑之属三千，而罪莫大于不孝"；并且提出要借用国家法律的权威，维护封建等级关系和道德秩序。

在唐代，《孝经》被尊为经书，南宋以后则被列为"十三经"之一，清康熙帝曾用"孝"来治国。封建社会里，它被看作是"孔子述作，垂范将来"的经典，对传播和维护封建日常制度起了很大作用。现在，也有人将《孝经》附会于企业管理，殊不知因血缘相维系才是中国家族式民营企业难以留住人才、难以持续发展的重要原因。

《说文解字》

《说文解字》，简称《说文》，作者是东汉的经学家、文字学家许慎。《说文解字》大约形成于汉和帝永元十二年（100）到安帝建光元年（121）。许慎根据不同文字的形体，创立540个部首，将9353字分别归入这540个部首之列。540部又根据形态归并为十四大类。字典正文就按这十四大类分为十四篇，卷末叙目别为一篇，加上序目一卷，《说文解字》共计十六卷。许慎在《说文解字》中系统地阐述了汉字的造字规律。《说文》包括各种含义的字的解释，反映了古代的政治、经济、文化、风俗习惯等。

《说文解字》的体例是先列出小篆，如果古文和籀文不同，则在后面列出，然后解释这个字的本义，再说明字形与字义或字音之间的关系。《说文解字》中的部首排列是按照形体相似或者意义相近的原则排列的。《说文解字》开创了部首检字的先河，而这种方式对后世的字典影响很大。段玉裁称这部书"此前古未有之书，许君之所独创"。对于《说文解字》历代都有许多学者研究，以清朝的研究最为兴盛。段玉裁的《说文解字注》、朱骏声的《说文通训定声》、桂馥的《说文解字义证》、王筠的《说文释例》《说文句读》尤被推崇，四人也被尊称为"说文四大家"。

段玉裁纪念馆

造字法上，它提出了"指事""会意""象形""形声""转注""假借"的"六书"学说。并在《说文解字·叙》里对六书学说做了全面的、权威性的解释。从此，"六书"成为一个专门的学问。

　　《说文解字》总结了先秦、两汉文学的成果，留存了汉字的形、音、义，是研究甲骨文、金文和古音、训诂不可缺少的资料，特别是《说文解字》对字义的解释一般保存了最古的含义，对理解古书上的词义有更大的帮助，书中对于秦汉时期全国各地方言的介绍使其成为了解中国古方言的一本参考书籍。由此可见，《说文解字》反映了古代历史的一些真实知识情况，有助于我们博古通今，增长见闻。

《史》

"史"指的是记载历史兴衰景观、各类人物和制度沿革等历史的书籍，司马迁的《史记》为中国正史的开始，后来几乎每朝一史，共有二十四史。此外，古史、野史、地理志、法典、政书、职官、时令等也都归入史部。

《史记》

《史记》是中国第一部纪传体通史，由著名史学家、文学家司马迁编撰。全书包括本纪、表、书、世家和列传几部分，共一百三十篇。"本纪"除了《秦本纪》之外，都叙述历代最高统治者帝王的政迹；"表"则是各个历史时期的简单大事记，是全书叙事的脉络；"书"是个别事件的始末文献，它们分别叙述天文、水利、经济、文化、艺术等方面的发展和现状；"世家"主要叙述贵族王侯的历史；"列传"主要是各种不同类型、不同阶层人物的传记。实录精神是《史记》一书最大的

露台惜费

文帝尝欲在骊山上造一露顶高台，让工匠计算费用是多少，工匠计算说该用百金。文帝说其破费了十家的产业，于是停止露台之工，复不兴造。故事出自《史记·孝文本纪》。

特色。他在写每一个历史人物或历史事件时，都经过了大量的考据，并对史实反复进行核对。司马迁还是个少年时，便离开首都，遍览各地的历史遗迹，从而了解到了许多历史人物的故事和许多地方的民俗风情，开阔了眼界和胸襟。汉朝的历史学家班固曾说司马迁"其文直，其事核，不虚美，不隐恶，故谓之实录"。也就是说，他的文章秉笔直书、真实可靠。班固高度评价了司马迁的科学态度和《史记》一书的真实性。

司马迁的"实录"精神意味着面对现实、记录现实，他在给人物作传记时，并没有被传统历史记载的规矩所束缚，而是按照自己对历史事实的真实感情撰写。从最高的皇帝，到王侯将相，再到地方长官等，司马迁不会抹杀他们光彩耀人的一面，但突出的是揭露他们的腐朽丑恶的本性。尤其是对汉代统治阶级的罪恶。他虽是汉武帝的臣子，但对于他的过失，司马迁并没有加以隐瞒，而是深刻批判了当时盛行的祈求神仙、封禅祭祖等活动。

就中国史学的具体发展过程而言，《史记》的贡献很大。首先，它建立了完整的通史体制，《史记》是中国史学上第一部贯通古今、贯穿数代的通史名著，成就辉煌。正因为《史记》能够融合古今撰成一书，开启先河，于是用这种体例修订历史的方法也就逐渐发扬光大了。

其次，它建立了史学的独特地位。在我国古代，史学原本是包含在经学范围之内，并没有自己的独立地位，所以史部之书在刘歆的《七略》和班固的《艺文志》里，都是附于《春秋》的后面。自从司马迁完成《史记》后，史学家相继而起，史学专著也越来越多。从此，史学在中国学术领域里取得了独立的地位。最后，《史记》还建立了史传的文学传统，司马迁的文学修养高深，艺术手段多样，他能把极其复杂的事实处理得非常妥帖，秩序井然，再加以见识高远，文字生动，感情充沛，使人"惊呼击节，不自知其所以然"。

《史记》是中国史学上一个划时代的标志，是一部"究天人之际，通古今之变，成一家之言"的伟大著作，是司马迁对中国文化特别是历史学方面的极其宝贵的贡献。

《汉书》

《汉书》又称《前汉书》，是我国第一部纪传体断代史，作者是东汉的班固。《汉书》主要记载了汉高祖元年（前206）至王莽地皇四年（23）共230年的史事，是继《史记》之后我国古代又一部重要史书。《汉书》包括帝纪十二篇、表八篇、志十篇、列传七十篇，共一百篇，后人将其划分为一百二十卷。《汉书》的体例与《史记》相比，已经发生了不少变化。《汉书》是一部断代史，《汉书》把《史记》的"本纪"省称为"纪"，"列传"改称"传"，"书"改叫"志"，取消了"世家"，汉代勋臣世家一律编入传。这些变化也被后来的一些史书沿袭使用。

《汉书》主要有三大特点：第一，《汉书》具有相当浓厚的封建思想。彼时，封建的神学思想已发展成为当时的统治思想，而班固又是史学家，自然是以维护封建神学思想为己任，遂将"圣人之道"作为自己著作的指导思想。也正是因此，《汉书》的主导思想是"五德终始说"和封建神学说。为了宣扬"天人感应"等封建神学思想，《汉书》首创《五行志》，专门记述五行灾异等神秘学说。其二，《汉书》开创了断代史和纪传史的编纂方法，它继承并发展了《史记》的编纂形式，使纪传体成为一种更加完备的体例。《汉书》新创立的四种志对于西汉政治经济制度和社会风情的记载，比《史记》更加完整、详细，从而提高了《汉书》的史料价值。对于传记的编排，《汉书》基本上按时间先后为序，体例上很整齐。第三，汉书的资料相当丰富，保存了许多重要的历史文献，现存的《汉书》约80万字，比《史记》更庞杂。它收入了大量关于政治、经济、军事以及文化方面的奏疏、著述、对策和书信等。在《汉书》的志中，也有类似的重要历史文献的收录。

《汉书》与《史记》虽然同为纪传体史书，但有很多不同之处。《史记》起于传说"三皇五帝"，到汉武帝时代为止，可以说是一部通史；而《汉书》是专一记述西汉这一期间史实的断代史。这种纪传体的断代史体裁，由班固开了先河。从此以后，历代的正史都采用了这种体例来记述，这也是班固对于我国史学的一大贡献。《史通·六家》说："如《汉书》者，究西都之首末，穷刘氏之废兴，包举一代。撰成一书。言皆精练，事甚该密，故学者寻讨，易为其功。自古迄今，无改斯道。"

汉高祖任用三杰

三杰指张良、萧何、韩信三人。

《后汉书》

　　《后汉书》共九十卷，由南朝宋范晔编撰。范晔，字蔚宗，顺阳人，出身于一个士族家庭。他的祖父范宁曾任晋豫章太守，著《穀梁集解》一书。他的父亲范泰官拜金紫光禄大夫，著有《古今善言》二十四篇。范晔生性孤僻，不善与人为伍，一直以名门之后自居，仕宦和著述方面都不甘居人后，以此成名，也以此丧身。

　　元嘉九年（432），范晔在为彭城太妃治丧时，由于行为失检而得罪了司徒刘义康，从而被贬为宣城太守，范晔郁郁不得志，只好修史来寄托其志，于是开始创作《后汉书》。元嘉二十二年（445），当他完成了本纪和列传的同时，又和谢俨共同完成《礼乐志》《天文志》《舆服志》《五行志》《州郡志》等五志的时候，有人告发他参与了刘义康的阴谋，他因此含恨死在狱中。谢俨胆小，由于怕受牵连，只好毁掉了手中的纸稿，使得流传下来的《后汉书》只有纪传部分。

　　范晔以《东观汉记》为基本的史料依据，以《华峤书》为主要蓝本，汲取其他各家所长，删繁补缺，从而超越众家，后来居上。到了唐代，范晔的《后汉书》取代《东观汉记》，与《史记》《汉书》名，被后人并称"三史"，成为我们现在研究东汉历史的最基本的依据。

　　《后汉书》重现了东汉的历史，保存了东汉一代的诸多史料，比如东汉社会政治经济状况、民俗风情、朝代兴衰历变、历史事件等。《后汉书》中还沿袭了班固《汉书》的编辑方法，保存了不少东汉学者有价值的论著，附于人物传记之后。这些论著，是研究东汉社会的珍贵史料，具有很高的参考和实用价值。

　　《后汉书》的基本内容是宣扬儒

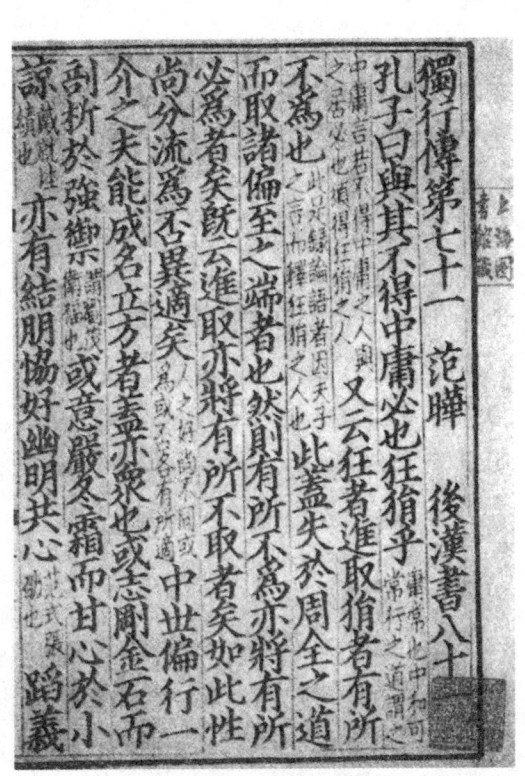

《后汉书》内文书影

家正统思想，书中对大部分人物的或褒或贬，都是根据正统的儒家思想来判定：凡是有利于社稷安定、国计民生的忠贞之士，就能受到褒美。反之，则受贬责。

《三国志》

曹操平定汉中地

《三国志》是由晋代陈寿撰写的一部主要记载魏、蜀、吴三国鼎立时期的纪传体国别史，详细记录了从魏文帝黄初元年（220），到晋武帝太康元年（280）之间六十年的历史。《三国志》包括《魏书》三十卷、《吴书》二十卷、《蜀书》十五卷，共六十五卷。陈寿是晋朝大臣，晋承魏而得天下，所以此书尊魏为正统。《三国志》为曹操写了本纪，而《蜀书》和《吴书》则记孙权为《吴主传》、刘备为《先主传》，均只有传，没有纪。《三国志》位列中国古代二十四史之中，与《史记》《汉书》《后汉书》并称"前四史"。

《三国志》不仅是一部史学巨著，同时，它也是一部文学巨著。陈寿在尊重史实的基础上，以简练而准确的语言为我们绘制出一幅幅三国人物肖像，生动而鲜明。

《三国志》以叙事为主，文笔凝练，在当时就受到了不少褒奖。与陈寿处在同一时代的夏侯湛也曾写作《魏书》，但看到《三国志》之后，就认为没有另写新史的必要，随即毁弃了自己的著作。后人更是十分推崇此作，认为在记载三国时期历史的史书中，只有这部可以与《史记》《汉书》相媲美。因此，其他各家的三国史类书籍相继失传，只有《三国志》一直流传到现在。南朝人刘勰在《文心雕龙·史传》篇中曾说："魏代三雄，记传互出，《阳秋》《魏略》之属，《江表》《吴录》之类，或激抗难征，或疏阔寡要。唯陈寿《三国志》，文质辨洽，荀、张比之迁、固，非妄誉也。"也就是说，那些同类史书不是立论偏激，就是文笔疏散。只有陈寿的这部作品达到了内容与文字的高度统一。

陈寿还能做到叙事隐讳而不失实录，扬善而不隐蔽缺点。在陈寿所处的时代里，由于各种政治关系复杂，历史与现实问题很是混乱，陈寿只好用曲折的方式来反映真实历史。《三国志》虽然对汉魏关系有所隐讳，但也能从别的地方看出一些真实情况。如建安元年（193），汉献帝迁都许昌，本是曹操企图挟天子以令诸侯之举，但陈寿在这里不用明文写曹操的政治企图。另外，他在《荀彧传》《董昭传》和《周瑜鲁肃吕蒙传·评》中也都揭露了当时的真实情况。陈寿对蜀汉虽然怀有故国之情，但却不隐讳刘备、诸葛亮的过失，把刘备以私怨杀张裕和诸葛亮错用马谡等事一一记录，这也是良史之才的一个表现。

《晋书》

《晋书》一百三十卷，包括帝纪十卷、志二十卷、载记三十卷、列传七十卷，记载了从司马懿开始到晋恭帝元熙二年（420）的历史事件，并用"载记"的形式描述了十六国政权割据的情景。

唐太宗是一位有所作为的君主，他很重视史书的修整工作。在唐以前写成的晋史有二十几家之多。唐太宗认为前人写的这些晋史都有种种缺陷，皆不是出于"良史之才"，因而在惋惜之余，便组织史家学者重新撰写《晋书》。唐太宗在修晋书诏中对各家史著逐一进行了批评，撰写一部系统、完整、旨趣较高的晋史成了唐太宗的一大心愿。贞观二十年（1646），他下诏让褚遂良、房玄龄、许敬宗等人担任监修工作，组织

温氏六龙

西晋温恭六子，名曰"六龙"，誉满天下。子温羡文武兼备，任职左光禄大夫，相当于左宰相。其子弟兄六人个个英俊雄武，深受皇帝喜爱，赐封"温氏六龙"。故事出自《晋书》。

编写《晋书》。当时，他们组织了一大批史学者，以南朝齐人臧荣绪所著的《晋书》为蓝本，同时参考其他诸家晋史和相关著作，兼引十六国所撰史籍，从贞观二十年（646）开始撰写，至贞观二十二年（648）完成这一部新的《晋书》。

《晋书》在取材方面，不是十分注意材料的取舍，而是喜欢采用小说笔记里的奇闻逸事，《搜神录》《幽明录》中的一些荒诞之谈也都加以收录，这有损于它的史料价值。另外，书中有记事前后矛盾和失误的地方。编撰《晋书》的人，大多数擅长诗词文赋，撰史过程中，有片面追求行文华丽的倾向。因此，后人批评它"竞为绮艳，不求笃实"。这也是《晋书》的缺点之一。

但这部新的《晋书》同以往别人的晋史著作相比，有一个比较突出的优点，就是它的内容十分详尽。以往诸家晋史，或只记西晋一朝史的历史，或虽兼记两晋史事，但对"十六国"史事都没有比较系统的记述，从严格的意义上来讲，它们都不是完全的史书。而《晋书》的详尽克服了以往其他书籍的缺陷。此外，《晋书》中的志一般都是从三国时期开始写起，这就弥补了《三国志》体裁方面的不足。

《晋书》体例很完备，所以它尽管容纳了很多的历史内容，但却毫无繁杂纷乱之感。《晋书》的帝纪按时间为线索。在帝纪中，首先列宣、景、文三纪来追述晋武帝祖父司马懿、伯父司马师、父亲司马昭开国创业的过程，这样，历史的发展看起来一目了然。书志部分记载的典章制度条理清晰，叙事详明。列传记载人物，以时代和类别为序，使西晋的历史人物分门别类地展现在读者面前，构成晋代历史一幅活动的图卷。

《宋书》

《宋书》记录的是南朝刘宋一代历史的纪传体史书。梁沈约撰，含本纪十卷、志三十卷、列传六十卷，共一百卷。现在流传的版本个别传文有残缺，少数列传是后人用唐高峻《小史》《南史》补充上去的。八志原排在列传之后，后人将其移于纪和传之间，并把律历志中律与历两部分分割开写。

作者沈约，字休文，吴兴武康人，出身于江南，自称"少好百家之言，身为四代之史"。齐永明五年（487）时，任太子家令兼著作郎，奉诏撰写《宋书》。他依据宋代何承天、苏宝生、徐爰等修撰的《宋书》及其他记录宋代历史的书籍，增补宋末十几年的事迹，只用了一年时间，到六年（488）二月就完成纪、传七十卷，后又续修八志三十卷。沈约以文字称世，有文集九卷。

《宋书》中主要收录的昭令、奏议、书札、文章等各种文献，对后世的研究很有用处。该书的篇幅很大，主要是因为他很注意为豪门士族立传。沈约在《宋书》中的叙述，可以上溯到魏晋，填补《三国志》等书的缺略。书中的礼志把郊祀天地、朝会、祭祖、舆服等合在一起；乐志则详述乐器，记录乐章，这都是较好的体例；州郡志对于郡县的分合设置记载简略；律历志详细记载何承天《元嘉历》、杨伟《景初历》、祖冲之《大明历》全文，从中我们可以看出当时的自然科学水平。

葛巾漉酒

典出《宋书·陶潜传》：陶渊明嗜酒，"郡将侯潜，值得酒熟，取头上葛巾漉（过滤）酒，毕，还复著之"。

《南齐书》

《南齐书》记述南朝萧齐王朝从齐高帝建元元年（479），到齐和帝中兴二年（502）共二十三年间的史事，是现存的关于南齐最早的纪传体断代史。原名《齐书》，后为了区别宋代李百药所著的《北齐书》，改称为《南齐书》，由萧子显撰写。南朝萧齐皇朝在历史上只存在二十三年，存在时间非常短，作者萧子显是齐高帝萧道成的孙子，他以曾经的宗室身份来描述这个皇朝的历史，这在二十四史的作者中尚无第二人。

史学是萧子显所酷爱的事业，在他不长的生命历史上，共撰写了《后汉书》一百卷、《晋史草》三十卷、

博学能文天性清俭金上儋同妾言可戢

齐高帝

齐高帝萧道成

《普通北伐记》五卷、《齐书》六十卷、《贵俭传》三十卷等五部历史著作。

《南齐书》包含：帝纪八卷，除了追溯萧道成在刘宋末年的政治活动之外，主要记载了萧齐皇朝（479—502）二十三年间的史事。志八篇十一卷，刘宋、萧齐立国等都有，但断代比较明显。传四十卷，其中不少是对少数民族地区的记录，而以《魏虏传》记北魏史事，这在性质上同《宋书·索虏传》相同。因为萧子显既是萧齐皇朝的宗室，也是萧梁皇朝的宠臣，所以他撰《南齐书》一方面要对萧道成顾忌，一方面又要替萧衍掩饰。

《南齐书》同《宋书》一样，都宣扬了神秘主义的思想和佛法的深远无边，也都过分讲究华丽的辞藻，这是它们的缺点，也是那个时代留下的不可磨灭的印记。《南齐书》现存五十九卷，其中帝纪八卷、志十一卷、列传四十卷，《自序》一卷已经遗失。《南齐书》叙事流畅而详尽，在体例上，它结合了《汉书》中的类叙法和《宋书》中的代叙法，很有新意。

《梁书》

《梁书》是由姚察及其子姚思廉两人共同完成。姚察及姚思廉父子虽为史学家，但也都有着很高深的文字修养，书中的文字凝练朴素，摒弃了辞藻华丽浮夸之风，继承了司马迁及班固等人的笔法，这在南朝诸史中是难能可贵的。

《梁书》包含帝纪六卷、列传五十卷，无表、无志。它主要记述了萧齐末年的政治以及萧梁皇朝五十余年间的史事，其中有二十六卷的后论署名为"陈吏部尚书姚察曰"，这部分是出于姚察之手，大约几乎占了《梁书》的半数。姚思廉撰写《梁书》，除了继承他父亲的遗稿以外，还参考了梁、陈、隋等朝代史家编撰的成果。

《梁书》所依据的材料是很丰富的，在梁朝除史官所撰国史外，还有沈约的《武帝本纪》十四卷，鲍行卿的《乘舆飞龙记》二卷，周兴嗣的《梁皇帝实录》五卷，萧子显的《普通北伐记》五卷，萧韶的《梁太清

任 昉

记》十卷，谢昊的《梁书》四十九卷等。这些编纂整齐的历史书籍，为姚氏父子撰写《梁书》提供了丰富的资料。梁朝虽然只有五十五年的历史，但《梁书》的列传却有五十卷之多。书中对于各类历史人物的活动，叙述得十分详细，很多文人和史家也都被《梁书》写入其中。如对史学作出过贡献的沈约、任昉、江淹、裴子野、殷钧、王僧孺、刘昭、周兴嗣、萧子云、萧子显等，都有各自的列传，为后人研究这一时期的史学提供了很大的方便。

《梁书》的谋篇布局很有规矩，显示出姚氏父子高超的史学编撰技巧。书中继承了《汉书》类叙的方法，庞杂但不烦琐，又不遗漏人物。除此之外，《梁书》还有几个显著的优点：第一，它在叙述梁朝史事时很全面。如梁朝五十多年的历史，梁武帝一人统治了四十多年，《梁书》六卷帝纪中用三卷的篇幅来记录梁武帝，这对研究梁朝史事非常重要。其次，书中的文字很简练。清代史学家赵翼曾称赞《梁书》对历史的表述"行墨最简"，文字"爽劲"。第三，这部书除了评论人物的功过是非之外，往往还能顾及到对于社会风气和时代特点的概括。

《陈书》

《陈书》是南朝陈的纪传体断代史，它记载了从陈武帝陈霸先即位到陈后主陈叔宝之间三十三年的史实，由姚察及其子姚思廉两代人共同撰写。《陈书》中有帝纪六卷、列传三十卷，共三十六卷，无表志。陈朝封建政权只存在了三十三年，在政治、经济、文化方面没有特别出色的建树。与《梁书》相比，《陈书》稍显简略。

从《陈书》中我们不难看出，有两卷帝纪的后论署为"陈吏部尚书姚察曰"，说明姚察在陈史撰述方面遗留给姚思廉的旧稿没有《梁史》丰富。姚思廉所撰的《陈书》，主要是借鉴了陈朝史官顾野王、陆琼、傅缚等人有关陈史的描述。

张丽华

《陈书·张贵妃传》记载：后主张贵妃，名丽华，发长七尺，发黑如漆，其光可鉴。人特聪慧，有神采，进出闲雅，容色端丽。贵妃常于阁上靓妆，临于轩槛，宫中遥望，飘若神仙。

无论是在内容上还是在文字上，《陈书》都不及《梁书》，这从一个侧面反映出了陈朝时期经济、社会等方面的江河日下，不过《陈书》中所记载的历史内容，也不无借鉴意义。唐朝的魏徵和宋朝的曾巩都认为《陈书》在记述陈朝的兴亡方面，尤其是在揭示陈武帝的"度量恢廓，知人善任"和陈后主的"躭荒为长夜之饮，嬖宠同艳妻之孽"等特点时，还是有它自身的历史价值的。另外，《陈书·皇后传》记后主张贵妃干预朝政，《陈书·江总传》记江总位当权宰，这些为后人了解陈朝末年的政治黑暗状况提供了生动的材料。《文学·何之元传》载何之元所撰《梁典》一书的序文，在史学上也有一定的价值。《梁典》虽已不存，但今人从这篇序文中即可了解到整部书的编排形式。序文说，"开此一书，分为六意"，即《追述》《太平》《叙乱》《世祖》《敬帝》《后嗣主》。它还引用了史学家臧荣绪的话说："史无裁断，犹起居注耳。"这是史学史上的宝贵的思想遗产。《陈书》在总体上虽不如《梁书》，但它在结构上有不少超越《梁书》的地方，显得更加合理，也更加严谨。

《魏书》

鲜卑侍吏俑

《魏书》共计一百二十四卷，其中本纪十二卷，列传九十二卷，志二十卷。其中有些纪、列传、志由于篇幅过长，所以又分为上、下或上、中、下三卷。《魏书》是现存史书中叙述北魏历史的最早、也最完备的资料，由魏收撰写。

魏收，字伯起，北齐钜鹿下曲阳人，一生经历了北魏、东魏、北齐三朝。他儿时已能属文，显露出非凡的才华。入仕后，曾任太学博士等职。北齐天保二年（1551），他正式受命编撰魏史。而这距他开始接触与魏史相关的工作，已有二十余年了。魏收自认为这是"勒成一代大典"的盛事。

《魏书》有一个很明显的重要特点，即它是我国封建社会历代"正史"中第一部专门记录少数民族政权史事的作品。自《史记》和《汉书》开始，历代的正史中都有专门记载我国少数民族历史的篇章。十六国时，出现了许多记述各个割据政权的专门书籍，可惜大部分都已遗失，无处寻觅。《魏书》记述的是我国北方鲜卑部族拓跋部从四世纪末至六世纪中期的历史，内容涉及了其发展、统一北方、实现封建化和门阀化的整个过程，以及北魏、东魏与南朝宋、齐、梁三朝关系的历史。《魏书·序纪》还追叙拓跋氏的远祖至二十余代的史事，后人可由此大致推断出拓跋氏的历史渊源。因此，对《魏书》的研究有益于认识我国历史是由多民族共同创造这一客观事实。

《魏书》的另一大特点，就是魏收在反映时代特点方面的自觉性。除了它的列传具有比《宋书》更突出的家传色彩之外，它的志亦很有价值。《魏书》的志，新增《官氏志》和《释老志》两篇。《官氏志》第一次记录了官制，后叙姓族，是反映北魏统治封建化和门阀化的重要文献。《释老志》以佛教为主，记录佛道二教，它叙述了佛教在中国的传播过程，并详细记载了它在北魏的兴衰史。

《北齐书》

《北齐书》共有五十卷，其中包含本纪八卷、列传四十二卷，由唐李百药所撰。从北齐到隋的这五十年里，曾先后有人编写出几种不同体裁的史书，其中比较著名的是隋朝李德林的纪传体《齐书》和王劭的编年体《齐志》。贞观三年（629）间，唐太宗专设梁、陈、齐、周、隋五朝史的编写机构，命李百药撰写北齐史。李百药参考父李德林的《齐书》和王劭的《齐志》，把这段历史进行扩充改写。

《北齐书》本名为《齐书》，宋时才加上这一"北"字。它虽以记载北齐的历史为主，但实际上记录了从高欢起兵到北齐灭亡前后约八十年的历史，比较集中地反映了东魏和北齐王朝的兴衰。

作者李百药，字重规，定州安平人。他出身于一个仕宦家庭，自幼受到家庭

步辇图

影响，少年时就很博学，并且对事物有自己的独特见解。北齐历史的撰修，从高齐政权到隋朝，一直没有中断过，修成了多部实录和国史。这些史书经李百药去粗取精，修成了《北齐书》一书。

《北齐书》贯彻了以史为鉴这一宗旨，李百药自身经历过朝代的盛衰变化，所以对于总结政治的得与失很有心得。他在书中集中批判了北齐统治者的骄奢淫逸，归纳了北齐灭亡的教训。如开国之君文宣帝高洋，在建国之初还是个明主，留心处理政务，注意兴利除弊以安定天下。几年之后，他原形毕露，肆行淫暴。为了满足奢欲，他不惜劳扰民众，使百役繁兴，人民处于水深火热之中。到了最后，把自己弄成了孤家寡人，天下大乱。高洋以后的政治状况也是"政塞道丧"，结果等待高齐政权的就只能是亡国的命运。《北齐书》详记了当时阶级斗争的这些情况，有很突出的借鉴意味。在原书十七卷中记载了杜洛周、葛荣、韩木兰、潘集、柴览、田龙、卢仲延、李延孙、刘盘陀、张俭、路绍遵、杜灵椿、陈暄、郑子饶等各族人民起义的史实。这些记载字数虽不多，却是研究东魏、北齐时期有关农民起义的不可或缺的史料。

《周书》

《周书》内文书影

北魏分裂之后，一部分鲜卑贵族在长安建立了政权，史称西魏，与它并立的是东魏政权。后来，西魏的鲜卑族宇文氏贵族夺取了拓跋氏的皇位，建立了周皇朝，史称北周。《周书》虽以"周"题名，但事实上，《周书》专门记录西魏和北周的史事。

《周书》包括帝纪八卷、列传四十二卷，共五十卷，由唐初史学家令狐德棻等共同编撰。《周书》问世之前，西魏柳虬所写的"国史"和隋代牛弘撰述的"周史"都没有成型，但它们为《周书》的撰写提供了资料。

《周书》有自己特殊的体例。主要表现在两点上：首先是关于西魏史的表述，为了表明从西魏到北周这样一个先后关系，解决西魏史事在表达上的困难，令狐德棻等便在《周书·文帝纪》中以西魏皇帝的年号为线索，详细记述了西魏文帝、废帝、恭帝这几个帝王二十二年间的政治军事。其次是关于后梁史事的叙述，后梁是梁朝宗室萧詧在西魏扶持下建立的一个封建小朝廷，建都江陵，属地仅有江陵附近几个县，后被隋灭。后梁并不像陈朝那样可以上承于梁，它是在西魏的扶持下建立的，作者并没把它写入《梁书》而记入了《周书》，这种在体例上的独特安排反映了《周书》作者的匠心。

《周书》文笔简洁有力，后人对其倍加赞许。清人赵翼曾说它"叙事繁简得宜，文笔亦极简劲"。《周书》虽然只是记述西魏、北周皇朝历史的史书，但着眼于反映当时的历史全貌，这一点表明作者具有很开阔的历史视野。《周书》在史料上的价值也很高，书中详细记载了关于经济、军事、民族、阶级斗争等多方面的境况。

由于现今《周书》的缺失，再加上它所记载的人物多是本朝官员的祖先，因而显得有些不合事实。但它基本上反映了宇文政权的建立过程，以及之后三个封建政权之间的斗争，是了解西魏和北周历史最早、最完善的一部史书。

《隋书》

《隋书》是现存最早的隋史专著，也是二十五史中修史水平较高的史籍之一。《隋书》共八十五卷，其中包括帝纪五卷、列传五十卷、志三十卷。本书由多人共同编写，分两阶段成书，从草创到全部完成共历时三十五年之久。唐武德四年（1621），令狐德棻提出修梁、陈、北齐、北周、隋等五朝史的建议，但当时并未成行。直到贞观三年（629），重修五朝史，由魏徵主编《隋书》。

《隋书》有着明确的指导思想，因为下令修史的唐太宗亲身经历了灭隋的战争，在执政之后，他也不忘隋朝灭亡的教训，明确提出"以古为镜，可以见兴替"的看法。所以，以史为鉴就成了修隋史的指导思想。其次，《隋书》弘扬秉笔直书

魏　徵

的优良史学传统，很少隐讳。主编魏徵性格正直，他主持编写的纪传，很少有曲笔。再次，《隋书》中保存了南北朝以来大量的典章制度，为后人研究隋代乃至前几代的政治、经济、文化制度保留了丰富的资料。南北朝时期，留下来有关典章制度方面的史料很少，而《隋书》的史志部分，则多达三十卷，包括礼仪、音乐、律历、天文、五行、食货、刑法、百官、地理、经籍十志。这十志不仅叙述了隋朝的典章制度，而且概括了当时的社会情况。

关于《隋书》的作者，一直没有明确说法，《旧唐书》记载"魏徵等撰"，而刘知几《史通》则说是由颜师古、孔颖达等人共同撰成，还有说是长孙无忌撰述的。这是因为参加《隋书》编写的人很多，几乎集中了当时全部的有名之士；开始以魏徵为主编，后来魏徵死了，又由长孙无忌续为主编，完成剩余部分。

《南史》

《南史》是合南朝宋、齐、梁、陈四代历史为一的纪传体史著，起自南朝宋武帝刘裕永初元年（420），止于陈后主陈叔宝祯明三年（589），记述南朝共170年的历史。《南史》与《北史》为姊妹篇，是由李大师及其子李延寿两代人共同编撰完成的。

《南史》以《梁书》《宋书》《南齐书》及《陈书》等著作为蓝本，删去烦琐的段落，重新进行编纂，成为史林新著。《南史》有本纪和列传，无表和志。本纪十卷、列传七十卷，共八十卷。它是按朝代顺序、帝王在位先后，排列各朝帝王、诸王、宗室、大臣等的纪传。

在体例方面，《南史》没有采取编年体，而是把南朝各史的纪传融合起来，将列传中不同朝代的父子祖孙以家族为单位合在一起，这样的方式便于了解门阀制度盛行的南北朝社

王懿执法犯颜

会。书中虽然有很多细微的琐事，类似于怪力乱神，但也不乏很具价值的史料。《宋书》未立文学传，《南史》则以因袭为主，因而文学传不包括宋，而从南齐丘灵鞠开始。这说明李延寿撰写《南史》《北史》的体制是汇集正史的纪传，因而过于拘泥原书，并没有达到李大师"横则沟通南北，纵则贯穿几代"的程度。

《南史》文字凝练，在史学上占有重要地位。其不足之处在于作者太过突出门阀士族的地位，过多采用家传形式，例如将不同朝代的一族一姓人物不分年代，集中于一篇中叙述。

《北史》

《北史》共一百卷，其中本纪十二卷、列传八十八卷。记述北朝从公元386年到618年魏、齐、周、隋四个封建政权共233年的历史。《北史》的修订基础主要是魏、齐、周、隋四书，也参考了当时所见各种杂史，增添了不少材料。

总的来看，《北史》内容虽略显杂乱，但毕竟体例和材料都完整且充实、文字凝练，在后代颇受好评，以致魏、齐、周三书在唐之后都不完整，后人又多取《北史》加以补足。作为研究北朝历史的重要资料，《北史》与其他四书有互相补充的作用。

《北史》上起北魏登国元年（386），下迄隋义宁二年（618），记北朝北魏、西魏、东魏、北周、北齐及隋六代的史实。《南史》《北史》的作者李延寿撰写这两部书，都是为了"追终先志"，继承父亲李大师未完成的事业。李大师，字君威，隋唐之际人。他熟悉前代历史，又擅长评论人物，所以在青年时代就产生了撰写一部编年体南北朝史书的志向。但他着手做这件事情时，已是唐朝武德初年了。不久，因为生活条件的变化，又曾一度停滞了这项事业。当他再次从事这项工作时，已是武德九年（626），而他在贞观二年（628）就已离世。他在临终之前，因"所撰未毕，以为没齿之恨"。他的事业和遗憾，深深地影响着其子李延寿，对他产生了一种感召的力量。

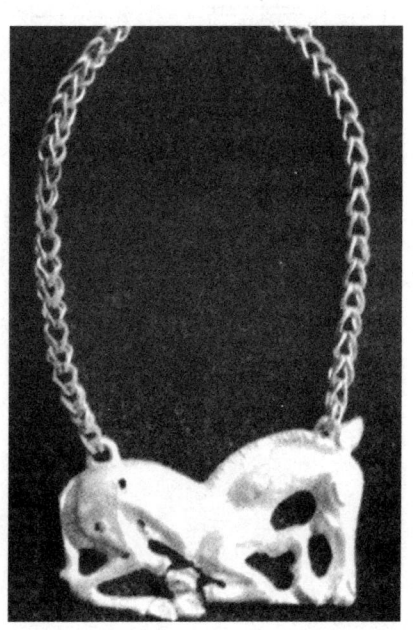

北魏金奔马

李延寿，字遐龄，贞观初年参与《隋书》编撰工作，从这时起，他就开始准备实现父亲的遗愿。十五六年的时间里，他一直在搜集资料，贞观十七年（643），他参与修撰《五代史志》的工作，这样使他可以广泛阅读宋、齐、梁、陈、魏、齐、周、隋八朝正史，于是正式开始撰写《南史》《北史》。除八朝正史外，李延寿还参考各种杂史一千余卷，历时十六年，于唐高宗显庆四年（659），终于撰成一百八十卷的《南史》《北史》。据说唐高宗还为《南史》《北史》写了一篇序，可惜这篇序文早已无处寻得。

《旧唐书》

唐代是中国封建社会的一个重要时期。五代后晋时官修的《旧唐书》是现存最早的系统记录唐代历史的史籍，原名《唐书》，在宋代欧阳修、宋祁等编写的《新唐书》问世后，它改称《旧唐书》。《旧唐书》包括本纪二十卷、志三十卷、列传一百五十卷，共两百卷。

唐朝历代都修有实录，《旧唐书》从后晋天福五年（940）始奉石敬瑭之命修撰，到后晋开运二年（945）完成。因为成书时正是刘昫执政，按当时的规定，国家修史的主编一般都是宰相，因此刘昫就成为署名的作者，但参与纂修工作的，先后总计九人，其中，张昭远一直具体负责此事。

《旧唐书》修成后的第二年，北方契丹对后晋大举进攻，因而造成了开封及河南州县数百里内杳无人烟的惨状，损失极其严重，史籍遭劫更是在所难免。因此修成的《旧唐书》，在保存史料方面，有着很积极的意义。《旧唐书》的作者有条件接触到大量的唐史资料，所以能在短短四年多时间里修成这样一部巨著。

对于研究我国古代的土地制度和赋

威横宇内

《旧唐书》载：许圉师任相州刺史时，一官吏受人贿赂，圉师并没依法查办，而是赠一首清白诗给他，以示警诫，这名官吏顿觉羞怕，于是痛改前非，后来成了清官。

税制度等，《旧唐书》有着极其重要的意义。关于唐朝的均田制、租庸调制和两税法，书中都有比较翔实的记载，给后人的研究提供了资料。更加可贵的是，在《旧唐书》的志里，保存了很多的我国科技史的资料。在《历志》和《天文志》中，有著名天文历法家李淳风和僧一行制定的《麟德历》和《大衍历》的比较完整的内容。《五行志》一卷，则记录了各个地区的自然灾害情况。《地理志》四卷，记载了全国边防镇戍的分布和兵马人数，还介绍了各地州县设置和户口等情况。《舆服志》一卷，记载了唐代帝、后、王、妃以及百官按品级规定的服饰制度等，用以区别贵贱士庶，可见封建等级制度之森严。《经籍志》二卷，以开元盛世为准，记录了经、史、子、集四部的存书情况。志序还简明地叙述了安史之乱后直至后梁迁洛期间国家书籍的残损情况。《食货志》二卷，集中地反映了唐代田制、赋役、盐法、钱币、漕运、仓库等有关经济史资料。《刑法志》一卷，记载了唐代法典的制定过程，并对其执行情况加以记录。总的来看，《旧唐书》虽存在着不少的遗漏，但其中也有不少价值很高的历史资料。

《新唐书》

宋仁宗认为《唐书》太过浅陋，于是下诏重修。前后参与修书一事的有欧阳修、宋祁、范镇、吕夏卿、王畴、宋敏求、刘羲叟等人。

跟《旧唐书》相比，《新唐书》有自己的特点和长处。首先，其主要作者宋祁、欧阳修是北宋的著名文学家，他们的笔下功夫当然不同一般。另外，参加编撰《新唐书》的其他作者，也都是北宋时期文学名家。宋仁宗嘉祐年间曾公亮《进新唐书表》中所列之范镇、王畴、宋敏求、刘羲叟等人，都是当时蜚声文坛的人物。这些人的功底深厚，再加上其认真严谨的态度，使《新唐书》在不少方面超越了《旧唐书》。

其次，在史料方面，因为北宋时期相对来说比较安宁，所以有许多不易收集

唐代捣练图

的珍贵史料在北宋初年得到了收集和整理。在列传中，《新唐书》也还保存了一些《旧唐书》没记载过的史料。安史之乱使史料散佚不少，唐穆宗之后又无官修实录，所以宋祁在为唐后期人物立传时，参考了不少小说、笔记、家谱、碑志、野史等资料。同时，还增加了不少关于少数民族的种族、部落的记载，比《旧唐书》更加详细。诸志在采用"旧书"的资料之外，又有新的增加。

再者，《新唐书》在体例上第一次写出了《兵志》和《选举志》，系统叙述了唐代府兵等军事制度和科举制度。这是我国正史体裁史书的一大开创，之后的《宋史》等也都沿袭这一体例，从而保存了我国军事制度和用人制度方面的许多珍贵史料。自司马迁创纪、表、志、传体史书后，魏晋至五代，修史者志、表大多缺略，至《新唐书》又恢复了这种体例的完整性。以后各朝史书，大多遵循此例。这也是《新唐书》在我国史学史上的一个不可磨灭的功绩。

当然，《新唐书》也有着明显的缺点，封建正统思想较为严重，撰写者对隋末、唐末农民起义大加抨击。有时又过于苛求文字精练，不惜删去许多重要情节，如《旧唐书》里的《封常清传》《高仙芝传》等，被删得索然无味。由于排佛的偏见，《新唐书》中，玄奘等人的事迹也一字没提，不能不说是个遗憾。

《旧五代史》

《旧五代史》，原名为《五代史》，也称《梁唐晋汉周书》，后人为了区别于欧阳修的《新五代史》，便称它为《旧五代史》。原书早已遗失，现行本是在清乾隆四十年（1775）时的辑本。

《旧五代史》是由宋太祖诏令编纂的官修史书。薛居正监修，卢多逊、张澹、扈蒙、李昉、李穆、刘兼、李九龄等多人同修。那时五代时期的各朝实录基本没有散失，又有范质的《五代通录》作底本，再加上编书者对史料比较熟悉，因此成书时间很短，前后大约只用了一年半左右的时间。成书如此迅速，主要依赖于宋太祖十分重视，组织的撰修人素养较高，可参考的史料也相当齐备。五代各朝均有实录，范质又在此基础上整理出实录简编——《建隆五代通录》，从而为修史提供了极大的便利条件。

在我国历史上，唐朝和宋朝之间曾有过封建社会中最后一次的大规模分裂割据时期。从公元907年朱温代唐称帝，到公元960年北宋王朝建立的53年间，中原地区相继出现后梁、后唐、后晋、后汉、后周等五代王朝，中原以外存在过吴、南唐、吴越、楚、南汉、闽、前蜀、后蜀、南平、北汉等十个小国，周边地区还有契丹、吐蕃、党项、渤海、南诏、于阗、东丹等少数民族建立的政权，习惯上称之为"五代十国"。《旧五代史》记载的就是这段时期的历史。

《旧五代史》共一百五十卷，其中纪六十一卷、志十二、传七十七卷。按五代断代为书，梁书、唐书、晋书、汉书、周书各有十余卷至五十卷不等的篇幅，各代的《书》是断代史，《志》则是记录五代典章制度的

金城公主入嫁吐蕃图

通史，《杂传》则记述了包括十国在内的各割据政权的情况。这种编写体例使全书以中原王朝的兴亡为主线，以十国的兴亡和周边民族的起伏为副线，叙述条理清晰明朗，很好地展现了这段历史的面貌。对于各地割据的十国以及周围少数民族政权如契丹、吐蕃等，则以《僭伪列传》《世袭列传》《外国列传》来概括。因此，这部书虽名为五代史，实际上是当时整个五代十国时期各民族的一部断代史。

《新五代史》

《新五代史》，原名《五代史记》，是唐代设馆修史以后唯一的私修正史，由欧阳修组织撰写。

《旧五代史》成书于宋建国后的不长时间，所依据的史料大多为五代实录。而《新五代史》修撰时，距宋建国已有八九十年，距旧史的成书也有六十多年了，这个时期又出现了许多的新资料，这就使得《新五代史》可以在《旧五代史》的基础上重新增订。《新五代史》全书共七十四卷，其中包括本纪十二卷、列传四十五卷、考三卷、世家及世家年谱十一卷、四夷附录三卷，其中当数列传最有特色。它采用类传的形式，设立《家人传》《臣传》《伶官传》《死节传》《死事传》《一行传》《唐六臣传》《宦者传》《义儿传》《杂传》等多个名目，每类传目都有自己的特定含义。比如将相大臣，凡专事一朝的在《臣传》的行列，历事几朝的则列《杂传》之中。根据死者忠烈的不同程度，可以分为两等，头等的进《死节传》，次等的归入《死事传》。

从整体上来看，《新五代史》的史料价值比《旧五代史》要稍差些，这是由于欧阳修在删繁就简时，将不少具体的资料也一同删去所造成的。《新五代史》后出，采用了实录之外的多种材料，在删减的同时也新增了一些资料。《新五代史》新增史料最多的是《十国世家》，列传人物部分也有补充，欧阳修采用了新的材料以及笔记、小说中的材料来扩充事实，使人物事迹更为形象生动。书中对于少数民族的记述，也有所增加。此外，欧阳修对所采用的史料进行了细致的考证，重新订正了《旧五代史》和其他史籍的不少错误。欧阳修撰写史料，浑然一体，结构和选材都很准确，文字简洁；思想上不像旧史那样大肆渲染天命，而是很注重人事；始创《职方考》，用表的形式，将二百九十余州郡的具体情况明白地显示出来，提纲挈领，颇受称道。总的来看，两部五代史各有长短，现存

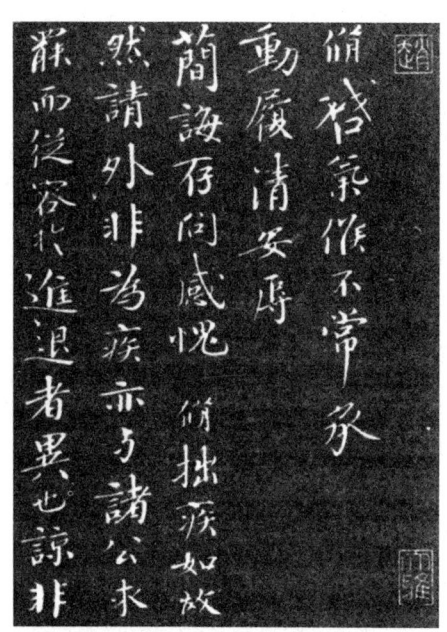

与元珍帖·欧阳修

《旧五代史》全书是《新五代史》的两倍多，旧史列传人物四百六十余人，新史只有二百五十六人；旧史有志十篇，新史只有两篇。新史对十国历史的记述更为完备，在个别人物的传上字数也比较多。这两部史著都是研究五代十国这段历史的重要材料。

由于欧阳修编写新五代史晚于《旧五代史》，看到了旧五代史编撰者没能看到的一些资料，所以他采用小说、笔记等体例，补充了旧五代史中没有记载的一些史实。如王景仁、李茂贞、郭崇韬、安重诲、孔谦、姚顗、王彦章、段凝、马胤孙、赵在礼、范延光、崔棁、卢文纪、吕琦、杨渥等传都有所补充，插入了一些比较生动的情节。就历史资料方面而言，《新五代史》和《旧五代史》是可以互为补充的。

《宋史》

《宋史》撰修于元朝末年，全书共有本纪四十七卷、表三十二卷、志一百六十二卷、列传二百五十五卷，共计四百九十六卷，将近五百万字，是二十四史中篇幅最浩大的一部官修史书。

早在元代初年，元世祖忽必烈就曾诏修宋史，因体例未定而未能修成。元顺帝至正三年（1343）三月，下令修辽、金、宋三史，到五年十月，仅历时两年半，《宋史》由总裁与史官三十人集体编撰。

《宋史》的特点是资料丰富，叙事详细。两宋期间，经济文化繁荣，学术活跃，印刷术盛行，这时候编写的史书，便于流传。宋史对于宋代的政治、经济、文化、军事、典章制度以及活动在这一历史时期的许多人物都做了较为详尽的记载，是研究两宋三百多年历史的基本史料。

《宋史》的体例很完备，融会贯通以往纪传体史书所有体例，纪、传、表、志几项俱全，而且还有所创新。为外国和少数民族分别列传，这就分清了国内的民族和国外邻邦的界限，《宋史》的列传比前代史书都丰富，共收录了两千多人。"五代史"中未列传的重要人物，如韩通，《宋史》把他和拥周反宋的李筠、李重进一同列入《周三臣传》里，既弥补了"五代史"的不足，又反映了韩通等三人的历史作用，十分合理。

《宋史》是在原宋《国史》的基础上删减而成。两宋时期，史官组织完备，雕版印刷术广泛应用，书籍流传和保存都较为便利，因此积累了大量史料。这就为元修《宋史》提供了良好的基础。但是由于《宋史》修撰者太过匆忙，一些史料的裁剪、考订、文字的修饰都有问题，如一人两传，无传而说有传，一事数见，有目无文，纪与传、传与传、表与传、传文与传论之间互相抵牾等，这使它在二十四史中有繁芜杂乱之称。

《宋史》尊奉理学的思想倾向很明显。在《儒林传》之前，首创《道学传》，记载了两宋的道学家，如周敦颐、邵雍、张载、程颢、程颐、朱熹等，从而突出了道学的地位。再有忠义、孝义、列女三传也都是宣扬道学思想的。其中《忠义传》里的人物竟有二百七十八人之多。这些内容虽旨在宣扬封建的伦理道德，但为后世研究理学提供了宝贵的材料。

缇萦上书

此画取材于《列女传》：汉太仓令淳于意之女缇萦，因父有罪，被关牢里，缇萦向汉文帝上书，愿作宫婢以赎父罪，帝感其孝，赦其父罪。

《辽史》

《辽史》成于元朝，全书一百一十六卷，其中包括本纪三十卷、志三十二卷、表八卷、列传四十五卷、国语解一卷。记载的是辽朝的历史，辽朝是10世纪至12世纪前期契丹族在我国北部、东北部以至西北部辽阔地区建立的强大王朝。

《辽史》的特点是列表很多，共有八个，仅次于《史记》和《汉书》。《辽史》的表多，减少了立传的烦琐，省去了许多篇幅，弥补了纪、志、传记载的不足。其中的《游幸》《部族》《属国》三表，是《辽史》的创新。通过列表，使读者对各属国、各部族的情况，以及与辽朝中央的关系，都一目了然，从而减去了不少笔墨。

在《辽史》的志书中，新创《营卫志》记载了契丹营卫概况、各部族的建置和分布等。把《兵志》改为《兵卫志》，记述了辽的军事组织情况，包括御帐亲军、五京乡丁、宫卫骑军、众部族军、属国军、大首领部族军、边境戍兵等。这两种志书对了解和研究辽代的政治、军事和民族情况有很大帮助。

另外，《辽史》的最后有《国语解》一卷，对书中用契丹语记载的官制、部族、宫卫、地名等分别加以注释，为阅读提供了很大的方便。《辽史》的缺陷很多，不过作为现存唯一一部比较完整地记载了辽朝历史事实的著作，其珍贵性和重要性都是不言而喻的。而且《辽史》保存了许多由耶律俨的《辽实录》和陈大任的《辽史》二书所记载的许多材料，因而其史料价值还是很高的。

《金史》

《金史》成于元代，全书一百三十五卷，其中本纪十九卷、志三十九卷、表四卷、列传七十三卷，是反映女真族所建金朝始末的重要史籍。

《金史》是元修三史之一，最早在元世祖中统二年（1261）议修，之后在至元元年（1264）、至元十六年（1279），以及仁宗朝、文宗朝都分别议论过修史的事，但直到元顺帝至正三年（1343）才正式进行，辽、金、宋三史分别撰修。翌年十一月，《金史》告成，用了不到一年的时间。元朝脱脱等主持编修的《金史》，是宋、辽、金三史中编撰得最为出色的一部。

历代对《金史》都有很高的评价，认为它不仅超过了《宋史》《辽史》，也比《元史》高出一筹，《金史》的成功，由于原有的底本比较好，另一方面，金朝后来也比较注重史书的编纂工作。

在编纂体例和内容方面，《金史》便有许多超越前史的独到之处。如《金史》不但记载了金建国以后一百二十年的历史，为了专门叙述金太祖先世的生平事迹，它还回顾了女真族建国前的历史，从而保存了女真族早期历史的珍贵材料。其次，《金史》

女真骑马武士砖雕

在史料剪裁及记述方面也有可取之处。对重要历史事件、人物一般记载比较详细，从而反映出其历史全貌，避免了像《宋史》那样详略不当，以至于出现比例失调的现象。另外，在各个《本纪》的末尾，还设立了《世纪补》一篇，专门记述了被后代追认的几位皇帝的事迹，这在体例处理方面非常得体，为后代修史者所学习继承。

《金史》以实录为依据，史料信息翔实可信，基本能反映出金朝社会的基本特征。

《元史》

《元史》是系统记载元朝兴亡过程的一部纪传体断代史，成书于明朝初年。由宋濂和王濂主编。全书共二百一十卷，其中包括四十七卷本纪、五十八卷志、八卷表、九十七卷列传，记述了从蒙古族兴起到元朝建立和灭亡的历史。

朱元璋重视修史工作，在元朝灭亡的当年，便下诏编修《元史》。这次编写以大将徐达从元大都缴获的元十三朝实录和元代修的典章制度史《经世大典》为基础，仅用了一百八十八天的时间便完成了。后又进行修改补充，两次纂修，历时共三百三十一天。

在《元史》的本纪里，以记载忽必烈事迹的《世祖本纪》最为详尽，多达十四卷，占本纪篇幅的三分之一；其次是《顺帝本纪》，有十卷之多。这是因为元世祖和元顺帝在位时间都长达三十多年，原始史料丰富，也体现出《元史》编纂中的实事求是的精神。

《元史》的志书，对元朝的典章制度作了比较详细的记述，保存了很多珍贵的史料。其中以《天文志》《历志》《地理志》《河渠志》四志的史料最为珍贵。《天文志》汲取了元代杰出科学家郭守敬的研究成果。《历志》是根据郭守敬的《授时历经》和历算家李谦的《授时历议》编撰的。《地理志》根据《大元一统志》，《河渠志》依据《海运纪原》等书。而今，《大元一统志》等书已经遗失，《元史》中保存了这些书的内容，史料价值就显得更为可贵。

《元史》的列传共有十四种，大多沿袭以往的史书，只有《释老》一传是《元史》的创新。《释老》是记载宗教方面的列传，从中可以了解宗教在元朝的地位和发展情况。类传中以《儒学》《孝友》《列女》《忠义》四种所记的人物最多，说明宋以来封建思想统治正在逐步加强。《元史》列传还有个特点是所叙述的事，都有详细的年、月、日记载，这就更增加了其参考价值。

《元史》的体例整齐，文字浅显易懂，叙事清楚，还保留了当时的不少方言土语，这同朱元璋提倡浅显通俗的文字是分不开的。宋濂修《元史》时，遵照朱元璋的意愿，强调"文词勿致于艰深，事迹务令于明白"，因此，《元史》称得上是一部较好的正史。

《明史》

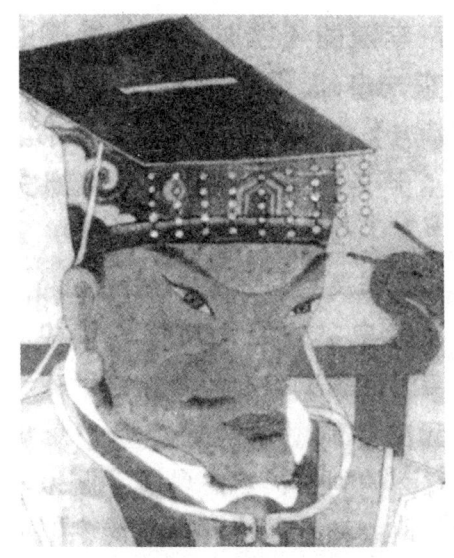

朱元璋

《明史》是二十四史的最后一部，共三百三十二卷，包括本纪二十四卷、志七十五卷、列传二百二十卷、表十三卷，是一部纪传体明代史，记载了从朱元璋洪武元年（1368）开始，至朱由检崇祯十七年（1644）之间二百多年的历史。其卷数在二十四史中仅次于《宋史》，但其修纂时间之久、用力之大却超过了以前诸史，修成之后，得到后代史家的好评，认为它超越了宋、辽、金、元诸史。

《明史》里的本纪共二十四卷，就卷数而论，《明史》本纪所占不足全书十分之一，若以字数而论，则所占不及全书二十五分之一。由此可知，本纪在《明史》中所占比例很小，这是《明史》编纂体例中的一个最大的特点。本纪以简明扼要的方式，列于全书的最前面，使人在阅读这部史书之时，首先了解到这一代历史的概况，而不是使人在读阅本纪时便事无巨细尽览尽知，这是《明史》修纂和整体设计上的独到之处。

《明史》本纪的另一个特点是尊重史实，而不是以明代官定史论为据。如建文帝年号于成祖夺位后革除，其四年实录仅以元、二、三及洪武三十五年，附于《明太祖实录》之后。《明史》中则专立《恭闵帝纪》一卷，甚是得体。再如英宗削景泰帝号，情形与建文事相似，《明史》中处理得也很得当。

《国语》

《国语》是国别体史料的汇编，旧传春秋时由左丘明著，现一般认为是先秦史家编纂各国史料而成。全书共二十一卷，分《周语》《楚语》《鲁语》《吴语》《齐语》《郑语》《晋语》《越语》八个部分，其中《晋语》最多。全书起自周穆王，止于鲁悼公，以记述西周末年至春秋时期各国贵族的言论为主，因其内容可与《左传》互相参证，所以又称《春秋外传》。

《国语》体现出来的思想比较驳杂。重在记实，所以表现出来的思想也随所记之人、所记之言不同而各异，如《鲁语》记孔子语含有儒家思想，而《齐语》记管仲语则谈霸术。《国语》与《左传》《史记》明显不同，作者不加"君子曰"或"太史公曰"一类评语。所以作者的主张并不明显，比较客观。

就文学价值说，《国语》虽不及《左传》，但比《尚书》《春秋》等历史散文还有所发展和提高，具体表现为：作者比较善于选择历史人物的一些精彩言论，来反映和说明某些社会问题。如《周语》"召公谏弭谤"一

管仲纪念馆

节，通过召公之口，阐明了"防民之口，甚于防川"的著名论题。在叙事方面，也有生动之笔。如《晋语》记优施唆使骊姬谗害申生，《吴语》和《越语》记载吴越两国斗争始末，多为《左传》所不载，文章波澜起伏，为历代传诵之名篇。所载朝聘、辩诘、飨宴、应对之辞，有些部分写得较精练、真切。由于原始史料的来源不同，《国语》本身的文风不很统一。

《国语》现存最早的注本，是三国时吴国韦昭的《国语解》，有天圣明道本和公序本。其后有清代洪亮吉《国语韦昭注疏》、董增龄《国语正义》、汪远孙《国语校注本三种》及近人徐元诰《国语集解》。

《战国策》

《战国策》是由战国时游说之士的策谋和言论汇编而成。最初有《国策》《国事》《事语》《短长》《长书》《修书》等名称，西汉末刘向最初编定。宋时已有缺佚，由曾巩作了修订。有东汉高诱注，今残缺。宋鲍彪改变原书次序，作新注。吴原师道作《校注》，近人金正炜有《补释》，今人缪文远有《战国策新注》。湖南长沙马王堆出土西汉帛书，记述战国时事，定名《战国纵横家书》。它是中国古代的一部史学名著，也是一部国别体史书。全书按东周、西周、秦国、齐国、楚国、赵国、燕国、魏国、韩国、宋国、卫国、中山国依次分国编写，共计三十三卷，约十二万字，是先秦历史散文成就最高之作。

聂政自屠画像

此历史故事见于《战国策》，生动地刻绘了战国齐人聂政刺杀韩相侠累后自屠的悲壮场面。

《战国策》是我国古代记载战国时期政治斗争的一部最完整的著作。它实际上是当时纵横家游说之辞的汇编，而当时七国的风云变幻，战争绵延，政权更迭，都与智士论辩、谋士献策有关，因而具有重要的史料价值。该书语言生动，文字优美，富于雄辩与运筹的机智，描写人物绘声绘色，在我国古典文学史上占有重要的地位。

司马光

《资治通鉴》

　　《资治通鉴》是我国最大一部管理学典籍，简称"通鉴"，是由北宋司马光所编，耗时十九年。记载的历史由周威烈王二十三年（前403）写起，一直到五代的后周世宗显德六年（959）征淮南，横跨了十六个朝代，共一千三百六十三年。它是我国第一部编年体通史，在史书中有着极其重要的地位。在这部书里，编者总结出了许多可供统治者借鉴的经验教训，书名的意思是"鉴于往事，资于治道"，即以历史的得失作为鉴戒来加强统治，所以叫《资治通鉴》。

　　《资治通鉴》全书二百九十四卷，约三百余万字，另有《考异》《目录》各三十卷。全书按朝代分为十六纪，即《周纪》五卷、《秦纪》三卷、《汉纪》六十卷、《魏纪》十卷、《晋纪》四十卷、《宋纪》十六卷、《齐纪》十卷、《梁纪》二十二卷、《陈纪》十卷、《隋纪》八卷、《唐纪》八十一卷、《后梁纪》六卷、《后唐纪》八卷、《后晋纪》六卷、《后汉纪》四卷、《后周纪》五卷。《资治通鉴》的内容以军事、政治、民族关系为主，兼及经济、文化和历史人物评价。自成书以来，就是历代帝王将相、文人骚客的必读之书。点评批注《资治通鉴》的帝王、贤臣、鸿儒及现代的政治家和思想家更是数不胜数。

　　《资治通鉴》还是全世界有文字记载以来的第一部管理典籍，可以说是管理书籍的鼻祖。它以其思想来感化各个层面的人，以事例来教化人在工作后如何界定自己的内心岗位及其相应遵循的职责。

　　学习研究《资治通鉴》，有助于具体地认识这部书在我国历史文化上的重要地位和价值，有助于我们批判地继承和发扬历史文化，也有助于今人以历史为镜子，为创建新社会新文化而积极工作。

《通鉴纪事本末》

　　《通鉴纪事本末》是我国第一部纪事本末体史书，开创以"事"为纲的本末体史书，其作者是南宋的袁枢。袁枢，字机仲，南宋建安人。宋孝宗隆兴元年（1163）中进士，历任温州判官、严州教授、太府丞兼国史院编修、大理少卿、工部侍郎兼国学祭酒、右文殿修撰、江陵知府等职。其著作《通鉴纪事本末》宋本共四十二卷。

《通鉴纪事本末》是袁枢在严州任教时所撰，当时职位清闲，可以从容论著。这一时期的学术文化和社会经济都有了一定的发展，但是阶级矛盾和民族矛盾却处于比较紧张的状态，如此情况下，对于抱有"爱君忧国之心，愤世疾邪之志"的袁枢来说，只能像司马光那样用笔来抒发自己的报国忧民之情。

著成此作的另一个原因，是为了解决阅读《资治通鉴》的困难，由于《资治通鉴》记述了一千三百多年的史实，取材很丰富，但它只是每年记述，对于一些持续多年的事件，未能做到连贯记录，如果要了解其全貌，就要翻阅好几卷。袁枢根据《资治通鉴》记载的重要史实，以事件为中心，按其原来的年次，分类编辑，把司马光的史论也抄上，每事标以醒目的题目。

袁枢跟司马光一样，始终恪守着"专取关国家兴衰，系生民休戚，善可为法，恶可为戒"的原则。因此他在编立标题，抄录史料时，对于灾异、符瑞、图谶、占卜、鬼怪等几乎不加采用。这种反对天命论神学、重视现实的史观，在当时是首开先河。虽然《通鉴纪事本末》原抄自《资治通鉴》，但由于《资治通鉴》流传已久，传抄刻印难免会有出错，所以此书对《资治通鉴》的校勘也起了一定的作用。

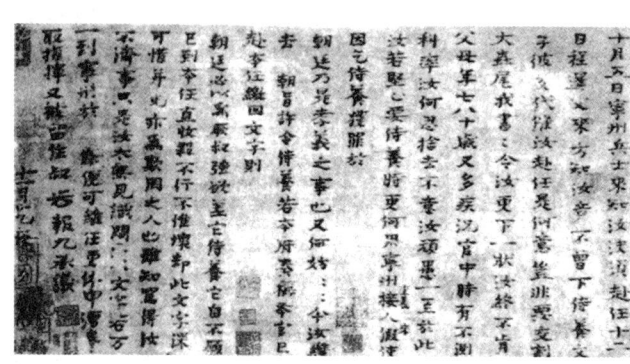

宁州帖卷·司马光

在袁枢的影响下，明、清两代许多学者仿照他的体例编纂了不少纪事本末体史书。例如《绎史》《左传纪事本末》《宋史纪事本末》《元史纪事本末》《明史纪事本末》等。

《明儒学案》

《明儒学案》共计六十二卷，由清代黄宗羲编写，是明代学术思想史专著。

　　著成此书之前，明代理学家周汝登曾著《圣学宗传》，理学家孙奇逢曾著《理学宗传》，都对明代诸儒学说加以总结。黄氏认为周汝登主张禅学，孙奇逢杂收，都不得要领，论述不得当，因此他广泛采明代诸儒语录、文集，根据各家宗旨，分宗立派，并于康熙十五年（1676）完成此书。全书首冠《师说》一卷，列方孝孺等二十五人。其次，以有所授受者分为各学案，以特起者或后之学者总列为《诸儒学案》，最后成为《附案》。每学案都冠以叙论，简介该学案概况，然后分列该学案学者，介绍其生平和主要学术观点，并加以评论，最后节录各学者的重要著作或语录，很有条理。

方孝孺

　　《明儒学案》为中国第一部系统的学术史专著，开后世"学案"体之先河，取材丰富，分类有序，编纂有法，证论切要，对后世学术思想影响颇深。梁启超《清代学术概论》曾说"清代学术之祖当推宗羲，所著《明儒学案》，中国自有学术史，自此始也。"

　　《明儒学案》的编写不仅流派分明，而且能抓住各人的主要思想，他在凡例中说："此编以有所授受者分为各案，其特起者后之学不甚著名，统列诸儒之案。"又说："是编皆从全集纂要钩玄，未尝袭前人之旧本也。"这是提出了分立学案的明确原则，又指出所摘录者都是取自原书，未有转录于他书者，是本书的一个重要特点。凡例里还说："学问之道，以各人自用得着为真，凡倚门傍户，依样葫芦者，非流俗之士则经生之业也。此编所列，有一偏之见，有相反之论，学者于其不同处正宜着眼理会，所谓一本而万殊也。以水济水，岂是学问！"这段话是编者判断各人思想的标准，他认为随声附和者无足轻重。每个人的思想都有其独到的地方，只有从不同的角度来观察，才能有更正确更全面的认识。

子

"子"指的是记录诸子百家及其学说的书籍。春秋战国时期，学者辈出，百家争鸣，哲学、名学、法学、医学、算学、兵学、农学、天文学都十分发达。并且每家都有著作传世，后人因为其次于经书而成一家之言，所以称为子书。

《道德经》

《道德经》，又称《道德真经》《老子》《五千言》，是中国古代先秦诸子分家前的一部著作，作者为中国古代思想家老子，《道德经》是道家哲学思想的重要来源。

《道德经》分为上下两篇，原文上篇《德经》、下篇《道经》，不分章，后改为《道经》在前、《德经》在后，并分为八十一章，《道德经》是中国历史上首部完整的哲学著作。现在可以看到的最早的版本，是1993年在湖北荆门郭店楚墓出土的竹简《老子》。1973年长沙马王堆3号汉墓出土的甲乙两种帛书《老子》，是西汉初年的版本，把《德经》放在《道经》之前，也受到学者不小的重视。

《道德经》中提出的"无为而治"的主张，成为中国历史上一些朝代的治

郭店楚墓出土的竹简《老子》

国方略，其主张在经济上可以缓解人民的压力，对早期中国的稳定起到过不小的作用。历史上《道德经》注者颇多，甚至有几位皇帝都为其作过注。

唐贞观二十一年（647），《道德经》被译为梵文，传入东天竺；唐开元二十二年（734），唐玄宗亲注《老子》。日本使者名代，请《老子经》及老子"天尊像"归国，对日本社会发展产生过一些影响。

《道德经》这部被誉为"万经之王"的神奇宝典，对中国古老的哲学、政治、科学、宗教等都有着深远的意义，对中华民族的民族性格的铸成和政治的统一稳定都起着不可估量的作用。如今，它的世界意义也日渐显著，越来越多的西方学者不遗余力地探究其中的奥秘，以寻求人类文明的源头，追寻古代智慧的底蕴。

《庄子》

《庄子》共三十三篇，分"内篇""外篇""杂篇"三个部分，一般认为"内篇"的七篇文字是庄子所作，"外篇"十五篇一般认为是庄子的弟子们所作，但反映的是庄子真实的思想。内篇最集中表现庄子哲学的是《齐物论》《逍遥游》《大宗师》等。

《庄子》一书涵盖了许多方面的内容，庄子没有专论宇宙观的文章，只是在《大宗师》和《齐物论》两篇才提到。庄子对道的解释继承了老子的"道法自然"的学说。他明确地阐述了道的本质作用："道"是宇宙的本体，产生万物的根源，道是超时间、空间的绝对，"先天地生而不为久，长于上古而不为老"，道无所不在，无所不能，可以主宰一切。庄周之道，实际上是指主观意识之外不受任何力量支配的宇宙精神。

《庄子》还讲到"道"可生万物，并对宇宙形成进行了探索。在《天运》篇中举出了天地运行、日月其争、天气阴晴等自然现象，提出了大量的运行问题，最后把物的产生归于道，把物说成了一种精

逍遥堂

神的东西。庄周还认为"物"可以分化，分化就是生成，生成就是毁灭。他把"物有分"和"齐生死"化为一体，说明了他的观点的一致性。《庄子》一书从"无"的论点出发，进而又否认大小、是非、贵贱、有用无用之间的区别。所以世间也就没有对错之分，没有客观标准判断是非。《齐物论》中说："是亦彼也，彼亦是也。彼亦一是非，此亦一是非。"这是典型的相对论观点，从上述观点可见，《庄子》中的"道"可以生万物，万物最终化为乌有。从不可体察的道产生了世间不可认识的万物，最后达到"无待"，才达到了绝对的"无"。

值得一提的是，《庄子》一书中的辩证法思想极为深刻，是其哲学思想精华之一。他认为事物的变化在于自身运动。《天道》篇中说："天道运而无所积，故万物成；帝道运而无所积，故天下归；圣道运而无所积，故海内服。"指出天道和王道的运动是时刻不停的，而运动的动力就在自身。

《墨子》

《墨子》分两大部分：其中一部分记载墨子言行，阐述墨子思想，这些主要反映了前期墨家的思想；另一部分包括《经》（上、下），《经说》（上、下）及《大取》《小取》六篇，一般称作"墨辩"或"墨经"，着重阐述墨家的认识论和其逻辑思想，包含了许多自然科学的内容，主要反映了后期墨家的思想。

西汉时，刘向曾把墨子及墨家学派的著作汇编整理，共七十一篇，但六朝以后逐渐佚失，现在所传的《道藏》本共五十三篇。按内容，《墨子》一书可分五组：从《亲士》到《三辩》七篇为墨子早期著作，其中前三篇掺杂有儒家的理论，带有墨子早年的痕迹；后四篇主要是"尚贤""天志""尚同""节用""非乐"等理论。从《尚贤（上）》到《非儒（下）》二十四篇为一组，系统地反映出墨子"兼爱""非攻""尚贤""尚同""节葬""节用""非乐""明鬼""天志""非命"这十大命题，可以说是《墨子》一书的主体部分。《经》（上、下）、《经说》（上、下）及《大取》《小取》六篇，专说名辩和物理、光学等内容，前人因其称"经"，定为墨翟自著，实为后期墨家作品，这是研究墨家逻辑思想和科学技术成就的珍贵资料。《耕柱》至《公输》五篇是墨子言行的记录，体例与《论语》相似，是由墨子弟子们辑录，也是研究墨子事迹的宝贵资料。《备城门》以下到末二十篇，专讲城防制度与守城技巧，这是研究墨家军事学术的重要资料。

《墨子》内容广泛，涵盖了政治、军事、伦理、逻辑、哲学、科技等方面，西晋鲁胜、乐壹都为《墨子》一书作过注释，可惜已经散佚。现在的通行本有孙诒让的《墨子闲诂》，以及《诸子集成》所收录的版本。

《荀子》

　　《荀子》既是先秦重要的哲学著作，也是一部重要的散文集。全书基本上都是独立的专题散文，每篇都有题目，作为各篇内容的概括。其中《宥坐》《大略》等最后六篇，疑为其门人弟子所记。

　　荀子认为言论和辩论十分重要。他曾说："志好之，行安之"，还要"乐言之"，所以"君子必辩"。荀子的文章长于说理，尤其是辩驳。正面论述时，往往在一个问题上发端，由此演绎开去，分析、比较、综合，论据充实，很具气势。有些论文，先提出论点，然后加以反复论证，如《天论》里，他首先提出"天行有常，不为尧存，不为桀亡；应之以治则吉，应之以乱则凶"，并以此作为全篇的中心论点，然后把属于天的各种现象和属于人的各种行动之间的关系作详尽的论述，从而引出"制天命而用之"的论点。这种论证方式，颇有说服力。荀子进行辩驳的文章则更富特色。有的先列谬论，然后以"是不然"三字作为转折，加以驳斥，如《正论》各段都是如此。有的只强调正面理由，令人先行信服，然后点出反对者，达到不辩而胜的目的，如《乐论》对墨子的批评就是如此。《非十二子》则是批评十二个学者，其手法是先举错误然后点名。尤其值得注意的是在《解蔽》和《天论》等篇中，各有一段对战国诸子的评论，高度概括其得失，成为学术史上的宝贵资料。

伯牙鼓琴图

　　此卷描绘伯牙为知音者钟子期弹琴的故事。相传伯牙生于春秋时代，擅弹琴，与钟子期为友。《荀子·劝学篇》有"伯牙鼓琴，而六马仰秣"的记载。

荀子的文章，不少地方运用对偶的句法，以铺列论据作为论证，开骈俪之先河。尤其是在叙述其重点时，往往使用排比手法，显得笔锋矫健，气势雄浑。荀子的散文中，善用比喻，而且用得较为集中灵活，如在《劝学》的千余字中，连续使用了六十多个比喻，比喻套比喻，比喻证比喻，这就大大地增强了文章的生动性。

《荀子》中，还有《成相》和《赋》两篇，但这基本上都是韵文。《成相》是以"三三七、四四三"为节奏的六句四韵体。其内容虽是总结历史的经验教训，但在形式上却开创了一种新的文体，清代卢文弨认为《成相》为弹词之祖。总之，《荀子》一书是研究荀况思想和荀子学派的主要参考资料，也是我国重要的哲学著作。

《孙子兵法》

《孙子兵法》又称《孙武兵法》《吴孙子兵法》《孙武兵书》等，是我国古典军事文化遗产中的瑰宝，中国优秀传统文化重要的组成部分。《孙子兵法》内容博大精深，思想深邃，逻辑缜密。《孙子兵法》的作者为春秋末期的齐国人孙武。全书分为十三篇，有"用兵如《孙子》，策谋《三十六计》"的说法。

《孙子兵法》大约成书于春秋末期，是我国古代流传下来的最早、最完整的军事著作，在中国军事史上占有很重要的地位，书中的思想对中国历代军事家、政治家、思想家都产生过深远的影响，其已被译成英、俄、德、日等二十九种语言文字，在世界各地广为流传，享有"兵学圣典"的美誉。不少国家的军校把它列为教材。据报道，1991年海湾战争期间，交战双方都曾研究《孙子兵法》，借鉴其军事思想以指导战争。

黄埔军校旧址

黄埔军校是中国现代历史上第一所培养革命干部的新型军事政治学校。因名将辈出，影响深远，在中国近现代史上占有显赫地位。

　　《孙子兵法》体现了丰富的辩证法思想，书中探讨了与战争有关的一系列矛盾的对立和转化，如敌我、主客、胜败、众寡、攻守、强弱、利患等。《孙子兵法》正是在研究这种种矛盾及其转化条件的基础上，提出其关于战争的战略和战术。这当中体现的辩证思想，在中国辩证思维发展史中占有重要地位。《孙子兵法》谈兵论战，集"韬略"、"诡道"之大成，被历代军事家广为引用，书中的不少典故，在中国也是路人皆知。《孙子兵法》那缜密的军事、哲学思想体系，深远的哲理、变化无穷的战略战术和常读常新的探讨韵味，使其在世界军事思想领域也拥有广泛的影响，享有极高的声誉。

　　《孙子兵法》实为中华千古奇书，同时，它以自然科学为基础，深深扎根于中国的主流哲学里。时至今日，它更是成了商界必备实战手册，不仅可以启迪人正向思考，而且可以开发人的智慧。

《孙膑兵法》

　　马陵之战后，田忌由于遭宰相邹忌的陷害，被迫流亡楚国。孙膑辞官归隐，潜心研究军事理论，终于写成了《孙膑兵法》这一流传千古的军事名著。

　　《孙膑兵法》又名《齐孙子》，《汉书·艺文志》称"《齐孙子》八十九篇，图四卷"，但自《隋书·经籍志》开始，便不见于历代著录，由此推测，《孙膑兵法》大约在东汉末年便已失传。

　　1972年，临沂银雀山汉墓部分竹简出土，这部兵法古书才得以重见天日。但由于年代久远，竹简残缺不全，受损严重。经竹简整理小组整理考证，文物出版社于1975年出版了简本《孙膑兵法》，共收竹简364枚，分上、下编，各十五篇。对于这批简文，学术界一般认为，上篇当属原著无疑，是在孙膑著述和言论的基础上经弟子编辑整理而成；下篇内容虽与上篇内容相类似，但也存在着编撰体例上的不同，是否为孙膑及其弟子所著尚无充分的证据。1985年，文物出版社出版的《银雀山汉墓竹简》中，收入《孙膑兵法》凡十六篇，系原上编诸篇加上下篇中的《五教法》而成，其篇目依次为：擒庞涓、见威王、威王问、陈忌问垒、篡卒、月战、八阵、地葆、势备、兵情、行篡、杀士、延气、官一、五教法、强兵。

　　《孙膑兵法》在军事理论方面有很高的成就，它继承《孙子》《吴子》等兵家思想并有新的发展，包含丰富的军事思想。

《韩非子》

韩非子生活于公元前三世纪，是战国后期韩国的王族，韩非子口吃(结巴)，不善言谈，而善于著述。《韩非子》就是他的著作。

《韩非子》现存五十五篇，约十余万字，大部分为韩非自己的作品。当时，思想界以儒家和墨家为代表，崇尚"法先王"和"复古"，韩非子的法家学说坚决反对复古，主张因时制宜。韩非子攻击主张"仁爱"的儒家学说，主张法治，提出重赏、重罚、重农、重战四个政策。他提倡君权神授，自秦以后，中国历代封建专制主义极权统治的建立，都不同程度地受到了韩非子学说的影响。

《韩非子》一书，重点宣扬了韩非法、术、势三者相结合的法治理论。这个理论的结合，达到了先秦法家理论的高峰，为秦统一六国提供了理论武器，同时，也为以后的封建专制提供了理论根据。

韩非的朴素辩证法思想也很突出，他首先提出了矛盾学说，用矛和盾的寓言故事来说明道理。另外，《韩非子》书中记载了大量脍炙人口的寓言故事，最著名的有"自相矛盾""老马识途""守株待兔""滥竽充数""讳疾忌医"等。这些生动形象的寓言故事，蕴含着深刻的哲理，凭着它们的思想性和艺术性，给人们以智慧的启迪，有很高的文学价值，至今为人们广泛运用。

韩非子的文章笔锋犀利，议论透彻，推证事理切中要害。比如《亡征》一篇，分析国家可亡之道达四十七条之多，实属罕见。《难言》《说难》二篇则无微不至地揣摩他人心理，以及如何趋避投合，很是细致。韩非子的文章构思精妙，语言幽默，描写大胆，具有耐人寻味、警策世人的效果。

《吕氏春秋》

《吕氏春秋》是由秦国丞相吕不韦主编的一部类似古代百科全书的传世巨著，有六论、八览、十二纪，共二十多万字。吕不韦认为其中包括了天下诸多事理，所以把此书定名为《吕氏春秋》。

吕不韦是战国末期秦国的一位名相，因散尽家财帮助在赵国为人质的秦王孙异人立嫡有重大功劳，所以后来被任用为丞相。

吕不韦令门下凡能撰文者，把自己所闻所见和感想全都写出来。待文章交上来后，五花八门，各个方面全都有所涉及。吕不韦又挑选几位文章高手对这些文章进行删定，集合成书，取名为《吕氏春秋》。为了慎重起见，成书之后，吕不韦又让门人几番修改，直到满意为止。吕不韦非常看重此书，夸口说该书是包揽了"天地、万物、古今"的奇书。

为了扩大影响，吕不韦还想出一个绝妙的宣传该书的办法，他请人把全书誉抄整齐地悬挂在咸阳的城门上，声称如果有谁能改动其中一字，就赏千金。消息传开之后，人们蜂拥前往，包括诸侯宾客各色人等，却没有一个人能对书上文字加以改动。这样一来，《吕氏春秋》和吕不韦的大名远播东方诸国。值得一提的是，这部战国时期的大作，保存了不少古代的轶闻逸事和思想观念，具有一定的参考价值。

吕不韦巧计归异人

《吕氏春秋》汇合了先秦各派学说，故被称"杂家"。吕不韦借门客之手撰写《吕氏春秋》，虽主要靠他人之功提高自身形象，但在文化事业上确实是有不小的功劳。

《世说新语》

《世说新语》是南北朝时期的一部记述东汉末年至东晋时官僚士大夫和豪门贵族的言谈逸事的书，由刘宋宗室临川王刘义庆组织一批文人编写的，梁刘峻注。该书原名《世说》，后人为与刘向的作品相区别，所以称其为《世说新书》，大约到了宋代才改成《世说新语》。

《世说新语》一书共分八卷，刘孝标注本分为十卷，今传本皆作三卷。《隋书·经籍志》将它列入小说。《宋书·刘道规传》称刘义庆"爱好文义""性简素""招聚文学之士，近远必至"。该书所记个别事实虽然不够确切，但反映了

义烈可风

《世说新语》载：戴渊年少时喜好游侠，经常率众在水面上攻掠来往的商旅。陆机坐船去洛阳，戴渊带人抢劫。陆机见戴渊神气非凡，劝其改过自新。后戴渊拿着陆机的推荐信过江投军，在军中作战勇敢，表现突出，一直做到征西将军。

门阀士族的思想风貌，保存了社会、思想、文学、政治、语言等方面史料，具有很高的价值。

此书的内容分为德行、言语、政事、文学等三十六类，每类收有若干则故事，全书共一千多则，每则文字长短不一，有的数行，有的只有三言两语，由此可见笔记小说的特性。记载的主要是东汉后期到晋宋间一些名士的言行逸事。书中所记载的均属历史上实有的人物，虽然这些人的部分故事出自传闻，不符合史实，但还是反映出了魏晋时期文人的思想言行和当时上层社会的生活状况，这样的描写有助读者了解当时士人所处的时代状况及社会环境，让我们更加明确地看到魏晋时代的风貌。

此外，《世说新语》善用比喻、对照、夸张等修辞手法，这不仅使它留下许多脍炙人口的佳句，而且更为全书增添了不少光彩。如今，《世说新语》除了文学的鉴赏价值外，书中的人物事迹和文学典故等也经常为后世作者所引用，其中不少故事甚至成了诗词中常用的典故，为历代人们所喜爱。

《册府元龟》

《册府元龟》为北宋四大部书之一。景德二年（1005），宋真宗赵恒命王钦若、杨亿等十八人一同编修历代君臣事迹。用编年体与列传体相结合的形式，共完成一千一百零四门。每门都有小序，述其指归。分为帝王、闰位、列国君、僭伪、储宫、外戚、宗室、宰辅、将帅、宪官、台省、谏诤、词臣、国史、环卫、掌礼、学校、邦计、刑法、卿监、铨选、奉使、贡举、内臣、牧守、令长、宫臣、总录、陪臣、幕府、外臣三十一部。部有总序，历八年成书，总计有一千卷，题名《册府元龟》。"册府"的意思是帝王藏书的地方，"元龟"是大龟，古代用以占卜国家大事，意在作为后世帝王治国理政的借鉴。由于该书援引丰富，也成为后世文人学士引据考证的一部重要参考资料。《册府元龟》的特点在于：取材以正史为主，间及经书、子书，小说或杂书等一律不收；类目以人物、事类为中心，专收上古五代史事部分，这些内容是《册府元龟》的精华所在，其中不少史料为该书所仅见。

　　《册府元龟》北宋本已无前帙，南宋本仅存八卷，明抄本舛错颇多。陆心源藏有北宋残本四百八十三卷，与崇祯本校勘，将宋本多出页数、条数撰成《册府元龟题跋》，后来，这本书流入日本静嘉堂。张元济东渡访书时，向静嘉堂借照四百四十四卷，又向国内藏书家借照一百零六卷，共五百五十卷。傅增湘据照相毛样校于崇祯本上，该书现藏于国家图书馆。1960年中华书局影印崇祯本，将宋本多出的页数、条数校于每卷之后，即现在的通行本。

❖ 集 ❖

　　"集"指的是历代作家的散文、骈文、诗、词、曲等集子和文学评论著作。一人专著的称为别集，汇选若干人的作品称为总集，有关诗的集被称为诗集。

《楚辞》

　　楚辞，其本义是指楚地的言辞，后来逐渐演化为两种含义：一是诗歌的体裁，另一个是诗歌总集的名称。从诗歌总集的名称来看，它是西汉刘向在前人基础上辑录的一部"楚辞"体的诗歌总集，收入战国楚人屈原、宋玉以及汉代淮南小山、贾谊、东方朔、庄忌、王褒、刘向等多人的仿骚作品。

《离骚》之"皇鉴揆余初度兮"图

　　《楚辞》的代表人物是我国文学史上最早出现的爱国诗人屈原。在《楚辞》初本的十六卷里，屈原的作品占绝大多数，里面收录他的诗作八卷二十余篇。包括《离骚》《卜居》《九歌》《天问》《九章》《渔父》《远游》《招魂》等。其他八卷有宋玉的《九辩》、景差的《大招》及汉代淮南小山的《招隐士》、贾谊的《惜誓》、庄忌的《哀时命》、东方朔的《七谏》、王褒的《九怀》、刘向的《九叹》等。南宋朱熹在这些基础上编著《楚辞集注》，增入贾谊的《鹏鸟赋》《吊屈原赋》两篇；删去《七谏》《九叹》《九怀》等作品，因为朱熹认为这些作品并没有真实的思想感情。他进一步把屈原的作品划为"离骚类"，把其他作品则划为"续离骚类"，按原篇章次序编为八卷。屈原的作品大致可分两类：一类是《离骚》和《九章》等作品，属于在流放生活中写的政治抒怀诗；另一类是以《九歌》为代表的祭歌和反映诗人世界观、人生观的《天问》。屈原的代表作《离骚》是我国古代最长的一篇浪漫主义抒怀诗，也是"楚辞"的代表作品。从此开始，世人也称"楚辞"为"骚体诗"，并与《诗经》并称"诗骚"。《离骚》是诗人在遭到第二次流放中，胸中满怀"信而见疑，忠而被谤"的委屈，凝聚忧愤，最后感慨于笔端写成的。这首近2500字的长诗，不仅叙述了诗人的身世志向，而且通过表现诗人一生不懈的斗争和决心以身殉志的悲剧，反映了楚国统治阶层的腐化和堕落，暴露了楚国黑暗的现实和政治危机，表达了他忧国忧民的高尚情操。

《文心雕龙》

　　《文心雕龙》为南朝刘勰所作，是一部"深得文理"、"体大思精"的写作理论巨著。此书内容丰富，见解出众，系统而全面地论述了写作上的各种问题。最为难得的是，书中对应用写作也有不少论评。据粗略统计，全书谈及的文体共有五十九种之多，而其中属于应用文范畴的文体竟达四十四种，约占文体总数的四分之三。

　　《文心雕龙》共有十卷，五十篇，分为上、下两部，各二十五篇，全书包括四个重要方面。上部，从《原道》至《辨骚》的五篇，是整部书的纲领，而其核心则是《原道》《徵圣》《宗经》三篇，要求一切要稽诸于圣，本之于道，宗之于经。从《明诗》到《书记》的二十篇里，以"论文序笔"为中心，对各种文体源流及作家作品逐个进行研究和评价。在以有韵文为对象的论文部分中，《乐府》《明诗》《诠赋》等篇较重要；而在以无韵文为对象的"序笔"中，则以《诸子》《史传》《论说》等较为重要。下部，从《神思》到《物色》的二十篇，以"剖情析采"为中心，重点研究分析创作过程中各个方面的问题。《时序》《才略》《知音》《程器》等四篇是文学史论和批评鉴赏论。下部的这两个部分，是全书的主要精华所在。以上四个方面共四十九篇，加上最后作者刘勰叙述写作此书的动机、态度和原则，共计五十篇。

　　《文心雕龙》中虽然也受到某些道家和佛家思想的影响，但构成它的文学纲领及核心元素还是儒家思想。它并不否认物质世界客观存在的真实性，却认为在现实世界之外，有一个先天地而生的"道"或"神"。这个"道"或"神"是决定客观世界一切变化的最终依据。刘勰认为的"原道心以敷章，研神理而设教"，正是圣人著述经典的基本原则。他把人格化的"神"和其在现实中的代理人帝王视作理所应当的最高权威。根据这一见解，《文心雕龙》不仅进一步发展了荀子，特别是扬雄以来的"原道""宗经""徵圣"的理论，并且将这套理论贯穿到《文心雕龙》一书之中，当作它立论的根本依据，给它的理论染上了一层经学色彩，从而带来了许多局限性。

但是，《文心雕龙》在论述具体文学创作活动的同时，却抛弃了经学家的抽象观点，表现出的是朴素唯物主义的文学观；而且，对文学创作和批评、文学的特点和规律等一系列问题，也提出了相当精辟的见解，很具独创性。因此《文心雕龙》在中国文学理论批评史上占有很重要的地位。

《乐府诗集》

《乐府诗集》由宋代的郭茂倩编著。"乐府"，本是指掌管音乐的机关，乐府机构最早设立于汉武帝时，在南北朝时也有此类机构设置，其主要任务是制作乐谱，收集歌辞和训练音乐人才。郭茂倩编的这部《乐府诗集》今存一百卷，是收集乐府歌辞最完整的一部，主要记录了汉魏到唐、五代的乐府歌辞兼及先秦至唐末的歌谣，共有五千余首。它搜集广泛，各类都有总序，每曲也都有题解，是继《诗经·风》之后，又一部总括我国古代乐府歌辞的诗歌总集。

在《乐府诗集》中，乐府诗被分为郊庙歌辞、燕射歌辞、横吹曲辞、鼓吹曲辞、舞曲歌辞、相和歌辞、杂曲歌辞、清商曲辞、近代曲辞、琴曲歌辞、杂歌谣辞和新乐府辞十二大类；每个大类又分若干小类，如横吹曲辞又分梁鼓角横吹曲、汉横吹曲等；相和歌辞分为相和六引、相和曲、平调曲、吟叹曲、瑟调曲、清

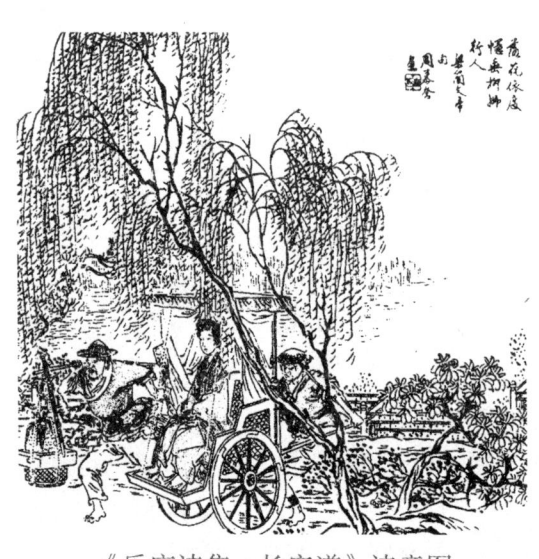

《乐府诗集·长安道》诗意图

调曲、楚调曲和大曲等多类；清商曲辞中分为吴声歌与西曲歌等类。在这些不同的乐曲中，燕射歌辞和郊庙歌辞属于朝廷所用的乐章，思想内容和艺术技巧都无甚可取成分。但从总体上看，它所收录的诗歌，多数是优秀的民歌或文人用乐府旧题所作的诗歌。

《乐府诗集》最重要的贡献是把历代曲按照曲调收集分类，这使得许多作品得以汇编成书，为乐府诗歌的整理和研究提供了极大的便利。例如，汉代民歌或其他典籍中的歌曲，编者都收集进去并加以著录。

《窦娥冤》

《窦娥冤》是关汉卿的代表作，也是我国古代悲剧的代表作。全剧四折一楔子，大致的剧情是：楚州的窦天章家境贫寒，无钱进京赶考，出于无奈，只好将幼女窦娥卖给蔡婆家为童养媳。窦娥婚后丈夫去世，只剩婆媳两人相依为命。蔡婆外出讨债时不巧遇到流氓张驴儿父子，受其威胁。张驴儿企图霸占窦娥，见她不从便想毒死蔡婆以达到要挟的目的，不料误杀其父。张驴儿反将一军，诬告窦娥杀人，官府严刑逼审婆媳二人，窦娥为救蔡婆只好自认杀人，于是被判斩刑。窦娥在临死之前指天为誓，死后将血溅白绫、六月降雪、大旱三年，以明己冤，这些后来果然都应验。三年后，窦天章任廉访使至楚州，见窦娥鬼魂出现，于是重审此案，为窦娥鸣冤。

《窦娥冤》这个故事自《列女传》中的《东海孝妇》，但《东海孝妇》的主题思想是歌颂为东海孝妇平反冤狱的于公，关汉卿并没有被这个传统故事所束缚，反而紧紧扣住当时的社会现实，用这段感人肺腑的故事，真实深刻地反映了元朝统治下中国社会黑暗而残酷的现实，表现了底层人民坚强不屈的斗争精神和争取独立生存的强烈愿望。它成功地塑造了"窦娥"这个悲剧主人公的形象，使其成为元代被侮辱、被损害的

《东海孝妇》插图

妇女典型，成为社会上品性善良、坚强的妇女典型。

在艺术上，《窦娥冤》体现出现实主义与浪漫主义两种风格结合这一特点，作品用丰富的想象和大胆的夸张，设计超现实的情节，以显示正义力量的强大，反衬了作者的爱憎分明，表达了为广大人民惩治邪恶、伸张正义的强烈愿望。关汉卿的戏曲语言通俗自然、朴实动人，人物极富性格。

《西厢记》

崔莺莺夜听琴

《西厢记》全名为《崔莺莺待月西厢记》，是我国古典戏剧的现实主义杰作，作者是元代著名杂剧作家王实甫，《西厢记》是他的代表作。这个剧刚一登上舞台就震惊四座，博得男女青年的喜爱，被誉为"西厢记天下夺魁"。

《西厢记》的曲词华艳优美，富于诗的意境，甚至可以说每支曲子都是一首美妙的抒情诗。《西厢记》对后来以爱情为题材的作品创作影响很大，《牡丹亭》《红楼梦》等都从它那里不同程度地汲取了反封建的民主精神。曹雪芹在《红楼梦》中，通过林黛玉的口，称赞《西厢记》"曲词警人，余香满口"。

《西厢记》叙述的是书生张君瑞和相国小姐崔莺莺初次邂逅即一见钟情，后经红娘的帮助，为争取婚姻自由，敢于冲破封建礼教的束缚而最终私下结合的爱情故事，表达了对封建婚姻制度的反抗，以及对美好爱情勇于追求的精神。几百年以来，它曾激励过无数的青年男女。即便现在，作品中的艺术形象和所体现出的主题思想，仍然可以让我们加深对封建礼教本质的认识。

其实崔张两人的故事源远流长，最早见于唐代著名诗人元稹所著的传奇小说《莺莺传》。《莺莺传》的最终结果是张生把崔莺莺遗弃，是个悲剧的结局。小说不过数千字，却情节曲折，文辞华艳，叙述婉转，引人入胜，是唐代传奇小说的一部代表作。它不仅写出了封建时代女性对爱情的向往和追求，也反映了爱情理想被社会无情摧残的人生悲剧。此后，该故事广泛流传，产生了不少歌咏此事的诗词章句。

王实甫的《西厢记》最突出的成就是从根本上改变了《莺莺传》的主题思想和其悲剧性的结局，他把男女主人公塑造成敢于冲破封建礼教，在爱情上坚贞不渝的形象，并最终经过不懈的努力，得到了美满结果。这一改动使得剧本反封建倾向更为鲜明，也更为锋利，突出了"愿普天下有情人都成眷属"这一主题思想。在艺术上，剧本通过错综复杂的戏剧冲突，来完成莺莺、张生、红娘等一系列艺术形象的塑造，使人物跃然纸上，性格特征极其鲜明，从而增强了作品的戏剧性。

"三言二拍"

"三言二拍"是我国明代五本著名传奇短篇小说集的合称。"三言"即指冯梦龙所作的《喻世明言》《警世通言》《醒世恒言》的合称。"二拍"则是凌濛初所作的拟话本小说集《初刻拍案惊奇》和《二刻拍案惊奇》的合称。

"三言"每册四十篇，共一百二十篇。这些作品收录了宋、元、明以来的旧本，但一般都做了一定程度的修改；也有的是据文言笔记、戏曲、传奇小说、历史故事乃至社会传闻的再创作，故"三言"包含了旧本的汇辑和新著的创作，是我国白话短篇小说在传统说唱艺术的基础上经过文人整理加工到文人进行独立创作活动的开始，是宋、元、明三代最重要的一部白话短篇小说总集。"三言"的出现，预示着我国古代白话短篇小说整理和创作高潮的到来。

"三言"中的每一章都讲了一个道理，题材广泛，内容复杂。有对封建官僚丑恶的谴责和对正直官吏德行的赞扬，有对友谊、爱情的歌颂和对背信弃义、负心行为的痛斥。更值得注意的，

莽儿郎惊散新莺艳
故事出自"三言二拍"。

有不少作品描写了市井百姓的生活。在这些作品里，强调人的感情和人的价值应该得到尊重，所宣扬的道德、标准、婚姻原则，与封建礼教、传统观念相互违背。这是充满生命活力的市民思想意识的体现。"三言"中的优秀作品，既重视故事完整，情节曲折和细节丰富，又调动了多种表现手段来刻画人物性格。

在"三言"的影响之下，凌濛初编著了《初刻拍案惊奇》和《二刻拍案惊奇》各四十卷，世人称之为"二拍"。"二拍"与"三言"不同，"二拍"基本上是个人创作，是一部个人的白话小说创作集。

"二拍"中不少作品反映的是市民生活和其思想意识，如《转运汉遇巧洞庭红》写的商人泛海经商之事，可以看出明代末期商人们对于金钱的强烈渴望。《叠居奇程客得助》《乌将军一饭必酬》等都很重视商业描写，这在以前的短篇小说中十分罕见，有些作品也提出在爱情和婚姻生活中要求男女平等的观点。

《水浒传》

《水浒传》由元末明初作家施耐庵所作，取材于北宋末年宋江起义的真实故事。据《东都事略·侯蒙传》载："江以三十六人横行河朔，京东官军数万无敢抗者。"又据《宋史·徽宗本纪》："淮南盗宋江等犯淮阳军，遣将讨捕，又犯京东、河北，入楚、海州界，命知州张叔夜招降之。"从这些记载里不难看出，这支起义军虽然人数不多，但战斗力很强，在群众中有着很广泛的影响，曾给宋王朝造成过相当大的威胁。

宋代正值说书兴盛时，民间流传的宋江等人的故事，很快就被说书人采来作为创作话本的素材，南宋罗烨《醉翁谈录》记有小说篇目《花和尚》《青面兽》和《武行者》，这当是说的鲁智深、杨志、武松三人，也是有关《水浒传》话本的最早记载。南宋末有龚开的《宋江三十六人赞并序》，序里说："宋江事见于街谈巷语。"并说在龚开之前有画院待诏李嵩，曾画过宋江等人。现在看到的最早写水浒故事的作品，是出于元人的《大宋宣和遗

天汉桥杨志卖刀

事》，它所记水浒故事梗概，从杨志卖刀杀人讲起，经智取生辰纲、宋江杀惜、九天玄女授天书，直到受招安平方腊止，顺序和现在的《水浒传》基本是一样的。这时的水浒故事已从分散为多个独立的单篇，发展为一个连贯的整体。元代杂剧的盛行，使得很多水浒戏出现，元杂剧和《大宋宣和遗事》所记水浒故事的人物姓名大致相同，但聚义地点不同，杂剧里说的是梁山泊，《大宋宣和遗事》说的则是太行山。这些都表明，在《水浒传》成书以前，这个故事在流传中颇有异同。施耐庵正是将这些在不同地区流传的故事，汇集编著，经过选择、加工和再创作，才写成这部优秀的古典名著。

宋公明全伙受招安

　　《水浒传》所描写的时代是北宋末年，当时朝廷腐败无能，社会黑暗无度，人民起来抗争是必然趋势。封建社会作为人类社会的历史发展阶段，确实创造了灿烂的封建文化和封建文明，但在封建社会中的确有许多制度是违反人性的，因此人民起来抗争不合理的社会制度很具进步意义，应该给予歌颂。由此看来，《水浒传》是一部歌颂英雄反抗封建统治的作品。

《三国演义》

　　《三国演义》是中国古代第一部长篇章回体小说，是历史演义小说的经典之作。

　　《三国演义》描写了公元三世纪以曹操、刘备、孙权为首的魏、蜀、吴三个政治军事集团之间的矛盾和斗争，反映了从东汉末年到西晋初年之间近一百年的历史风云。该书不仅对三国时代的政治军事斗争做了细致入微的刻画，而且概括了这一时代的历史巨变的发生过程，塑造了一批咤叱风云的英雄形象。在对三国历史的把握这点上，作者表现出了明显的拥刘反曹情绪，他以刘备集团作为中心来描写，对刘备集团的主要人物加以歌颂，对曹操则极力鞭笞。

水淹七军

关羽水淹七军

《三国演义》里面刻画了近二百个人物形象，其中描绘得最为成功的是诸葛亮、曹操、关羽、刘备等人。诸葛亮是作者心目中"贤相"的化身，他具有"鞠躬尽瘁，死而后已"的高尚品质，并且具有再造太平盛世的雄心壮志，作者还赋予了他神机妙算、呼风唤雨的特殊本领。曹操则是一位奸雄，他生活的信条是"宁教我负天下人，不教天下人负我"，既有雄才大略，又残暴奸诈，是一个很具有野心的政治阴谋家。关羽"威猛刚毅"、"义重如山"，但他的义气是以个人恩怨为前提的，并非国家民族之大义。刘备被作者塑造成为仁民爱物、礼贤下士的仁君典型。

书中描写了大大小小的战争无数次，场面宏伟，手法多样，使我们清晰地看到了一场场刀光血影的战争场景。其中对官渡之战和赤壁之战等重大战争的描写波澜起伏、跌宕跳跃，读来惊心动魄。《三国演义》一书文不甚深，言不甚俗，简洁凝练，气势充溢，生动活泼。《三国演义》带来我国历史小说创作的热潮，书中所塑造的一系列人物形象在我国可谓家喻户晓、妇孺皆知。

《西游记》

《西游记》由明代小说家吴承恩所创作，是我国古代浪漫主义长篇小说的高峰，在世界文学史上也是出色的浪漫主义杰作。作者吴承恩一生诗、文、词创作丰富，死后大部分都已失传，现存有后人辑集而成的《射阳先生存稿》四卷，其中包括诗一卷、散文三卷，卷末附小诗三十八首。

《西游记》主要描写的是孙悟空保唐僧西天取经，历经九九八十一难的故事，为人们展示了一个绚丽多彩的神魔世界，作者丰富大胆的艺术想象让人惊叹不已。任何一部文学作品都是一定社会生活的反映，作为神魔小说杰出代表的《西游记》也不例外。孙悟空的形象就寄托了作者的理想，那种百折不挠的斗争精神，横扫一切的大无畏气概，代表着一股正义的力量，表现出人民战胜一切困难的必胜信念。再比如取经路上遇到的那些妖魔，或是自然灾难的幻化，他们的贪婪和狡诈都是封建社会里的黑暗势力的象征。不仅如此，玉皇大帝统治的天宫、如来佛祖管辖的西方极乐世界，也都被重重地涂上了人间社会的色彩。另外，在《西游记》中，根本没有一个称职的皇帝，昏聩无能的玉皇大帝、宠信妖怪的车迟国国王、要将小儿心肝当作药引的比丘国国王，不是昏君就是暴君。这些形象的刻画，都具有很强的现实意义。

车迟国猴王显法

《西游记》中不仅有深刻的思想内容，而且在艺术上取得的成就也很高。它以天马行空般的艺术想象，生动曲折的故事情节，幽默诙谐的语言和栩栩如生的人物形象，构筑了一座独特壮美的艺术圣殿。在中国古典小说中，《西游记》的内容最为庞杂，它融合了佛、道、儒三家的思想，让佛、道两教的仙人们同时登场表演，又在神佛的世界里注入了现实社会的人情百态，有时还会插进几句儒家的至理名言，使其妙趣横生。这种特点使该书赢得了各个文化层次读者的喜爱。

《西游记》的出现，开辟了神魔长篇章回小说的新门类，书中那些不经意的冷嘲热讽和严肃的批判巧妙地结合，直接影响了后世讽刺小说的发展。

《红楼梦》

章回体古典长篇小说《红楼梦》由清代著名作家曹雪芹创作，成书于清代乾隆年间，是中国古典小说四大名著之一，世界文学经典巨著之一。又名《石头记》《情僧录》《金陵十二钗》《风月宝鉴》等。由于《红楼梦》原著结尾的遗失，许多续作纷纷出炉，据统计，《红楼梦》续书种类高达百余种。较为著名的续作者有清代才女顾太清、通行本续作者以及整理者高鹗等。

《红楼梦》是中国古代长篇小说的高峰。全书一百二十回，前八十回是曹雪芹所作，后四十回为高鹗所续写。该书以贾、王、史、薛四大家族为背景，以贾

《红楼梦》中的命名艺术

书中很多名字都有其特殊的含义，或讽刺或感叹，这是红楼梦的主要艺术特点，脂砚斋的批文指明了部分的隐意。例如，青梗峰——情根峰，十里街——势利街，仁清巷——人情巷，胡州——胡诌，甄士隐——真事隐，甄英莲——真应怜，封肃——风俗，霍启——祸起/火起，贾雨村——假语存，娇杏——侥幸，冯渊——逢冤，秦可卿——情可轻，秦钟——情种，秦业——情孽，戴权——大权，詹光——沾光，卜固修——不顾羞，卜世仁——不是人，石呆子——实呆子，元春、迎春、探春、惜春——原应叹息，靛儿——垫儿，张友士——将有事，卫若兰——味若兰，群芳髓——群芳碎，潇湘馆——消香馆，贾王薛史——家亡血史。

宝玉和林黛玉的爱情故事为主线，围绕两个主要人物的感情纠葛，描写了大观园内外一系列男女的情感纠葛，通过对这些爱情悲剧的描绘，来反衬当时的社会环境，牵涉到封建社会政治法律、妇女、宗法、道德、婚姻等多方面的问题，从侧面暗示了封建社会末期的世间情态，暴露了封建贵族阶级和统治阶级的腐朽与罪恶，歌颂了追求光明的反叛人物，通过叛逆者的悲剧宣告了这一社会灭亡的必然性。甚至可以说，《红楼梦》是一部我国封建社会后期社会生活的百科全书。

在《红楼梦》里，作者塑造了贾宝玉、林黛玉、薛宝钗等多个生动的人物形象。贾宝玉始终站在封建主义精神道德之外，他尊重个性，尊重女性，追寻自由，是一位贵族家庭乃至封建制度的叛逆典型；黛玉则是一位多愁善感、冰清玉洁的贵族小姐，她视爱情如同生命，但她的爱情却因不容于封建贵族家庭而被摧毁；宝钗是一位遵奉妇道的封建淑女，同样也是封建制度的牺牲品。《红楼梦》突破了传统小说的取材和构思方式，将整个社会高度浓缩于家庭范围之内，并加以整体展现，贾府实际上是当时整个社会的缩影。曹雪芹写人的技巧达到了炉火纯青的地步，他所描写的人物个个栩栩如生，从而打破了以往小说写人类型化的特征，曹雪芹塑造人物形象的手法并不单一，他把人物放在特定

宝玉游幻境

的艺术气氛里，以烘托人物的内心。《红楼梦》既汲取了中国古典文学语言的营养，也提炼了大众的语言，最终熔铸成准确、精练、颇具特色的语言风格。《红楼梦》的情节安排脉络分明，形成一个有机的整体，虽纵横交错，又主次分明，有条不紊，不露人工斧凿的任何痕迹。虽然《红楼梦》表面看来都是平常的生活琐事，但足够以小见大、见微知著，从而反映出生活的本质。

　　《红楼梦》问世之后，以其独有的思想意蕴与艺术魅力，震撼着一代又一代读者的心灵，从而产生了巨大的影响，甚至在学术研究领域还形成了声势浩大的"红学"，可见其魅力经久不衰。

《儒林外史》

　　《儒林外史》由吴敬梓创作，是一部清代杰出的现实主义长篇讽刺小说，主要描写了封建社会后期知识分子及官绅的活动和精神面貌。

　　《儒林外史》全书故事情节虽没有一个主干线索，但却有一个中心贯穿其间，那就是反对封建礼教和科举制度的毒害，讽刺因热衷功名利禄而造成的极端恶劣的社会风习。这样的思想内容，在当时有着重大的现实意义和教育意义，再加上作者吴敬梓那准确生动、刀刀见血的语言和出类拔萃的讽刺手法，使得该书在艺术上也获得了很大的成功。

　　《儒林外史》原本为五十五回，此书创作于以"八股文"取士的制度对社会的毒害愈来愈深的时期，主要有两个重要的思想价值，第一是再现了封建科举制度下文士的面貌，严厉地抨击这个制度的弊端和罪恶。二是通过这一批正面人物表现作者的理想。书中塑造了许多反对科举制度、蔑视功名的清高正直的知识分子形象，如王冕、沈琼枝、杜少卿等人。又有季遐中、王太、盖宽、荆元四个"市井奇人"，他们靠着自己的手艺自食其力，以琴棋诗画自娱自乐。

杜少卿夫妇游山，迟衡山朋友议礼

《儒林外史》达到了现实主义讽刺艺术的高峰，书中的讽刺极具特色，作者爱憎分明，以不同的方式，从不同的程度，对不同的人物进行讽刺，并且语言明快、形象、凝练，从中不难看出作者深厚的功底。

《古文观止》

《古文观止》是自清代以来最为流行的古代散文选本之一，《古文观止》是清人吴楚材和吴调侯于康熙三十三年（1694）编订。这两人均是浙江绍兴人，长期设馆教学，除了这本书之外，他们还著有《纲鉴易知录》。

散文是我国古代最重要的文体之一，它的发展首先是从先秦时期开始，《尚书》是第一部散文集。春秋战国时期，百家争鸣，产生了诸子散文。而后，在两汉时期，散文得到进一步发展，《史记》乃"史家之绝唱，无韵之离骚"，代表了两汉散文的最高成就。魏晋南北朝时期，散文多讲求声律，形成骈俪文体，代表作是《洛阳伽蓝记》和《水经注》。唐宋时期，韩愈和柳宗元倡导了古文运动，"文起八代之衰"。北宋时，欧阳修也力倡古文，苏氏父子等人给予呼应，古文日渐占领文坛。元明清时期，散文基本上继承发展了唐宋古文运动的精神，明代出现了前后七子的复古派、主张性灵的公安派、反对复古的唐宋派等。

《古文观止》所选之文上起先秦，下至明末，大体反映了先秦至明末散文发展的大致轮廓和主要面貌。其中包括《左传》三十四篇、《国语》十一篇、《礼记》六篇、《公羊传》三篇、《战国策》十四篇；韩愈文十七篇、欧阳修文十一篇、柳宗元文八篇、苏轼文十一篇、苏辙文三篇、王安石文三篇……共二百二十二篇。《古文观止》所选之文皆为短小精悍、语言精练、便于传诵的千古佳作。选者以古文为正宗，但也不排斥骈文，这在当时是很难能可贵的。在文章中间或末尾，选者有一些夹批或尾批，对古文初学者理解文章有不小的益处。

《全唐诗》

《全唐诗》由清曹寅、彭定求等奉敕编纂。《全唐诗》是清朝初年汇集唐一代诗歌的总集，全书共有九百卷。

《全唐诗》将唐代的诗歌汇为一帙，为研究者提供了相当大的方便。但由于

成书仓促，所以存在问题也很多。首先是未及广检群书，故缺漏甚多；其次考订粗疏，多有误收，今人考订其误收他朝诗达数百首之多，重复之作也不在少数；再者小传较疏舛，作者先后次序亦多混乱；而且，诸诗皆不注出处，征引者难以覆按。

康熙帝曾为《全唐诗》作序，谓全书共"得诗四万八千九百余首，凡二千二百余人"，该书编成的次年，就交由内府精刻行世，后又有扬州诗局本，二本皆为一百二十册，分装成十函。光绪十三年（1817），上海同文书局石印本，归并成三十二卷。1960年，中华书局据扬州诗局本断句排印，并改正了一些明显的错误。若要论及辑补《全唐诗》的著作，以日本上毛河世宁《全唐诗逸》三卷为最早，成书时间约相当于我国的乾隆年间，他补诗七十二首，补句二百七十九条。中华书局本《全唐诗》附于全书之末，今人王重民辑《补全唐诗》《敦煌唐人诗集残卷》二种，据敦煌遗书补一百七十六首，孙望《全唐诗补逸》二十卷，补诗七百四十首、八十七句，童养年《全唐诗续补遗》二十一卷，补诗一千一百五十八首、二百四十三句。以上四种，由中华书局合编成《全唐诗外编》出版。另外，近年尚陆续有一些唐诗的补遗之作发表。《全唐诗》的考订著作，有刘师培《全唐诗发微》，收入《左庵集》，篇幅很少；岑仲勉《读全唐诗札记》，订正《全唐诗》篇章和小传等错误，甚为精细，收入在《唐人行第录》之中。

《全唐文》

《全唐文》是清代官修的唐五代的文章总集，共有一千卷之多。嘉庆十三年（1808）至十九年（1814）由董诰领衔编撰，董氏曾编订过《四库全书》，有编巨书的经验，所以并不是只因他官位居高所以领衔，他对具体规划都有裁定。阮元、徐松等百余人共同参与，共收文章一万八千四百八十八篇，并且每一位作者都附有小传。编次以唐及五代诸帝居首，其次是后妃、诸王、公主，再次为各朝的作者、闺秀、释道、宦官、四裔。《全唐文》的作者小传不但十分翔实，而且纠正了前者不少错误。在文章辨伪这一方面，《全唐文》对于作者有异说的，大都能通过考辨以定去取，而不是不负责任地有见必录。

清宫原藏有《唐文》稿本一百六十册，清仁宗认为它"体例未协，选择不精"，于是下令重新修订。该书即在这一稿本的基础上，用《唐文粹》《文苑英华》等总集补其缺略，又从《永乐大典》中辑录了唐文的单篇残段，并旁采他书和金石资料共同编校而成。它汇集了唐朝及五代的文章，为学者查阅使用这些资料提供了不小的方便。该书在编纂和考订上虽有一些缺点，总体来看，仍不失为一部优秀巨著。

《全唐文》一书编成之后，即颁发扬州，由督理两淮盐政阿克当阿等负责校刻，嘉庆二十四年（1819）刻成，此即所谓的扬州官本。后来又有广雅书局等翻刻本。中华书局于1985年出版了据原刻本影印的断句本，附印了清末陆心源的《唐文拾遗》和《唐文续拾》，是现在通行的比较便于阅读的本子。

《聊斋志异》

《聊斋志异》是清代短篇小说集，作者为蒲松龄，在他四十岁左右时基本完成，此后不断有所增补修改。"聊斋"是蒲松龄的书屋名称，"志"是记述的意思，"异"指的是奇异的故事。全书有短篇小说四百九十一篇，题材涵盖宽泛，内容丰富。《聊斋志异》的艺术成就很高，它成功地塑造了众多的艺术形象，并且鲜明生动。所讲述的故事情节曲折离奇，结构布局精巧，文笔简练，描写细腻，堪称中国古典短篇小说之巅峰。

据传说，蒲松龄在写这部《聊斋志异》时，专门在家门口开了一家茶馆，请喝茶的人给他讲故事，讲过一个故事之后可不付茶钱，蒲松龄听完之后将其修改然后写到书里面，就这样《聊斋志异》得以完成。

《聊斋志异》中的多数小说是通过幻想的形式谈狐说鬼，但它的内容跟现实生活息息相关，曲折地反映出蒲松龄所生活的时代里的社会矛盾和人民的思想愿望，并在里面融入了作家对生活的独特感受和认识。蒲松龄在《聊斋自志》中说："集腋为裘，妄续幽冥之录；浮白载笔，仅成孤愤之书：寄托如此，亦足悲矣！"在这部小说集中，作者是在寄托他在现实

《聊斋志异》图"咏之种"梨

生活中产生的忧郁之情。

由于《聊斋志异》是一部经历了很长时间才完成的短篇小说集，故事来源渠道不同，作者的思想认识前后也有发展变化，再加上作者的世界观本身也存在矛盾，因而全书的思想内容良莠不齐，相对来说比较杂乱。但从总体看来，优秀之作占半数以上，而且主要倾向是进步的，真实地揭示了现实生活的种种矛盾，反映了底层人民的理想愿望。歌颂生活中的真、善、美，抨击假、恶、丑，这是蒲松龄创作《聊斋志异》的艺术追求，也是这部短篇小说集最为突出的思想特色。

《官场现形记》

《官场现形记》是晚清谴责小说中最有代表性的作品，我国著名四大谴责小说之一，由李宝嘉著成。李宝嘉擅长诗赋、八股文及篆刻，在上海办有《游戏报》《指南报》《海上繁华报》《绣像小说》等报刊杂志。《官场现形记》以晚清官场为表现对象，集中描写封建社会崩溃时期旧官场的种种腐败、黑暗和丑恶的情形。这里既有军机大臣、总督巡抚、提督道台，也有知县典史、管带佐杂，他们或龌龊卑鄙或昏聩糊涂的嘴脸，构成了一幅清末官僚的百丑图。

李宝嘉

《官场现形记》在晚清官场很是风行，因为写的大多都是真人真事，所以关于此书的种种信息，很快就传到了慈禧太后的耳朵里，慈禧太后阅过之后，把清末法纪废弛、政令倒行的责任都归罪到了官员们的腐败之风上，此外，她还把《官场现形记》当成了惩办官员的黑名单，按图索骥，抓人办人。当那些无良官员们正摇头晃脑地翻读着这本为他们描形画像的《官场现形记》时，哪里想得到，一场灾难正悄悄地从天而降。

李宝嘉的《官场现形记》是我国第一部在报刊上连载、直面社会而取得轰动效应的长篇章回小说，首开近代小说批判社会现实之风气。全书从中举捐官的下层士子赵温和佐杂小官钱典史写起，连缀串起清政府各种形形色色的官僚，揭露他们为升官而逢迎钻营，可以说是为近代中国丑陋腐朽的官场勾勒出了一幅逼真的历史画卷。